JN067441

ノンバイナリーがわかる本

heでもsheでもない、
theyたちのこと

エリス・ヤング [著]
上田 勢子 [訳]

THEY/
THEM/
THEIR

A GUIDE
TO NONBINARY
& GENDERQUEER
IDENTITIES
ERIS YOUNG

明石書店

ノンバイナリーがわかる本

目　次

第3章 グローバルかつ歴史的な視点　83

第4章 コミュニティ　113

第5章 社会の中で　139

第6章　メンタルヘルス　177

第7章　医　療　221

第8章 法 律 285

第9章 将来へ向けて 309

第10章 参考文献 313

注意事項

この本を手に取ってくださった方へ

　この本を通して、ジェンダー違和とその影響、性とジェンダーの割り当ての非同調についての議論が随所に書かれています。また、規範に基づかないジェンダー（ノンノーマティブ・ジェンダー）や性表現の人々に対する強制的な外科的治療の介入に関する記述もところどころにあります。

　さらには、トランスジェンダー、ジェンダークィア、ノンバイナリーの人々についての根拠のない社会的通念や、誤解や、メディアの悪意ある描き方についても述べていて、読むのがつらいと思う読者もいるかもしれません。また、世界中のトランスジェンダーの人が体験を余儀なくされている暴力行為についても、本文を通して語っています。トランスジェンダーの人への身体的暴力、殺人や性的暴力に関する統計、制度による身体的ではない暴力などについても、掘り下げた説明が書かれています。これらは、トランスジェンダー、ジェンダークィア、ノンバイナリーであることを本人の合意を得ずに公表すること、ジェンダーの誤解、アイデンティティの抹消、職場や住居における制度的な不平等、トランスジェンダーの医療へのアクセスの制限などです。

　こうした理由によって、読みづらい章や箇所があるかもしれません。第4章「コミュニティ」では、TERF（トランスジェンダーを排除する急進的なフェミニスト）の「ラッドフェム〔過激なフェミニズム〕」のイデオロギーについて詳しく述べています。また、第4章と第5章には、LGBTコミュニティ内で見られる、トランスジェンダーやノンバイナリーの人への敵意について書かれています。第5章は社会全般における私たちの体験──家族や恋人からの拒絶や家庭内暴力、性と人間関係やジェンダークィアの人々にとって起こり得る困難などについて述べています。

　第6章はトランスジェンダーとノンバイナリーの人のメンタルヘルス、第7章は医療についての章で、どちらの章にもトランスジェンダーとジェンダークィアのアイデンティティを病的と見なすことについて、そして規範に基づかない（ノンノーマティブ）アイデンティティの人に対する転向セラピーや、歴史上行われてきた施設収容によって、どのように傷つけられてきたかも述べています（これに関する統計やデータは、第1章でも少し述べています）。

　第6章ではまた、うつや不安といったメンタルヘルスに関する私個人の経験や、私がインタビューした人々の体験、ジェンダー違和やマイノリティであることのストレスによる自死や薬物乱用について扱っています。そして主に第7章そして第6章でも、医療専門家から受けた衝撃的な実例がつづられています。この中には、私自身が初期に医師から受けたトラウマについての記述が数段落にわたり述べられています。トランスジェンダーやノンバイナリーの人の外科的治療のオプションについても、第7章で簡単に述べてあります。第8章は、法律や法制度に関する私たちの体験について、警察にかかわる出来事、家庭内暴力についてのいくつかのエピソードなどが書かれています。

　こうした内容を読むのが困難な方や、それによってトラウマが引き起こされると思う方は、そういう箇所を飛ばして読むか、あるいは、読む用意ができたと思ってから読むようにしていただければと思います。この注意書きがお役に立てば幸いです。

エリス

第 1 章

・・・・・・・・・・・・・・・・・・・・・・・・・・・・・・・・・・

ノンバイナリーと
ジェンダークィアについての
序説

はじめに

本書の目的は、ノンバイナリーと自認する人やジェンダークィア の人──ジェンダー・アイデンティティが、男か女という単純なバイナリー〔二元論〕の枠に収まらない人──についての概念、状況、日常的な苦悩を紹介することです。私たちは大きなトランスジェンダーとLGBTQコミュニティの中に存在する別個の明確な社会集団であり、私たちには独自の脆弱性と特権があります。

ノンバイナリーの人々の認知度は日々増しています。映画、テレビ番組、書籍（もうSF小説だけではありません！）、ニュース、ファッションショー、学校や職場でも見られるようになりました。ジェイデン・スミス、アマンドラ・ステンバーグ、マイリー・サイラスといったセレブリティも、トランスジェンダーや、少なくとも何らかのジェンダー・ノンコンフォーミングであるとカミングアウトしていますし、2016年にはアクティビストのマリア・ムニールが、ロンドンで行われた対話集会の最中にオバマ大統領に向かって、自分はノンバイナリーだと伝えています。

こうして急激に知られるようになったことで、反発も受けるようになりました。ジェンダークィアの人々は、ハラスメントを受けたり、人前で笑われたり、私たちを認めようとしない人や理解しようとしない人から、暴力さえ受けてきました。でも耳を傾けてくれる人たちもいます。私たちのジェンダー・アイデンティティは、不自然なものでも、あり得ないものでもなく、人間を人間たらしめている複雑さの一面にすぎないと理解して受け入れてくれているのです。

これは、そうした人たち──私たちを理解したいけれど、どうしたらいいか方法がわからないという人のための本です。ほとんどのノンバイナリーの人は、インターネットで自分の属するコミュニティを見つけています。私もそうでした。私のインタビューを受けて

くれた人も、インターネットで見つけた人がほとんどです。本書中で私たちを説明するのに使った用語は、クィア（註1）理論の概念と、ジュディス・バトラーとミシェル・フーコーの研究に基づいています。こうした用語は、教室やコミュニティのミーティングで具体的に作られたものではなく、ライブジャーナル（LiveJournal）やタンブラー（Tumblr）といったウェブサイト上で具体化されたものです。当事者たちによる新語が系統的に発達しつつある時期によく見られるように、これらの用語はまだ標準化されていません。私たちは誰なのか、こうした言葉の意味は何なのか、ほかの様々なジェンダーや性的マイノリティと、私たちはどう違うのかといった情報は、その気になれば誰でもインターネットで**探すことができます**。でもそうして得られた情報は、矛盾していたり、少なくとも一貫性がなかったりすることが多いのです。それに、こうしたウェブサイトを見つけるのは困難です。ただ単に「ジェンダークィア」と検索しただけでジェンダークィア当事者による優れたサイトに辿り着くこともありますが、ほとんどの場合、当事者以外が書いたと思われるショッキングで扇動的で惨めな体験記などが出てくるものです。

　私は自分が優れた理論家であるとか、ノンバイナリーとジェンダークィアのアイデンティティの専門家であると主張しているわけではありません。この本で紹介した情報は、統計や、コミュニティの中で集めた多くの事例証拠や、私自身のこれまでの体験に基づいています。ジェンダー・アイデンティティについて語り、完全に理解するために必要な用語は、できるだけ明確に説明し、社会全般で生き延びるために私たちが直面する最も日常的な障害についても解説する努力をしました。

　様々な障害がありますが、それは私たちが、人類史上最も古く凝り固まったジェンダーという制度の枠外で、あるいは、それに反して生きようとしているからです。結婚、ファッション、言語といっ

た分野でさえも、完璧に二元化されていることが多く、どちらのラベルにも当てはまらない人々の入る隙がありません。

　さらには、今日の文化には、パブリック・シェイミング〔公共の場でのつるし上げ〕や、バーチュー・シグナリング〔美徳シグナリング：自分は道徳的な活動をしていると誇示すること〕が蔓延しています。そのため、「間違ったらどうしよう」と恐れることによって、一般の人々が、知ろうとしたり、探究したりする気持ちを失ってしまうのかもしれません。間違いが避けられなくても、私はすべてのバイナリーなジェンダーの人々にも、努力して理解してほしいのです。魚が水中で育つように、バイナリージェンダーの制度の中で育ってきた私たちにとって、水面から頭をつき出したり、生まれたときから刷り込まれてきた習慣を破ろうとしたりするのは大仕事なのです。そしてそれを一番よく知っているのは、私たちノンバイナリーのコミュニティです。

　ジェンダークィアであるのは**とても疲れること**でもあります。ほとんどの人には、このアイデンティティを理解する心構えがありませんから、私たちは常に自分のことや、自分のジェンダーやジェンダー表現について説明をしなくてはなりません。じろじろ見られたり、立ち入った質問をされたり、連日のようにからかわれたりすると、私たちの多くは当事者でない人々を啓蒙するのは自分の仕事ではないという考えに陥ってしまいます。それは本当に無理もないことなのです。そんな状況の中、この本を通して、みんなに代わって説明できること、そして私にその気力と力があることをとても光栄に思います。

　繰り返しますが、私は権威者になろうとしているのではありません。きっと間違ったことも言うでしょう（そしてご指摘があれば喜んで訂正します）。私の定義が唯一の定義ではないし、私が論じるアイデンティティの用語だけが正しいわけでもありません。でも私は、

このコミュニティに恩返しをするのが自分の責務だと信じています。その手始めがこの本なのです。自分自身のノンバイナリーとしての体験に加えて、本書の随所に、当事者の個人や、ストーンウォール（Stonewall）、スコットランド・トランス連合（Scottish Trans Alliance）といった非営利団体が行った調査や研究を数多く紹介しています。またインタビューに快く応じて体験を共有してくれた、ノンバイナリーとジェンダークィアの大勢の人々から得た事例証拠についても多く述べています。本文中、かれらの名前はイニシャルや、完全に匿名を希望する人の場合は記号（XXのような）で表しました。インタビューに答えてくれた人の平均年齢は26歳で、最も多かったのは24歳と25歳（それぞれ3人ずつ）でした。最年長者は45歳（その次は32歳）で、最年少者は20歳でした。かれらに民族や人種は尋ねませんでした（これは、徹底的な人口調査ではなく、事例証拠を話してもらうための質問でしたから）。でも、おおざっぱに言えば、インタビューを受けてくれた人の大多数は、白人のイギリス人、白人のアメリカ人、ラテンアメリカ系のアメリカ人[*1]、東アジア系や東南アジア系アメリカ人でした。

　本章と、言語についての第2章で、ノンバイナリーのコミュニティで最も一般的に使われている用語の説明と、英語をはじめとしてほかのいくつかの言語がノンバイナリーのアイデンティティをどのように取り入れたか、あるいは取り入れるようにどう順応したかを述べていきます。いつの時代にも男性か女性というバイナリーの枠に収まらないで生きた人々がいるのです。現存する文化の中にも、「第三の」または「その他の」ジェンダーのカテゴリーが確立しているところがたくさんあります。そして人類の歴史を通して、自分

＊1　原文ではLatino（ラテンアメリカ系アメリカ人の男性）、Latina（同じく女性）、Latinx（同じくX性）を分けてLatino/a/x Americanとなっているが、この場合日本語では性別を示す必要がないので、「ラテンアメリカ系のアメリカ人」とした。

をどちらのジェンダーでもない、あるいは両方または複数のジェンダーだと考えていた人々の記録も残っています。これについては、ノンバイナリーの「歴史」を扱う第3章で詳しく述べていきます。法律についての第8章は、ジェンダークィアの法的な立場についてです。主に人権、平等のモニタリング、公的な書類の表記、などについて述べていますが、イギリスで最もジェンダーに関連の深い法律「ジェンダー承認法（GRA: Gender Recognition Act）」の新しい変革についても紹介します。

　第4章は人間関係について、第5章は広い社会で生きることについて、第6章はメンタルヘルス、第7章は医療についてです。これらの章で私は、ジェンダークィアであることがどういうことなのか、私たちが社会における人間関係という地雷原をどのように生き抜いているか、私たちのアイデンティティとメンタルヘルスの関連、精神面や医療面の治療を受けようとするときに出合う障壁や落とし穴についても述べていきます。これらの章には、こうした環境の中で私たちをサポートする方法を探ってくれる、バイナリーなジェンダーの人々、医師、カウンセラー、教師へ向けた助言も記されています。第9章では、ノンバイナリーとジェンダークィアのコミュニティの将来についての私の願いを簡単に述べました。最後の第10章には、本書で使った文献のリストや情報リスト──啓発的な書籍、ウェブサイト、さらには、バイナリーなジェンダーかどうかにかかわらず、もっと知りたいと思う人のために参考になる著者のリストがまとめられています。

私たちのこと（私たちは誰でしょうか？）
• •
　私は本書の中でジェンダークィアとジェンダーノンバイナリーの概念を幅広いアイデンティティとして、そして同時に、同じ意味と

して主に使っていますが、その概念は実はかなり抽象的なのです。これらのアイデンティティは、ほかのあらゆるアイデンティティや、ジェンダーと社会理論の様々な分野と相互作用し、またそれらから影響を受けています。

概念というものは抽象的であればあるほど、それが意味を成すためには現実の世界にどんな影響をもたらしているかを調べる必要があると、私は常に考えています。だから私は哲学者にはなれないのかもしれません。そういう意味で、この本、そしてこの章を始めるのに最もふさわしい方法は、ノンバイナリーと自認する私という人間の日常について読者に説明することかもしれません。私の生活がノンバイナリーではない人とどう違うのか、どう同じなのかということです。本書の随所に挙げた、私や、知人や、私に話してくれた人々の人生の物語が、この抽象的な理論概念と、無味乾燥な統計とに、やわらぎを与えてくれるよう願っています。

私の生き方とノンバイナリーではない人の生き方の根本的な違いなど、何一つ思い浮かべることができません。私たちは違っているより、むしろずっと似通っていると思います。しかし、私について知れば、何か気づくことがあるかもしれません。服装や、長年のホルモン療法による声や顔の変化のために、男性と思われることも女性と思われることも、同じぐらいあるのです。

相手の言葉の中に、私を指す代名詞やジェンダーを表す言葉が出てくると、緊張します。それが風見鶏のように、私がどう受け取られているかを示す目安になるからです。しかし、そんなときにもできるだけ反応しないように心掛けています。今日、歯医者で受付の人が同僚に私の質問を説明するのに、「彼女」とか「彼」という言葉を使わないでくれました。私はそのどちらの言葉も使われたくありません（they/themが私の好む代名詞なのです！）。でも人々が、どちらの代名詞を使う決断をするのか、どちらも使わないのか、あるい

は私が好むニュートラルな代名詞を使ってくれるのかなどと観察しているのが好きなのです。

　私は今でも、どちらの代名詞に応じるのもためらっています。私の髪は前衛的で自由なスタイルで、まだ少しですが髭も伸ばそうとしています。ファッション界が「ユニセックス」と呼ぶような服をいつも着ています。しかし、ユニセックスの服は、なぜか男性の服売り場に置かれていることが多いのです。外出するときや、職場に行かないときには、少し遊び心を加えるようにしています。ヒール、スーツ、ゆったりしたドレス、秘教的なジュエリーなどを身に着けますが、メイクはなかなか上達しません。2018年の私の抱負は「**もっと女っぽく**」でした。

　こんなにいろいろなことをするのは、自分の人間性の一面を外へ向かって表現したいからです。私はこれまでそうした表現を見つける方法を与えられてきませんでした。ノンバイナリーという言葉は、氷山の一角のようなものです。この言葉の下には実にたくさんのことがあるのに、すべてをこの一語で言い表そうとしているのです。これはとても複雑な問題です。私は未だにしっかり理解するための努力を続けています。ノンバイナリーという言葉は、私の日常生活、私が人にどう見られてどう対応されているかといったことに、明らかに影響を与えているのです。

　非常にシンプルに言ってしまえば、私のノンバイナリーというジェンダー・アイデンティティは、男性でも女性でもないということです。どちらも私を表すラベルではありません。出生時に割り当てられた性別には違和感がありますが、単に**トランスジェンダー**だというのでもないし、こちらの対極からあちらの対極へと移動したいと願っているわけでもありません。「彼」や「彼女」と呼ばれるのにも違和感があります。友だちや同僚からは「they」あるいは名前で呼んでもらうのが気に入っています。

少し深く掘り下げて言えば、私にとって自分を**単に男性として**、あるいは**単に女性として**表現するという考えは、自分が誰であるかという本質的な部分を消し去ってしまうことです。私は他人のジェンダーを妬むことは決してありません。多くの人が考えるようにノンバイナリーの人はジェンダーを「禁止」しようとしているのではありません（そんなことは可能ではありませんし）。男か女かということではなく、私は自分を、文章や料理への愛情や、将来への恐れや野望といったことを通して理解したいのです。できることなら「ジェンダー」をすっかりやめてしまいたい。脱皮して古い肌を捨てて、ただの自分になりたいのです。

　しかし、ジェンダーを捨て去るためには、——実際そんなことが完全にできるかどうかわかりませんが——長い間、ジェンダーについて**だけ**ひたすら考えなくてはなりませんでした。社会的な条件づけや、人生を通して教えられてきた暗黙の規則などの多くを、念頭から払わなくてはなりませんでした。そして、人からじろじろ見られるのに耐え、移行の過程で、大きな不安と恐怖感を持たざるを得ませんでした。

私について（私は誰なのでしょうか？）

　私の半生記は、多くのジェンダー・ダイバース〔多様なジェンダー〕の人々の人生と似通っています。子どもの頃にはすでに、周囲の大人から期待される振る舞い、服装、話し方、遊び方などが自分には、**そぐわない**と気づいていました。人にはそれぞれ異なった自分に合う役割があると思っていました。でも、私に期待された遊びは、私には合っていませんでした。誰でもそんな気持ちになるのだろうか？　大きくなったら、そんなふうに感じなくなるだろうか？　と不思議に思っていました。

両親はわりと進歩的でしたから、ジェンダー化された典型的なアクティビティを私に強いることはありませんでした。化粧をしたくなかったのは顔を塗りたくりたくないから、スポーツが嫌いだったのは少し怠慢だったからでした（ジェンダー分けされた更衣室を使わなくてはならなかったのも、もちろん理由の一つでしたが）。

　保守的な家庭に育った子どもと比べて、私の移行がやや遅かったのは、皮肉にも子ども時代に与えられたこの自由の**せいだった**のではないかと、時々考えることがあります。デパートやトイレや病院といった場所や、パスポートや運転免許証の申込用紙に覚えた違和感が、私のジェンダーに関係があると気づくまでには、長い時間がかかりました。そしてそれについて、できることが何かあるんだと気づくまでには、さらに長い時間がかかったのです。

　まだジェンダー表現の様々な可能性を探し求めていたもっと若い頃、ジェンダー分けされたトイレを使わなくてはならないこと、すなわち、他人の前で自分を男女のどちらかに見せなくてはならないこと、そしてどちらの場合であっても、じろじろ見られたり、からかわれたり、暴力にさえ耐えなくてはならないことなどが、常に私のストレスになっていました。友だちと一緒に外出するときは、ユニセックスのトイレがあるところへ誘導しようとしたり、外ではトイレを使わないようにさえしていました。ばかげた心配に思えるかもしれませんが、このことは私の社会生活に、はっきりと影響を及ぼしていたのです。

　しかし、これはほとんどのトランスジェンダーの人々が日常的に直面する何百万もの試練のほんの一例でしかありません。UCLA（カリフォルニア大学ロサンゼルス校）のウィリアムズ・インスティテュート（註2）の研究によれば、調査に協力した93人のトランスジェンダーのうち54％が、公衆トイレを避けることによって脱水症状、尿路感染症、腎臓疾患といった健康上の問題が起きたと言ってい

す。私自身にも、ジェンダー分けされた公共の場で、からかわれる恐怖やストレスを常に感じていたことによって、多くのトランスジェンダーの人と同じような問題が起きていました。成長期には、不安、不眠、うつ、といった症状が起き、今でもメンタルヘルスを健全に保つために日々意識的な努力をしています。

　最近では、どのトイレを使うか、人にどう見られるか、どんな代名詞で呼ばれるかといったことであまりストレスを感じなくなりました。幸運にも、私の住んでいる地域にはヘイトクライムがそれほど多くありません。また、凝視されたり、ジェンダーを誤解されたり（間違った名前や代名詞で呼ばれたり）、失礼なことを言われたりしても無視できるようになりました。なぜなら、それは私の問題ではなく、そういう言動をする人の側の問題ですから。私はどんな服装をしていても、どんな気分の時でも、背筋をしゃんと伸ばして自信を示そうとしています。するとたいてい、誰にも疑われません。今の私は、──いつもそうだったわけではありませんが──自分には生きる権利があると感じています。

　この自信は、十年以上に及ぶ自信喪失、不安、うつを経て生まれたものです。人の目を気にしないで自己認識ができるようになったり、弁解せずに自分のジェンダーを探索できるようになったりするまでには、長い年月がかかりました。移行前の惨めな気持ちに瞬時に逆戻りしそうになったこともよくありました。

　今日の社会では、ジェンダークィアとして幸福で健全に生きられると言いたいところですが、実状はかなり複雑です。今のこの瞬間は、前の瞬間よりは状況がよくなっているのは事実です。私たちは以前よりももっと認知度が上がり、より多くの法的権利が保障されるようになりました。周囲の人々もジェンダーをもっと微妙なものだと考え始めるようになっているのが、ゆっくりですが見えるようになってきました。それでも、ただ**生きる**こと自体が非常に困難な

ことがまだ多いのです。私たちは、未だにトランスジェンダーという枠で認識され、家族や友人からの暴力や拒絶に直面しています。公共の場は、私たちを受け入れるようには作られていません。でもそこで、なんとか生きていかなくてはならないのです。

　それでも希望はあります。より多くのジェンダークィアの著名人や公人が声を上げるようになったこと、私たちの存在が社会的・法的に承認されるようになったこと、そして本書のような数々の本が、私たちの日常生活をよりよくしてくれることでしょう。

用語の解説

．．．

　話を先に進める前に、いくつかの用語の解説をしておきましょう。平均的なシスジェンダーの人には馴染みのない言葉がたくさんあるかもしれません（「シスジェンダー」もその一つでしょうね）。前後関係から意味がわかるものもたくさんありますが、誤解がないようにここで確認しておこうと思います。とはいっても、読者を（私自身さえも）学術用語でがんじがらめにしようというのではありませんから、できるだけ明白に簡潔に専門語を使わずに説明していきたいと思います。

　トランスジェンダーを取り巻く用語には、新しいものや絶え間なく変化し続けるものも多くあります。ノンバイナリーの用語については、「ジェンダークィア」と「ノンバイナリー」の定義がかなり安定している以外には、まだほとんど標準化されていません。ときには、その定義について異議を唱えられることもあります。ノンバイナリーのジェンダー・アイデンティティを表したり説明したりする言葉はたくさんありますが、それらのほとんどは、当事者によって作られて使われているものです。次に、ジェンダー・ヴァリエンス〔表現や行動が規範的なジェンダーと一致していないこと〕とそれに隣

接する問題について頻繁に使われる、役立ちそうな言葉の解説をまとめました。

AMAB/AFAB　assigned male at birth/assigned female at birth

　出生時に男性の性を割り当てられること／出生時に女性の性を割り当てられること。トランスジェンダーやその他のジェンダー・ノンコンフォーミングの人が生まれたときに割り当てられた、特に性別について使われる言葉です（たとえば、自分を女性と自認するバイナリーのトランスジェンダーの人は、AMABです）。出生時に割り当てられたジェンダーをトランスジェンダーの人に聞くのは、たいていの場合、本人の合意がない場合、失礼にあたります。その人がトランスジェンダーであることを、あなたが実質的に公言（アウティング）してしまうことになるからです。しかし、出生時にあてがわれた性別について話さなければならない場合もあります。たとえば、医療の文脈で自然分泌される体のホルモンがかかわっている場合には、トランスジェンダーの人が出生時に割り当てられたジェンダーとは違う認識をしていることを確認するために、AFAB/AMABという用語が役立ちます。

シスジェンダー　cisgender

　トランスジェンダーやノンバイナリーではない人を指します。シスとは、ラテン語の「同じ側」という意味の接頭辞です。シスジェンダーの人は、出生時に割り当てられた性別のままで、異なるジェンダーとの境界線を越えない人です（トランスジェンダーの「トランス」という接頭辞は「越える」という意味です）。シスジェンダーの人は、出生時に割り当てられたバイナリーなジェンダーの一つを自認しています。この言葉は、中傷や誹謗として使われることは決してありません。しばしば「シス」と省略されます。

ディスフォリア（違和） dysphoria

　ジェンダー違和については第6章と7章で詳しく述べますが、一般的な意味は、トランスジェンダーの人が生まれたときに割り当てられ、周りからそう振る舞うように期待されているジェンダーと、本人が認識しているジェンダーとが一致していないために、トランスジェンダーの人が持つ違和感を指します。

ジェンダー・アイデンティティ　gender identity

　本人がそうであると認識する自分のジェンダー。

ジェンダー・ノンコンフォーミング　gender-nonconforming

　ジェンダー・アイデンティティとジェンダー表現が、社会から期待されているものと異なっている人についての包括的な言葉です。大まかに言えばトランスジェンダーとジェンダークィアを指していますが、トランスヴェスタイトやクロスドレッサーも含まれます。また西洋以外の社会のジェンダー・アイデンティティも含まれるかもしれません。シスジェンダーでジェンダー・ノンコンフォーミングの人もいます。

ジェンダー提示またはジェンダー表現　gender presentation or expression

　ジェンダー・アイデンティティの（外見、服装、言葉や身振りの特徴などの）身体的な表し方。ジェンダー・アイデンティティとジェンダー表現を区別することが重要です。特に、トランスジェンダーやジェンダー・ノンコンフォーミングであることを公表するのが危険な状況では、本当のジェンダー・アイデンティティを隠して、規範的なジェンダー提示をしなくてはならない場合があります。

ジェンダーロール　gender role

　ジェンダーの社会的な面を指します。たとえば、もはや古い考え方ですが、男性は家の外で働く「一家の稼ぎ手」であり、女性は「家庭を守る」べきというようなことです。「ジェンダーロール」が、より微妙な社会からの期待を意味する場合もあります。たとえば、女性に求められている仕事は、慰めたり、聞いたり、世話をしたり、育てたり、といった情緒的な仕事だというようなことです。

ジェンダー・ヴァリエント　gender-variant

　これも包括的な言葉で、学術的な場面で使われることが多く、ある人のジェンダー表現やジェンダー・アイデンティティが出生時に割り当てられた性別と違う場合を指します。トランスジェンダーやジェンダー・ノンコンフォーミングと似た使い方をしますが、社会的、理論的な意味合いが異なっています。この言葉はまだ学術用語としてよく使われていますが、私はトランスジェンダーという言葉の方を多く使っています。

ジェンダーフルイド　genderfluid

　時々ジェンダー・アイデンティティが変わること。ジェンダーフルイドの人は時によって自分は女性と感じたり、男性と感じたり、ジェンダー・ニュートラルと感じたりします。アイデンティティがシフトするのです。時に応じて異なるジェンダーの代名詞やラベルを使って、その時々のジェンダーを正確に表します。このアイデンティティについては、第4章でもっと詳しく述べます。

ジェンダークィア　genderqueer

　「ジェンダークィア」と「ノンバイナリー」の二つの言葉は、使い方と語源に重要な違いがありますが、本書では、特記しない限り、

同じ意味で使っています。自分のアイデンティティが「男性」や「女性」の枠に収まらないと思う人の多くは、自分をノンバイナリーだとは**考えていません**。その理由については、後ほど、この章で説明します。

　本書で「ノンバイナリー」が「ジェンダークィア」より頻繁に使われているとしても、それは意図的なものではなく、単に私が自分自身を**ノンバイナリー**と認識しているためでしかありません。そしてそれは、私が自分のジェンダー・アイデンティティを模索し始めたときに、コミュニティのほとんどの人がノンバイナリーという言葉を使っていたからでもあります。このようにアイデンティティにはいくつかの呼び方があると読者にも知ってほしいし、私自身の確認のためにも、両方の言葉を本の中で使っています。

インターセックス　intersex

　染色体のミスマッチや通常と異なる構成によって、そして体内または体外の生殖器によって、身体的に男性か女性かに分類しにくい人。インターセックスの状態にジェンダークィアのアイデンティティが伴う場合もあります。出生時に医師が両親の希望に沿った外科的な「性別決定」の処置を施すことが非常に多く、その結果本人はバイナリーのジェンダーの人との違いを感じずに生きていきます。自分がインターセックスであることを認識している人でも、バイナリーの枠外のアイデンティティを持つとは限りません。インターセックスの人がノンバイナリーと自認することもあり得ます。特定のインターセックスの人のジェンダー・アイデンティティについては第3章の歴史上の「ノンバイナリー」の人々に関する箇所でも述べましたが、インターセックスは本書の焦点ではありません。またインターセックスであることがジェンダークィアやノンバイナリーであるという自認を増加させる要因でも必須条件でもありません[註3]。

ミスジェンダー　misgender

　動詞として使われる言葉で、本人の自認とは異なるジェンダーだと相手を誤解することです。間違ったジェンダー呼称を使うことも含まれます。シスジェンダーの人も誤解されることがあります。しかし、トランスジェンダーやノンバイナリーであることにつきまとう社会的なスティグマ、自分の真のジェンダーを認めてもらうまでの長い年月などによって、ミスジェンダーされることが私たちにとって、さらに辛く苦しい場合があります。トランスジェンダーであるために生活が破壊的な影響を受けることもあり、危険にさらされることさえあるのです。本人がジェンダーフルイドで現在そのジェンダーを自認している場合を除いては、ジェンダークィアやノンバイナリーの人に対して、本人の許可なくジェンダー化された呼称を使うのは、それが**どんな**ジェンダーのものであっても、ミスジェンダーになります。

ノンバイナリー　nonbinary

　多くのアイデンティティの中で最も一般的なのは「男性」や「女性」といったアイデンティティでしょう。本書では、ノンバイナリーを多くのジェンダー・アイデンティティの中の一つとして説明しています。概して言えば（そして本書の目的に沿って言えば）、「ノンバイナリー」とは、「男・女」「彼・彼女」「男性・女性」のようなバイナリーのどちらか一方にとらわれないすべてのジェンダー・アイデンティティを指しています。ノンバイナリーは、ノン＝バイナリー（non-binary）とハイフンを入れて書くこともありますが、この本では「ノンバイナリー（nonbinary）」と記しています。

トランスジェンダー　transgender

　出生時に割り当てられたジェンダーとは異なるジェンダー・アイ

デンティティを自認する人の総称。トランスジェンダーの人は、男性、女性、ノンバイナリー、シンプルに「トランスジェンダー」として、また、それ以外のどんなアイデンティティとしても自認できます。「トランス」と略すことがよくあります。ノンバイナリーとジェンダークィアの人の中にはトランスジェンダーと自認する人が多くいますが、そうでない人もいます。後ほどこの章で詳しく説明します。本書で私は、ノンバイナリー／ジェンダークィアだけでなく、バイナリーのトランスジェンダーの人も**含めたい**場合にトランスジェンダーという言葉を使っています。しかし二者の体験には違いがあるかもしれないし、すべてのノンバイナリーとジェンダークィアがトランスジェンダーだと自認しているわけではないということもわかっています。本書で「トランス」や「トランスジェンダー」という言葉を使っているときは、トランスジェンダーの広域なコミュニティの体験について述べています。一方、「ノンバイナリー」「ジェンダークィア」と述べているときは、バイナリーなジェンダー・アイデンティティではない人を特に指しています。

移行　transition

　自分の本当のジェンダーとして存分に生きるために、トランスジェンダーやジェンダークィアやノンバイナリーの人が辿るプロセス。外科手術やホルモン治療といった性別適合治療とよく結びつけられますが、そういった処置が必須なわけではありません。

移行（医療的移行）　transition（medical）

　外科手術、ホルモン療法などを含む治療を指しますが、より「コスメティック」な処置も含みます。トランスの人の移行を助けるために身体的な性特徴を変える行為、たとえば体毛の除去なども含まれます。性的な特徴には体形、生殖器、声、体毛などがあります。

こうした処置によってトランスの人は「パス〔自認するジェンダーとして通用する〕」しやすくなり、自身の本当のジェンダーとして周囲から認められやすくなります。ノンバイナリーの人の移行の医療の選択肢については、第7章の医療のところで述べます。

ジェンダーについて考える

ここまで紹介してきた用語は基本的にジェンダーの様々な心的表示や、男性と女性という慣習的なラベルとの関係性に関するものです。多くの学派がジェンダーの様々な概念の研究に専念していますが、私はここではいくつかの例だけに絞って、あまり学術的にならずに、一般的なジェンダー・モデルの概念を紹介していこうと思います。

第一のそして最も一般的なジェンダー・モデルは、バイナリーなジェンダー・モデルです（図1.1）。二つのオプションのうちの一つだけの選択で、その中間には何もないと考えてよいでしょう。このモデルでは、人は女性でしか、あるいは、男性でしかなく、その二つが合わさることはあり得ません。

ジェンダーをバイナリーだとする概念を持ちながら、出生時に女性の性をあてがわれた人すべてが女性でなくてもいいし、男性として割り当てられた人すべてが男性でなくてもよいと考える人もいます（図1.2）。このシステムでは、性とジェンダーは分かれていますが、それにもかかわらず男性か女性かのバイナリーなオプションしかありません。

もう少し微妙なニュアンスの考え方もあります。ジェンダーを「スライド式」だとするものです。図1.3のように男性（M）が線の一方の先端、女性（W）がもう一方の先端にあって、人は誰でも線上のどの位置にいてもよいという考え方です。線のそれぞれの末端は、とても男らしい、とても女らしい、「男っぽい」「女っぽい」で

図1.1

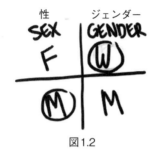

図1.2

図1.3

すが、その解釈は人によって違うかもしれないし、議論を呼ぶところでもあります。この方法は、様々なジェンダー概念の中で、はじめてノンバイナリーとジェンダークィアの存在を可能にしています。

より複雑なジェンダー・モデルは、複数の座標軸を持つグラフのようなものかもしれません。一つの軸はジェンダー・アイデンティティの対極的なバイナリーを示し、もう一つの軸は身体的な性別を示しているかもしれません。あるいは、従順／支配的、身体的な強さ／弱さ、男役／女役、といったいくつかのまったく逆の特徴が、座標軸に置かれているかもしれません（図1.4）[註4]。このモデルは図1.2と似ていますが、ジェンダー面でも身体の性の面でも、より多くのバリエーションが与えられています。

ジェンダーと性の表し方を測ったり、量で示したり、描写したりする方法はほとんど無限にあります。ここに挙げた柔軟なモデルよりさらに柔軟なジェンダーの見方をする人もたくさんいるのです（図1.5）。ジェンダーとはもしかしたら、様々な社会からの期待と特徴とが相互作用し合い、お互いを押したり引いたり、変えたりしている、雲のようなものかもしれません。あるいは、ジェンダーとはグラフではなくむしろヤマアラシのような多くの座標軸によって測るものかもしれません。

ジェンダーとは、生まれたときに始まって死ぬときに終わる線状の旅で、ある人にとっては矢のようにまっすぐでも、ある人にとっては毛糸玉のようにねじ曲がってこんがらがっているものかもしれません（図1.6）。ジェンダーの心的表示は実に様々です。男女に多くのグラデーションがあるように、そしてグラフに多くの点があるように、人間の数に匹敵するほどたくさんの心的表示があるかもしれません。そしてそれら心的表示のほとんどは、トランスの人もノンバイナリーの人も受け入れられるのに十分なニュアンスのあるものだと思います。

図1.4

図1.5

性vsジェンダー

　本書には「性（sex）」と「ジェンダー」を異なるものとして述べている箇所がいくつかあります。読者の中には、その違いを知らない人もい

図1.6

るかもしれません。多くの人はその違いについて考えるようには教えられてきませんでした。大多数の人にとって、出生時に割り当てられた性と、自認するジェンダーとは同じなので、性とジェンダーが別のものであってもなくても関係ないのです。医師は赤ん坊の誕生時やそれ以前に、生殖器や染色体の情報を使って男女の仕分けを

し身体的な性を決めます。しかし、トランスの人にとっては、その身体的な性と、自分のジェンダーとしての行動や本能的に表す反応とが一致しておらず、行動や反応が出生時に割り当てられた性別と反対の場合が多いのです。それがトランスジェンダーということです。

　トランスジェンダーの子どもや若者は、周囲から期待される行動と、自分が本能的に表そうとする行動との衝突が大きくなるにつれて、深刻な葛藤に苦しみ始めます。さらに自分の体、特に生殖器、体毛、乳房などが表す二次性徴について、矛盾する気持ちや不快感——違和——を強く感じるかもしれません。トランスの人が好むジェンダーで生活できるように励ましたり支えたりすることによって、こうした違和感を軽くすることができます。また、外科手術やホルモン療法のような移行の治療を求めることも、違和感の軽減につながることがよくあります。

　ジェンダークィアの人は、男性か女性として育てられ、ペニスか膣を持ち、それに付帯する染色体を持っていても、あてがわれたラベルが自分にぴったりだと思っていない可能性が高いのです。男女どちらのラベルも、あるいは両方とも自分に合わないと感じていて、その日によって、または環境や感情の状態によって、「男性」だと感じたり「女性」だと感じたりするかもしれません。ジェンダーという概念自体に違和感を持ち、ジェンダーを絶対に拒絶したいと思う人もいるかもしれません。A地点（出生時にあてがわれた性）からB地点（「反対」のジェンダー）への明確な道が、ジェンダークィアの人の考える「移行」であるとは限りません。しかし、多くの人が未だに男女の枠外のジェンダーの存在を信じていないため、ノンバイナリーとして「カミングアウト」することにもまた、さらなる困難がつきまとうことがあるのです。

　移行にも困難があります。というのは、ほとんどの外科手術やホ

ルモン療法のコースは（治療計画があるとしたらですが——この問題については第7章で述べます）受診者をジェンダー／性の「ものさし」の片端から反対の端へと移動させる、あるいは二つの決まったバイナリーの間を移動させるように設計されているからです。ノンバイナリーの人は身体的にも、その「ものさし」のどこか途中に存在したいと思っているかもしれません。あるいは、まったくものさしの外側に存在していて、性的特徴を少しも、あるいは一切、表さないかもしれません。

　ジェンダーフルイドの人は、ジェンダーの表し方を日によって変えたいと思うかもしれないので、外科手術やホルモン治療が役立つとは限りません。もっとも、医学的な治療が移行の始まりでもなければ、終わりだというわけでも決してありません。ジェンダーフルイドの人々の旅には、移行の医療は含まれないかもしれませんし、それは様々なノンバイナリーの人にとっても同じかもしれません。それでも、本書がジェンダーフルイドの人々にも役立つよう願っています。後の章では、社会的な移行がメンタルヘルスにもたらす利点や、性別適合医療について詳しく述べ、バイナリーの外側の人々の様々な移行体験についても述べていきます。

ジェンダーとジェンダー・ヴァリエンスの理論

　私はジェンダーの理論家ではありませんし、クィア理論と呼ばれる考え方にすっかり執着しているわけでもありませんが、この理論に私自身もこの本もますます影響を受けていると感じています。私自身のジェンダー観の基盤となる理論について語らずに、この本を書き進めることは不誠実ですし、私が個人的にどのようにジェンダーを概念化しているかを読者に知っていただくことが役立つかもしれないと思います。

ジュディス・バトラーやミシェル・フーコーなどの研究から大きな影響を受けたクィア理論によれば、ジェンダーとは環境や状況（コンテクスト）の影響下にある柔軟なアイデンティティの表示です。この思想がクィア理論と呼ばれるのは、それがLGBTコミュニティの人々だけに適用されるからだけではありません。厳格なバイナリー、あるいは生物学的な性別だけによる、制度としてのジェンダーの独占的な思想を「壊そうと（queers）」挑戦しているからです。クィア理論はジェンダーや性や、その他のより広い「制度」に挑戦しています。同じように、「ジェンダークィア」というアイデンティティのラベルは、バイナリーなアイデンティティの存在への挑戦と考えられるのです。

　従来のバイナリー・モデルは、体の性とジェンダーには因果関係があり、人のジェンダーは**彼あるいは彼女**の体の構造によって決まる、さらにはそれによって誰に惹きつけられるかも決まると主張するものです。このモデルにはいくつかの問題点があります。その一つは、少なくともゲイ、インターセックス、トランスジェンダーの人々が実際に存在していて、バイナリーのモデルと完全に矛盾する生き方をしていることです。本書の基盤となる理論は、ジェンダーと性が二つの異なるものであり、ジュディス・バトラーの研究に従って、その二つには**因果関係がない**というものなのです。

　生物学的な「性」はいくつもの、時に矛盾する身体的特徴から成っています。一方、「ジェンダー」は、世界中の様々な社会によって概念が異なっていますが、社会からの期待や価値観や行動であるといえます。こうした行動は、社会的な期待を支持し永続させるような社会で育った個人によって演じられています。ジェンダー行動は、社会に生きてきた何世代もの人々によって、直接的に、または間接的に教えられてきました。周りの人を観察したり、期待される立ち振る舞いや行儀についてはっきりと教えられたりすることによ

って、ジェンダー行動を学んできたのです。たとえば人形で遊ぶ男の子は叱られ、成人して男性と結婚して子どもを産む女性は褒められるというように、ネガティブもしくはポジティブな反応によって強化されます。

　こうした行動は社会と世代の両方によって伝達されていくので、親族の中にもジェンダーの表し方に違いが見られます。これは、ジェンダーと生物学上の性とが**密接な関係にはない**という考えを証明するものです。たとえば、伝統的で厳格な社会から来た両親の下に生まれた娘が、より寛容な社会で育った場合、両親と同じコミュニティで育った女の子とは、ジェンダー行動が違います。女らしさの表し方が異なるのです。もしジェンダーが子宮の中で決まる生物学的な性によってもたらされるものであれば、娘は母親と同じジェンダー行動をし、服装も話し方も行動も同じであるという理屈になります。

　これが完全に説得力のある例とは言いきれないかもしれませんが、社会がジェンダー行動を教えていることは、誰でもわかっています。それに私はここで生物学的本質主義（ジェンダーや様々な特徴は生物学によってのみ決められるというジェンダーについての考え方）をやり込めようとしているわけでもありません。それでも私の挙げた例は、生物学的本質主義の考え方の弱点をついていると思います。そして、ジェンダーとは**学んで演じる**ものだという議論を可能にし、それは本書の目的にとって有用であり、現実にもより忠実であると私は考えます。

　性は、何千年もの間、前世代（親世代）が個人（その子ども）に行動の仕方を教えたり、自分や他人をどう見るかを教える方法の出発点となってきました。「性」と呼ばれる身体の特徴には、染色体や、体内と体外の生殖器、体が分泌する自然のホルモンなどがあります。大多数の人にとって、これらは一致しています。すなわち、ペニス

と精巣を持って生まれた人は大体において、子宮の中でテストステロン・ホルモンが急上昇した影響を受けて、テストステロンを作り出し、XY染色体を有する体を持ちます。

性、特にホルモンは、行動や外見に影響を与えます。通常はホルモンの影響による行動や外見と一致する生殖器の形状によって、人類の性は大まかな二形性となり、種として存続してきました。しかし先にも述べたように、生物学的な性の多様な軸がいつも一致しているとは限りません。一方、ジェンダーは社会的価値観と行動の一式です。その価値観と行動は、何千年もの間、数えきれないほど様々な方法で、人々がこの大まかな二形性に従って強要してきたものなのです。

ジェンダー行動が完全に生物学的な性に基づくという学派と（単純であればあるほど因習的な観点だといえます）、ジェンダーは完全に社会によって構築されており性とジェンダーの間には何ら関係がないとする説とを、調和させる方法はないかと、私はずいぶん考えてきました。この二つの説はかなり敵対していますが、二つの派閥の議論は非生産的ですし、行きすぎだと思います。私は、個人的な体験や、数多くのトランスやノンバイナリーやジェンダークィアの人々との会話から、一つ目の説にはまったく賛成できません。性によってのみジェンダーが決まるという考え方は明らかに誤りで、短絡的で、多くの場合有害ですらあります。とはいうものの、二つ目の説に全面的に賛同するわけでもありません。生物学的な性とジェンダーの間には何らかの関連があると思いますが、それは単なる因果関係よりももっと複雑なものだと思うのです。

性とジェンダーの関係について、最もふさわしい説明が文化的進化です。文化的進化の大まかな定義は、人類の世代を超えた文化の経時変化は、ダーウィン理論のように、変異、選択、遺伝という三つのプロセスに影響を受けて起こるというものです(註5)。これは人

間の文化と行動のある特定の側面が、どのようなプロセスで存続していくかについての研究です。

　文化的進化の分野では、（言語学習からオリンピック競技に至るまで、世代を超えたいかなる行動の繰り返しにもいえることですが）反復によって元のパターンや偏見が強調され、はじめは弱かったかもしれないパターンが増強されていくということが、事実としてすでに受け入れられています。この考え方は、私の場合、人間の言語構成がどう増強されてきたかを研究する言語学の分野において、慣れ親しんできたものです。それは、言語が、なんとなく意味を持っていた大まかな一連の行動から、いかにして構造的で学習可能なシステムとなったかの研究で、重要なのはそれが**場所と時代によって異なっている**ということです。しかし私にとって、この文化的進化が、性とジェンダーにも効果的に適用できるかもしれないと気づいたことは突然のひらめきでした。

　性ホルモンと生殖器が作り出す弱いパターン——たとえば、ペニスがあって体も筋肉も大体において大きいことと、攻撃性があることとの相関性、あるいは膣を持ち小さい曲線的な体と高い体脂肪率を持つことと、子どもを産む能力との相関性といったこと——が、おそらく世界中のバイナリー・システムの基盤となったのでしょう。

　しかし、行動に影響を与えるホルモンと、バイナリーなジェンダーの社会制度との中間のステージがあるという考え方もあります。医師や両親が子どもの性別を発見すると同時に、ジェンダーに沿った決定や期待や想定が子どもに課せられ始めます。子どもは親につけられた名前や、着せられた服や、親が他者に子どもについて説明するやり方や、子どもに奨励する行動の仕方などに基づいて、特定の行動をするよう期待されて育ちます。そしてそれはすべて、子どもの生殖の形と、誕生時や誕生前に医師が親に伝えたことが原因になっているのです。

何世代もの間、子どもがジェンダーに沿った行動を表す前から、すでにそうした行動が期待され続けてきたのなら、生殖器とは、まさに社会化への速記符号のようなものです。すなわち、ペニスのある人と膣のある人では、それぞれ違ったことを教えられてきたのです。これは進化の目的には、かなっていたかもしれません。より大きく、筋肉質の有能なハンターとなることが期待される子どもには攻撃的な行動を植えつけ、一方、子どもを産む人には、収穫や人の世話が期待されたことは、まだ人類の祖先が生きる糧を土からかき集めていた時代には、労働の分担として効果的だったのかもしれません。

　形成期の子どもがジェンダー行動を学ぶためには、思春期にホルモンの影響による行動が現れる前に、すでに生殖器の二形性の違いが見えなくてはなりません。しかし、もし人間の男性と女性の体がエストロゲンかテストステロンのいずれかを作っていても、目で見て区別のつかない生殖器を持っていたとしたら、思春期より前に子どもにジェンダーを割り当てることはおそらく人類史上、医師にも親にもできなかったでしょう。もしそうであったなら、ジェンダーのバイナリーは弱く、子どもに課されるジェンダー表現がもっと柔軟であったはずだと思います。しかし、そんな思考実験はまたの日のためにとっておきましょう。現状では、ホルモンが作動し始めるずっと前から、子どもにバイナリーが課せられ、ジェンダーに基づいた行動や期待を子どもたちが吸収し始めているのです。

　文化的進化モデルが地理的な要因によって変わることも重要です。それは人種や民族にかかわらず人間の生物学的性が同じなのに、なぜ性／ジェンダーについての価値観が文化によって異なるかということの説明にもなるからです。これは、性とジェンダーの違いが最も顕著なトランスの人々にとって重要なことです。世界には、トランスとジェンダー・ノンコンフォーミングの人々のためのカテゴリーと、かれらのための行動様式を作ってきた様々な文化が存在し

ているのです。

　ジェンダーが、身体的な性によって決まるのか、それとも社会からの期待によって決まるかという問題は、シスジェンダーの人にとっては大体、ほとんど無意味です。この二つが一致していれば、ジェンダーがどこから生じたのかなんて、問題にすらなりませんから。しかし、トランスジェンダーにとっては、ジェンダーの源、そしてそれがジェンダーというシステムの正当性や、永続性、生得性にどうかかわっているかが、大変重要な問題なのです。

　文化的進化というレンズを通して、ジェンダーと生物学的な性を分析することは、今に始まったことではありません[註6]。学者たちは、文化の伝達が人間の生物学的進化とどうかかわりながら、様々な可変的なジェンダー役割を作ってきたかの研究に長年を費やしてきました[註7]。しかしこうした論文は一般的に、ジェンダー間の差異は生得的なものであるという推測から始まっていて、文化的進化をジェンダー間の不平等（すなわちペニスのある人から膣のある人が受ける抑圧）の分析や軽減にどう使えるか、その方法に焦点を当てているものです。

　最近になってやっとトランス人口の本当の規模がわかり始め、私たちの声がやっと研究者たちに届くようになりました。けれどもトランスジェンダーが文化的進化のモデルにどう当てはまるかといった研究は、まだほとんどなされていません。これは難しい問題で、私も大変悩みました。文化的／生物学的モデルによって、生物学的な性と文化によるジェンダーの関係の柔軟性を示すことはできます。しかし生物学的な性とジェンダーとが一致しない人々が明らかに存在していることを、このモデルによってどう説明すればよいかが、未だにはっきりと理解できていないのです（おそらく決して理解できないでしょう）。

　それでも、トランスジェンダーが存在することは、議論の余地の

ない事実なのです。すべてをすっきり説明する理論を求めるために、トランスの人々を無視するのは科学的ではありません。私が目指しているのは、文化的進化のモデルを使って、すべてを説明できるジェンダー理論を構築し始めることです。ここにおける問題は、ジェンダー・ヴァリエンスの心理学的、神経学的、生物学的な根源がまだきちんと理解できていないことにあります。最近の研究が示しているのは、生物学的な性別の割り当てだけでなく、性的指向やジェンダー・アイデンティティの生物学的な指定も（もっとも生物学的に指定できるところまでですが）、子宮の中で、胎児が性腺ステロイド^(註9)やホルモンや、その他の後成的な要素から影響を受ける様々な時期に起きるのではないかというものです^(註8)。

　割り当てられたジェンダー・カテゴリーに対する違和や拒絶の心理的な仕組みについては、まだ詳しい研究がなされていません。トランスジェンダーの心理学について行われた研究は、検証されない偏見や、無意識の偏見に満ちています。トランスジェンダリズムを病理と特徴づけることも多く、トランスの人が社会的役割を拒否したり、そうすることによって軽視されたとストレスを感じたりすること自体が、心理的な病なのだというような、誤った解釈も頻繁に見られました。社会はいかなる不一致をも病気と見なすことに夢中で、それはすべての現象に科学的説明を引き出そうとしたヴィクトリア朝の名残だといえます。こうした考え方の行きついた先は治療方法を見つけることでした。20世紀はじめの心理分析を起源とした「ゲイとトランスジェンダーの転向」療法は、性とジェンダーのヴァリエンス〔不一致〕を「治療する」効果がないだけでなく、患者の健康を大いに害するものだと証明されています。LGBTアイデンティティを病理だとすることについては、後の医療とメンタルヘルスの章でさらに述べていきます。

　トランスジェンダリズムの「根本的原因」を探究する心理学や神

経学の研究は、微妙なバランスを保ちながら進められているといえるでしょう。すなわち、研究者が研究対象のコミュニティの人々との間に信頼関係を築くためには、その長く苦しい歴史と、歴史が作り出した医療や制度の権威者に対する不信感に留意しなければなりません。その不信感に向き合い、制度側が自ら自分たちの言葉を使ってジェンダー・ヴァリエンスを分析する対策を講じるまで、この現象の生物学的ならびに精神的な起源が完全に理解されることは決してないでしょう。

ノンバイナリーとしての自己表現

　理論について多くを述べてきましたが、具体的な話に戻しましょう。私がノンバイナリーのアイデンティティを現実の世界でどう表すようになったのか、そしてそれによって人々が私をどう見るようになったかをお話ししましょう。人はまず、私の中性（アンドロジナス）的、あるいは「クィア」な外見に気づき、それが私に対する態度に直接影響を与えます。外見やその曖昧さは、私のようなアイデンティティの人すべてに当てはまるわけではありませんが、大多数のノンバイナリーとジェンダークィアと自認する人にとって核心的な問題なのです。人とは大体において視覚的な生き物ですから。私たちは出会った人の外見に基づいて結論を出したり、判断をしたりして、それに沿って行動するものです。

　そういうわけで、私は自分のジェンダーに疑問を感じ始めたころから長い年月の間、自分の外見を「育てて」きました。外見を**コントロール**することには、ずっと不安もありましたが、ときには大きな勝利も感じることもできました。

　そもそも外見は、私たちの世界へのかかわり方に影響を与えます。衣服、化粧、エクササイズ、ヘアスタイルなどによって人類は自分

が他者にどう見えるかをコントロールしてきました。それが単なるファッションや、特定の集団に社会的に受け入れられるためや、国やサブカルチャーのアイデンティティを主張するためだけだという人もいます。しかし問題がもっと大きい場合もあります。たとえば、バイナリーなトランスジェンダーの女性、特に彼女が非白人でアメリカに住んでいる場合は、「生物学的な女性」（一体全体もっとましな言葉はないのでしょうか！[註10]）として「パス（通用）」することができるかどうかは、生死にかかわる問題になり得るのです。トランスの女性は、ハラスメントや身体的な暴力や性暴力を受けたり、殺害されたりする確率がシスジェンダーの女性よりもずっと高いのです[註11]。トランスの女性にとって外見は極めて重要です。できる限り慣習的な女性に見られることが、とりわけ暴力から身を護ることになります。社会が決めた女性らしさというものに迎合することで、彼女たちは常軌を逸したアブノーマルな人だとマークされることなく、恐怖や脅しや暴力の対象にならずに済むのです。

　ノンバイナリーの状況はやや異なっています。トランスジェンダーの人に、外見で慣習的な男性や女性として「パッシング」することを社会が押しつけているのに対し、理想的なノンバイナリー像というものはなく、私たちが目指したり憧れたりするノンバイナリーの規範的な「外見」もありません。これは、多くのジェンダークィアの人が、外見にかかわりなく、じろじろ見られたり、あざけられたり、ときには暴力を受けたりすることを意味しています。

　ノンバイナリーの人の中にはこうした理由から、いわゆる慣習的ではない自分の表し方を、あえてしないと決める人もいます。外へ向ける姿などより、もっと移行にとって重要なのは、自己認識や自己受容であると考えるノンバイナリーの人もいるのです。一方、視線にさらされることには、逆のよい効果もあります。ジェンダークィアであるとオープンにしていると、どこか超越した魅力的でエキ

ゾチックな人だと思われることがよくあるのです。たとえば、これまでにデヴィッド・ボウイ〔イギリス出身のミュージシャン・俳優〕、グレイス・ジョーンズ〔ジャマイカ系アメリカ人の歌手・モデル・俳優〕、ティルダ・スィントン〔イギリスの俳優〕をはじめとして十数人の著名人が多様なジェンダーや、ジェンダークィアや、アンドロジナスを演じてきました。かれらの演じる姿と、実際のアイデンティティとを切り離して考えることはなかなかできません。いずれにしても、たとえ有名人でも、自分のアイデンティティがなんであっても、それを公開したくないことも多いでしょう。特に公の場で勝手な憶測をするのは、差し出がましいと思われるかもしれません。

　公の場やメディアで目にするノンバイナリーやジェンダークィアやジェンダーフルイドの著名人──ルビー・ローズ〔オーストラリア出身のモデル・司会者・アーティスト〕、マイリー・サイラス〔アメリカの歌手・俳優〕、コンチータ・ヴルスト〔オーストリア出身のドラァグクィーンの歌手〕、アンドレア・ペジック〔オーストラリアのモデル〕──は概して痩身で裕福で魅力的で、健康な肉体を持ち、多くの場合白人です。アマンドラ・ステンバーグ〔アメリカの俳優・歌手。デンマーク人の父とアフリカ系アメリカ人の母を持つ〕、ジェイデン・スミス〔アメリカの俳優・ラッパー。父は俳優のウィル・スミス〕などは例外です。こうしたほっそりしたアンドロジナスのセレブの作り出した現象によって、それだけがジェンダークィアの表現方法だという考えが持続し、好むと好まざるとにかかわらず、それとは違った方法で自分を表そうとする人たちの正当性を制限してしまうのです。出生時に女性の性を割り当てられたノンバイナリーの人が、ドレスを着ても構いません。髭を生やしても、ジュエリーをつけても、その両方だっていいのです！　ジェンダークィアの決まった表現方法はないのですから。

ノンバイナリー、ジェンダークィア、「他人化」

　用語解説で述べたように、この本の中では「ジェンダークィア」と「ノンバイナリー」を大体同じ意味で使っています。次のいくつかの調査と人口統計データには、男性、女性、「その他」という言葉が使われています。このことはノンバイナリーやジェンダークィアの人にとって重要な問題となることがよくあります。それは、〔心理学で〕いみじくも「他人化」と呼ばれる現象なのです。

　人間は、正／誤、白／黒、男／女、陰／陽といった二項対立、すなわちバイナリーを作り出すのが大好きです。しかし、こうした事柄については、もっと微妙できめ細かい考え方の方が正確で生産性があるかもしれません。ジェンダークィアの研究者で活動家でもあるCN・レスターがこう指摘したことがあります。一つの集団に「バイナリーではない（non-binary）」というレッテルを貼ることは、その集団をバイナリーのアイデンティティの対極に置くことにほかならない。そうすることによって、バイナリーのジェンダーだと自認する人と、そうでない人との間に、前者がノーマルなデフォルトであって、後者がどこか異なる逸脱したものだとする**新たな**バイナリーを作り出すことになってしまう。すると自動的に（しばしば意図せずに）この場合はノンバイナリーという、第三の**他者**のグループを作り出してしまうだろうという指摘です。

　これは、一般的な考え方としてバイナリーを超える方向へと進んでいくきっかけになる重要な論点だと思います。私は、ジェンダークィアという言葉がとても好きです（本書では依然として両方の言葉を使い続けますが）。やや古い言葉で、ある意味で、ノンバイナリーより確立した言葉だともいえるでしょう。それにこの言葉は、平均して、トランスのコミュニティの中でも、やや年上のサブグループの人々に使われているようです。この本のために話を聞いた14人

のうち、9人がノンバイナリーと自認し、（ほとんどの人が複数のアイデンティティを選択していましたが）2人がジェンダークィアと自認していました。

　ジェンダークィアの中の「クィア」という言葉には、とても悲惨な長い歴史があります。クィアの語源は曖昧です。ウィリアム・セイヤーズ〔アメリカ、コーネル大学兼任教授、中世研究〕は論文「クィアの語源（The Etymology of Queer）」(註12)の中で、インド・ヨーロッパ語の再建された語源「*terk」に遡ることができ、これは単に「ターン」という意味だと述べています。それがゲルマン語派のサブグループを経て英語になったのですが、高地ドイツ語で「曲がった」「誤った」という意味のtwerから、ドイツ語の「横向きの」という意味のquerとなりました。この言葉は存続している間に、様々な意味を持ちました。主に、曲がった、湾曲した、歪んだ、ひねくれた、といったことに関する意味が多く、意味的に狭められていき、悪化(註13)して、20世紀初頭には、はじめてホモセクシュアルと関連づけられたという記録があります。この言葉は、以前は〔LGBTQの〕コミュニティを抑圧するために使われていましたが、次第にこの言葉をコミュニティ自身が取り戻して使うようになりました。今日までこの言葉は反体制的な意味合いを持ち続けています。それが特に表れているのが、批判理論における使い方です。テキストや思想を「クィア」することは、性的指向やジェンダー面において再評価することで、これはクィア理論でよく用いられます。これについては以下に詳しく説明しましょう。

　私は、**クィア**という言葉が表す意味を、ジェンダーとセクシュアリティの因習に逆らう挑戦的な表現としてとらえています。私たちのコミュニティが現状を打破できるという勝ち誇った気持ちになるのです。「ジェンダークィア」はジェンダーという特定の文脈における慣習への逆らいを表し、因習的なジェンダーそのものや、私た

ちが分類されてきた頑なカテゴリー分けとに対立する位置にあります。この長々とした説明で私が言いたいのは、ジェンダークィアとは、複雑なアイデンティティを説明するための複雑な方法であり、非常に多くの人が自分のアイデンティティを語るのに使っているということです。私のジェンダークィアという言葉の使い方は、ほかの人とまったく同じではありません。それに、ジェンダークィアとノンバイナリーを同じ意味で使っていても、二つを融合させてしまおうとしているのではありません。

人口統計

　この本を手に取ってくれた人にはわかりきっていることかもしれませんが、たとえどんなに小さくても、社会の主流から取り残された集団には、自分たちの意見を述べることが許されるべきですし、理解やサポートを受ける価値があると思います。どれほど人数が少なくても、そうあるべきです。しかし同時に、ノンバイナリーやジェンダークィアの人がどれだけいるのか、たとえばイギリスには、世界には、大学には、ネット上には……ということを知るのも重要です。そうすることでノンバイナリーの人口と地理的分布がわかるし、どういった地域や分野にノンバイナリーの人がいるのか、どんな仕事をしているかもわかります。またノンバイナリーであるためにどんな困難に直面しているかも理解できるでしょう。正確な人口の推定は、政策作りや、予算やリソースや公共サービスを正しく分配するのにも欠かせません。ノンバイナリーの人口統計はひどく不足しているので、それについて述べるのはまだ早急かもしれません。

　2015年に実施されたUSTS（the United States Transgender Survey　アメリカ合衆国トランスジェンダー調査）[註14] によって、様々なテーマのデータが集められました。これは、トランスジェンダーやジェン

44

ダー・ノンコンフォーミングと自認する、なんと2万7715人もの人を対象とした調査です。「ノンバイナリー」と「ジェンダークィア」は、「トランスジェンダー」「トランス」「トランス女性（MtF：男性から女性へ）」「トランス男性（FtM：女性から男性へ）」に続いて、4番目か5番目に回答の多いカテゴリーでした。回答者は自分を表すラベルを複数選ぶことができたので、どのカテゴリーにも全体のおよそ3分の1の回答がありました。下記は、バイナリーの枠外であると自認する回答者のパーセンテージです。

ノンバイナリー	31%	ツースピリット	7%
ジェンダークィア	29%	バイジェンダー	6%
ジェンダーフルイド	20%	マルチジェンダー	4%
アンドロジナス	18%	サードジェンダー	4%
アジェンダー	14%	それ以外のジェンダー	12%

　アンケートの回答者の35％、およそ9700人が、ノンバイナリー／ジェンダークィアという大きな枠に当てはまります（これは「男性」「女性」「クロスドレッサー」というカテゴリーに対比したカテゴリーです。ところで「クロスドレッサー」と答えた人はわずか3％でした）。このデータから、アメリカ合衆国のノンバイナリーかジェンダークィアの人口は、おおざっぱに見て、2015年の総人口の3％にあたるといえるかもしれません。

　これを2011年のNTDS（National Transgender Discrimination Survey 全国トランスジェンダー差別調査）[註15]と比較してみましょう。これは6500人を対象としたアンケートで、USTS（アメリカ合衆国トランスジェンダー調査）より前に行われた調査です。2011年のNTDS調査では、ジェンダークィアと答えた回答者は22％にすぎず、ツースピリット15％、アンドロジナス14％、サードジェンダー10％と続

きました。このことから明白なのは、アメリカで集めたデータではありますが、ノンバイナリーとジェンダークィアの人口が急激に増えていることがわかります。認知度が高まるにつれてノンバイナリーが一般にも受け入れられるようになり、より多くの人が以前よりも安心して女性／男性のバイナリーの枠外の自認ができるようになったといえるでしょう。

イギリスに、バイナリーの枠外のアイデンティティを自認する人々がどれほどいるかを調査するのは、かなり困難です。ナット・ティットマン〔イギリスのトランスジェンダーの活動家〕がプラクティカル・アンドロジニー（Practical Androgyny）というウェブサイトに掲載した記事「イギリスにはノンバイナリーの人がどれだけいるか？」[註16]では、いくつかの人口統計を集めてイギリスのノンバイナリーとジェンダークィアの人口を推定しています。ティットマンの研究が、イギリス国内のノンバイナリーとジェンダークィアについての私が探し得たうちの最も完全なデータです。ただこの記事は2014年に書かれたものなので、現在は多少、数字が変わっているかもしれません。

しかし、2014年にティットマンが識別したよりも今私たちの仲間が実際に**多くなっている**と必ずしも考えているわけではありません。ここ数年だけでもノンバイナリーの認知度は高まっています。それによって、多くの人が自分の気持ちを言い表す言葉があることに気づいたのだと思います。2017年には、トランス・メディア・ウォッチ（Trans Media Watch）〔メディアがトランスジェンダーを正しく描写するよう運動をしているイギリスの団体〕委員長のジェニー・カーモードが、ティットマンの記事についてこう述べています。2009/2010年にTMWが行った調査（「メディアにおけるトランスジェンダー」）を今また行えば、より多くの人がバイナリーの枠外だと回答するだろうと。また、彼女が日常的にかかわっているトランスの

人々のおよそ3分の1が、バイナリーの枠外だと自認していて、これはアメリカの2016年のUSTSの調査結果とおおむね合致するとも述べています。

　ティットマンが分析した2011年国勢調査の回答欄には、「男性」「女性」のジェンダー選択しかなかったので、ジェンダーの欄を飛ばした人や、両方に印をつけた人や、そうではない何かを書き込んだ人の数から、ジェンダークィアの存在数を推測するしかありませんでした（22万4632人中0.4%）。近年、イギリスでは国勢調査票に書き込む代わりにオンラインで回答することが強く推奨されるようになりましたが、ジェンダーの選択欄が男性か女性かの二択で、どちらかを選ばないと次の画面へ進めないようになっていることが大きな問題です。

　2011年にEHRC（Equality and Human Rights Commission　平等および人権委員会）が、トランスジェンダーの人々をできるだけ受け入れられるような設問を作ることに着手しました。これは、職場や社会一般における差別から人々を法的に護る主旨で発令された2010年の平等法（Equality Act 2010）に、トランスジェンダー人口の数や多様さが正確に反映されていなかったことへの反応として始まったものです。2010年の法律で定義されていたトランス人口は、現在の「性別適合」に特化されたセクションで保護の対象となっている人口です。しかし、トランスのすべての人が性別適合治療を受けているわけでも、**受けたいと思っているわけでもないので**保護の対象にならないと認識されたのです。また、平等法ではバイナリーなジェンダーの言葉だけが使われていて、バイナリーの枠外のジェンダーは明確には認められてはいません。

　最終的にEHRCが導き出したのは「出生時に割り当てられた性別」と「ジェンダー」を区別し、「男性」「女性」のそれぞれの項目に、より多くのオプションを加えることでした。また回答者の「性

別適合」の状況について尋ねる設問も加えました（出生時に割り当てられた性別とジェンダーを分けることは、トランスジェンダー人口のデータを集めようとする団体にとっては有益ですが、トランスジェンダーであることを公開したくない人にとっては有益とはいえませんでした）。2021年の国勢調査にも、ジェンダー、性、ジェンダー・アイデンティティの質問を加える可能性が議論されています。上記のEHRCの質問をオンラインの自己申告アンケートで行ったところ、1万39人の回答者のうち、38人が、自分は男性や女性「以外である」と回答しています。回答者は一般人口から無作為に選ばれたもので、この結果からイギリス人口の0.3から0.4％の人が、ジェンダーバイナリーの枠外だと自認していることが示されました。

　この件に関する最も有益な広範囲のデータは、スコットランド・トランス連合（STA: Scottish Trans Alliance）が2012年に行ったトランスのメンタルヘルスについての調査です[註17]。889人のトランスジェンダーの人のうち、およそ27％がジェンダーのバイナリーの枠外のどこかに位置すると自認しています。STAの質問は大変包摂的で、ジェンダー・アイデンティティに関する繊細な質問票を今後作っていくのに大いに役立つでしょう。

　いくつかのトランスジェンダーの団体が、（理論上、トランスのコミュニティ内の人口統計データを収集するのにふさわしい場所とされている）ジェンダー・アイデンティティ・クリニック（GIC）[註18]にノンバイナリーの受診者数を尋ねる調査をしました。これらの診療所は、バイナリーにとらわれない、より複雑なジェンダー・モデルの支持を明言していますが、それにもかかわらず、大多数の診療所では、受診者に女性か男性かの二つしか選択肢を与えていませんでした。そのため限定的な結果しか得られなかったのです。さらに不可解なことには、クリニックの中には受診者の「法律上の」性別や、出生時に割り当てられた性別だけしか記録していなかったところも

ありました。もしトランスジェンダーというアイデンティティの概念がMtFかFtMしかないのなら、この方法は理にかなっているかもしれません。しかし、それではノンバイナリーの存在は否定され、バイナリーの枠に収まらない何らかの自認をしている人々に対して、あまりにも単純かつ、完全に誤った自己表現しか与えないことになります。ノンバイナリーというアイデンティティを消し続けるだけではありません。ノンバイナリー自認をオープンにすれば治療を受けられなくなるのではないかという恐れが、ノンバイナリーのコミュニティにますます根づいてしまいます。

　不幸にも、こうしたバイナリーなメンタリティはトランスの権利を守る団体自体にも見られます。イギリスで最大のトランス擁護団体の一つであるGIRES（Gender Identity Research and Education Society ジェンダー・アイデンティティ調査および教育協会）が、つい最近、2011年の調査報告書で、医療的移行を受けた人はすべてトランス女性またはトランス男性であると述べていたのです。私個人の体験や数人の知り合いの体験だけから述べるとすれば、これはまるでナンセンスです。それは、USTS（アメリカ合衆国トランスジェンダー調査）の回答とティットマンの研究によって、はっきり証明されています。

　明らかにこうした数字は、場所や調査方法や調査を行う団体によって、大きく違っているでしょう。しかし、私が読者に伝えたいのは、ノンバイナリー人口の明白で正確な数字ではありません。私たちや私たちを研究しようとする団体がノンバイナリー人口を正確に表したいと考えるのなら、まずその複雑さを理解しなくてはならないということなのです。

　統計の集め方にもさらなる重要な問題がありますが、これについては後に述べていきましょう。

　ここまで私は、ティットマンが記事の中で説明しているように、男性か女性かのバイナリーの枠組みの外にもジェンダー・アイデン

ティティが存在し得ると述べてきました。それにかなりの時間を費やさざるを得なかったこと自体が、現代社会の制度の中でノンバイナリズム〔反二項対立論〕を明確に語る困難さを物語っています。さらに、これほど繊細な問題を、堅苦しい人口統計の質問事項に組み入れるのがいかに難しいかもわかるでしょう（すでに困難だと実証されていますが）。

調査の方法にもいくらか進歩が見られます。イギリスでは特にEHRC（平等および人権委員会）がその先陣となっています。2011年にEHRCは、英国統計局には、イギリスの人口のうちジェンダーと出生時に割り当てられた性別が一致していない人々（概してトランスジェンダーと定義される人々）のデータを集めるための適切な用意がないことに気づきました。たとえば、2011年のイギリスの人口統計では、性別／ジェンダー欄には、「男性」か「女性」かの選択しか与えられておらず、そのためノンバイナリーの人々は自分のアイデンティティを正確に告げることができませんでした。

EHRCの調査報告書は、「性別」の項目をより包摂的にするよう提案しました。少なくとも「性」と「ジェンダー」を分けてノンバイナリーのオプションが選べるように、質問の書き方を変えて複数の質問で尋ねるようにというものでした。まず出生時に割り当てられた性別を尋ね、そこに「男」「女」のほかに「インターセックス」と「答えたくない」の二つのオプションを加えます。この報告書では、ほかにもジェンダー・アイデンティティに関する質問を加えることを提唱しています。今現在のジェンダー・アイデンティティを尋ね、「男性」「女性」以外に、「その他」という選択肢を加えてその下に空欄を設けようという提案です。この質問によって、男女のバイナリー以外のジェンダーを自認する回答者の大まかなデータが集められるようになります。

EHRCでは調査の質問事項は、シスジェンダーの人々とトラン

スジェンダーの人々の両方によって検討されテストされるべきだと強調しています。すべての人が、人種／民族、宗教、セクシュアル・アイデンティティ などと同じように、自分のジェンダー・アイデンティティを正確に表してもいいんだと思えることが重要だからです。ジェンダー・アイデンティティはますます細分化し、そのすべてのバリエーションを知ろうとしない人も多いのです。しかし、ジェンダー・アイデンティティもほかのアイデンティティとなんら違いはありません。トランスの人々には、自分を正確に表現する権利を持つ資格があるのです。

　全般的に、状況は数年前と比べても改善されています。それでも、まだどの国でも、ノンバイナリーやジェンダークィアの正確な人口調査への道のりは遠いのです。ノンバイナリーの人口データ収集が困難なのは、LGBTコミュニティに特化した調査や研究でない限り、回答欄に「女性」「男性」のバイナリー以外のジェンダーが含まれていないことが主な理由といえます。しかし、USTS（アメリカ合衆国トランスジェンダー調査）は例外として注目すべきです。これは全米トランスジェンダー平等センター（National Center for Transgender Equality）が行う調査で、大きな団体といくつもの助成金、そして組織や企業の資金援助によって支えられています。ナット・ティットマンが自発的に集めたデータは、幅広い情報から集められたものですが、量的にも特定性においても、USTSの調査にはまったく及びません。これらの二つの調査には、かなり違いがありますが、そこから非常に大まかな結果を導き出すことは可能です。少なくとも、この（不足した）データからわかるのは、より特定性のある研究がもっと必要だということです。このような調査による認知度の上昇や、そして願わくは、本書のような本が、詳しいデータ収集への第一歩になればと思います。

イギリスとそれ以外の国について

　本書はイギリスで出版されるためにイギリスで書いています。本文中に紹介した事例証拠を話してくれた人々も、何人かのアメリカ人を除いては、ほとんどがイギリスに住んでいる人たちです。したがって私の出した結論は、英語圏の国に著しく傾斜しています。本書はイギリスに住むジェンダークィアとノンバイナリーの人の体験を主に表しています。それでも、可能なところでは、イギリス以外の国々の実体験や、政策やその実践についても述べるようにしました。インタビューの回答者がどこの人なのか、その政策はどの国で実施されているのかなど、わかる限り述べるようにしました。

　この本を読むにあたり知っていただきたいのは、どんな国の（英語圏であるなしにかかわらず）どんな人口統計であっても、それが世界全体のジェンダークィア体験を代表するわけではないということです。また、バイナリーなモデルが本質的で自然なものに思えたとしても、バイナリーの外に、あるいはバイナリーに沿って多様なジェンダーが存在していること。そして、こうした代替的な、あるいはノンバイナリーの概念がすでに確立されている文化も多く、歴史的な記録も残されていることを忘れないでいただきたいのです。こうしたモデルのいくつかについては、第3章のジェンダークィアの歴史の章でお話しします。

なぜ人口統計情報が重要なのか

　ノンバイナリー人口の統計は非常に限られていますが、一般的にトランスジェンダーに関しては、より豊富なデータがあります。2017年に、LGBT権利擁護団体ストーンウォール（Stonewall）が行った研究[註19]から、トランスの人々が日常的に直面している事柄を、

いくつか紹介しましょう。このアンケートの回答者は5000人の LGBTの人で、そのうちの871人はトランスジェンダーです。トランスジェンダーの41％の人は過去1年間の間に、ジェンダー・アイデンティティが原因のヘイトクライムを経験したと答えています。およそ半数のトランスジェンダーは公衆トイレを使うのが苦痛だと回答しています。4分の1の人はホームレスになった経験があり、4分の1以上の人が、パートナーから家庭内暴力を受けたと言っています。

　そのパーセンテージの一部はノンバイナリーの人に関するものでした。ノンバイナリーの回答者の半数以上が、差別や嫌がらせが怖いので、服装を積極的に調整していると答えています。また、5分の1の人は家やアパートを借りたり購入したりする際に差別を受けたと言っています。ノンバイナリーの回答者の4分の1は、ジェンダー・アイデンティティを家族に伝えていません。

　先に述べた理由によって、これらの数値が完全に正確だとは思いませんが、最近のデータであることや回答サンプルの大きさから考えて、イギリスのトランスの実体験に関しては非常に正確なのではないかと思います。ジェンダークィアの体験は、バイナリーなトランスの人の体験と同じではありませんが、苦しみがより大きい点も、そうでない点もあります。いずれにしても、これは恐ろしい数字です。ノンバイナリー、ジェンダークィア、ジェンダーフルイドの人々は、社会のどこにでも存在しています。大都市や大学だけにいるわけではありませんが、そういった場所ではサポートが最も受けやすいでしょう。私たちはあなたの子どもかもしれないし、あなたの隣人や生徒や患者かもしれません。あなた自身かもしれないのです。もっともっと認知度、尊厳、支援が高まる必要があるのです。

エクササイズと話し合いのポイント

　このセクションでは、「男か女か」の二元論的な考え方から離れて、ジェンダーを作り上げられたものとして、そして柔軟で複雑なものとして考える練習をしてみましょう。ここに挙げた考察と話し合いのポイントは、教室やワークショップにも応用できます。

　この章だけでなく、本書を通して「バイナリー」についての考察が出てきます。私たちは、通常、子ども時代や学生時代にも、バイナリーを疑問視したり分析したりする方法を与えられてきませんでした。私たちが討論するときには、お互いが対抗して「勝者」となることを目指します。こうした議論にはまず、歩み寄る余地がありません。バイナリーな考え方は単純で、確かに社会や道徳や哲学の問題を組み立てるには効果的でしょう。しかし、道徳やアイデンティティが二極化されるのは油断ならない問題です。健全な討論は、「正しい」「良い」側と、「間違った」「悪い」側とに分かれがちで、そうなるとそれ以上討論を続ける意味がなくなります。どちらの側もすでに結論を出していて、論議によってそれが揺らぐことがないのです。

1.　社会から学んだバイナリーをいくつか挙げてみましょう。「菜食」対「肉食」のような複雑で議論の分かれる問題でも、「ケチャップ」対「マヨネーズ」のような無害な問題でも、「夢想家」対「現実主義者」といった抽象的なものでも、「背が高い」対「背が低い」のような具体的なものでもいいのです。そして、こうしたバイナリーについて細かく考えてみましょう。たとえば、菜食主義者や赤身の肉を食べない人についてや、マスタードについてはどうでしょう？　善悪のバイナリーだけに限った方法で議論してみましょう。それから、その中間のグレイ部分について話し合えば、両サイドの合意点を見つけられるでしょうか。

54

2. あなたは個人的にジェンダーをどう概念化していますか？　あなたが「ジェンダー」をどのように思い描いているかを、視覚的に表してみましょう。それは、単に「男」か「女」かのバイナリーですか？　一方の端が「男性」、もう一方の端が「女性」の連続したスペクトラムですか？　あるいは、もっと複雑で柔軟で流動的なものですか？　もっと細かいものでしょうか？「ジェンダーを考える」のセクションを参考にしてもよいのですが、あなたの概念がかなりバイナリー寄りでも、先に示した図式に当てはまらなくても心配ありません。この本は、複雑で抽象的なジェンダーを、概念化すべきだと強要するものではありません。一人ひとりの心的表現はそれぞれ違っているのですから。

3. **あなた**のジェンダー・アイデンティティは、上の概念のどこに当てはまりますか？　あなたがシスジェンダーであっても──**特に**シスジェンダーであれば──このことについてよく考えてほしいのです。たとえば、あなたが自分を男だと考えていて、ジェンダーの概念をスライド式だと考えているとしましょう。あなたは自分が最も先端の「男らしさ」であると自認していないかもしれません。友だちや同僚といった広い社会の中における、あなたの男らしさの位置は、どこでしょう？　それが、あなたの行動や他者との関係にどんな影響を及ぼしているかも考えてみましょう。

　特に、もしあなたがトランスやジェンダークィアの患者とかかわる医師であれば、ジェンダーについて積極的に考えることが重要です。ジェンダーの多様な人は、平均的な人よりもずっと深く自分のジェンダー・アイデンティティについて考えなくてはなりません。そのことが、他者からどう見られるか、どう見られたいかといったことにも影響を与えています。あなたが

シスジェンダーであっても、自分について考えてみてください。そうすることであなたとトランスの友人や同僚や患者や生徒との間に共感が芽生えるでしょう。敬意と思いやりをもって人に対するのには、共感が不可欠です。それなのに一般社会が多様なジェンダーの人々に相対するとき、この共感が欠けていることが多いのです。

第 2 章

ジェンダーと言語

はじめに

　書き始めたときから、この本にぜひ含めたいと思っていたことの一つが、ジェンダーに関する様々な言葉についてでした。私は言語学者として教育を受け、たいして実用性のない学位を二つ持っているため、それに関した問題に接する機会があれば逃したくありません。しかし、言語についての議論だけでは十分でありません。主に世界中でバイナリーなジェンダーの言葉が使われていることが、ノンバイナリーとジェンダークィアのアイデンティティが社会的、法的に認められ、正当化されることの最大の障害の一つとなっているからです。言語は、男性か女性かとしてしか話し手の考えを表現できないことがよくあります。すると、それがノンバイナリーの人を除外するための簡単な言い訳になります。また、ノンバイナリーの人が自分のアイデンティティを表し、主張するために使おうとする代名詞は、文法にのっとっていないので、正当性を欠いているということになるのです。

　言語が重要なのはそれが日常だからです。社会環境であり、制度でもあります。言葉を通してしか私の考えをあなたに伝えられませんし、日々の生活の中で言葉を回避することはほとんど不可能です。しかし残念なことに、英語やその他の多くの言語において、ノンバイナリーやジェンダークィアの人は、自分をバイナリーのどちらかのジェンダーに当てはめない限り、普通に会話をすることがほとんど不可能なのです。

　第7章で述べる医療システムと同じように、バイナリーな思考をする大多数のシスジェンダーの人たちによって歴史的に構築され維持されてきた言語もまた、ノンバイナリーとジェンダークィアの人々が始終使わざるを得ない制度なのです。先祖に悪意があったわけではないし、私は、言語のシステムをすっかり壊してはじめから

作り直すべきだと提案しているのでも決してありません。ただ、言語も、社会全体にバイナリーなジェンダー観が固定化されたことによる産物なのです。それでも、私たちのアイデンティティの合法性を認めようとせず、社会における私たちの立場を疑問視する人々と対抗するとき、私たちは目的のために、言語を使わざるを得ません。

　一方、性差に偏らないジェンダー・ニュートラルな言葉が公にそして正式に受け入れられれば（どんな言語にも新しい言葉やフレーズが加えられるのと同じように）、少なくとも、ジェンダークィア・コミュニティにとって象徴的で画期的な出来事となり、私たちの認知度を高めるのに貢献してくれるでしょう。スウェーデンがジェンダー・ニュートラルな代名詞を取り入れたことは、その一例です。はじめは記事の中だけで使われていたものが、最近では一般化しています。

　この章の目的は、言語が因習的なジェンダー規範を強化するのと同じように、それを覆すこともできると示すことです。様々な言語がジェンダーをどう表現しているか、それがジェンダークィアとノンバイナリーの自己表現や伝達にどんな影響を与えているか、について少し述べていきましょう。さらに、慣習的でない自由な言葉の使い方を大衆がどう受け止めるのか、直観的に受け止めにくい言語の働き方についても述べていきます。

　また、この章では「they」というジェンダー・ニュートラルな代名詞と、同じく「ze」や「ey」をめぐる論争についても言及していきます。ニュートラルな「they」を単数として使うことの文法性の是非を歴史的および社会言語学的証拠を用いて述べます。なぜこうした代名詞が新しく創案されたのかについても説明します。章の最後では、読者に言語の中のジェンダーについてより深く考えてもらうように、いくつかの質問とエクササイズを紹介しています。

　本書に記した事例証拠のほとんどは英語圏の人々から聞いたもの

です。また政策や社会の傾向も主に英語圏の国々に焦点を当てています。それでも、次の章で世界の例を取り上げたのと同じ理由で、この章でも他の言語についても述べることにしました。同一条件で比較はできませんが、他の言語や文化のやり方を知ることは、ジェンダーについてより深く理解することにほかなりませんし、西洋社会がジェンダーに課した融通のきかない男女バイナリーに、新たな概念を与えたり、挑戦したりする方法を与えることにもなります。他国の言語と文化は、私たちが日常使うことのできる代替的なモデルとなるでしょう。

言語におけるジェンダー

　言語のジェンダー（註20）化には2種類あると考えられます。[*1] 文法的性とナチュラル・ジェンダーです。**ナチュラル・ジェンダー**は、名詞の**意味**にジェンダーが反映されているもの、すなわち、実生活においてジェンダーのあるものを説明するものです。「女性」と「男性」、スペイン語の「mujer（女性）」と「hombre（男性）」、「雌豚」と「雄豚」、「女優」と「男優」などはすべて、性が付与された言葉です。英語という言語には、文法的性がほとんどないのにもかかわらず、「woman（女性）」というジェンダーは明言されています。

　文法的性とは、言語の中にジェンダーが「恣意的に」埋め込まれているものです。一般的に、文法的性のある言語の話者は、ジェンダー化された言葉を使うしかないのです。文法的性は特におよそ9000年前のアナトリアに起源を持つと考えられる（註21）インド・ヨーロッパ語族に普及したものです。インド・ヨーロッパ語族の言語は現在世界中で使われていて、英語、スペイン語、ドイツ語、ヒン

---

*1　言語に関しては、著者はジェンダーを性と同じ意味で使っている（原註20）。

ズー語、アイルランド・ゲール語、アフリカーンス語、アイスランド語など多くの言語があります。基本的にはヨーロッパで使われるすべての言語（フィンランド語、エストニア語、ハンガリー語はウラル語族）、そして世界に広く分散された人々の言語などが含まれます。

　イタリア語は文法的性のある言語のよい例です。イタリア語のすべての名詞にはジェンダーがあり、名詞から切り離すことのできない接尾辞によって表されています。これら名詞には「a」や「the」のような冠詞がつき、やはりジェンダーのある形容詞が伴われます。ここで取り上げているジェンダーに関して重要なことは、イタリア語の話者が自分や他者のことを話すとき、たとえば、「uno（男性の）student」あるいは「una（女性の）studentessa」のどちらであるかを言わなくてはなりません。中性形はありません。よりインクルーシブにしようとしても、ただ新しい代名詞を作ればよいというような単純なものではないでしょう。イタリア語をノンバイナリーやジェンダークィアの人にとって、よりインクルーシブな言語にしようとすると、イタリア語全体にかかわることになるでしょう。このように文法的性のある言語では、ノンバイナリーの人について語るのは困難です。一方、スペイン語やスウェーデン語のようにいくらか文法的性のある言語を話す人たちが、回避策を作っていることは興味深いものです。

名詞クラス

　ジェンダーが様々な形でしっかり埋め込まれている言葉は、大変多くの言語に見られます。人や物を区別する必然的な基準がジェンダーのように思えるかもしれませんし、こうした言語の話し手は、ジェンダーほど重要で基本的なことについて考えられないかもしれません。

文法的性のない言語もあります。特にヨーロッパ以外の多くの国の言語では、たとえば、他者について話すときに「彼」と「彼女」の区別をつけません。こうした言語にも、当然、性が付与された言葉があります。「牡牛」と「牝牛」、「少女」と「少年」にあたる言葉には性差があるかもしれません。ジェンダーが言語に埋め込まれていないからといって、人がそれを感じないわけではありません。しかし男女軸以外の軸によって名詞の**タイプ**を区別している言語が実に多いのです。そうした言語を知ることは、文法的性のある言語だけしか話さない人にとって優れた洞察をもたらすでしょう。

　イタリア語の名詞の語尾にジェンダーが影響を与えるように、あるいは、英語で第三者を指す代名詞がジェンダーによって違うように、他の面によって名詞の表現方法が変わる言語もあります。たとえば、**生命のあるものとないもの**とを区別するために、接頭辞や接尾辞を変える言語があります。スペインのバスク地方で話されるバスク語、北アメリカのある部族が話すオブジウェー語などがそれにあたります。人間とそうでないものとを区別する言語もあります。そしてこうした区別はバイナリーとは限りません。（北アメリカで話されている）ナバホ語では、たとえば、平らなものと薄くて曲げられるものの違い、あるいはドロドロしたものと固いものの違いを、文法的に区別します。物の手触りによって動詞が活用変化するのです。名詞クラスが無数にある言語もあります。スワヒリ語では、人、植物、果物、動物、「種々雑多な」その他、によって、異なった接頭語を用います。

　こうしたことを長々と述べているのは、ある物についてジェンダーが最も重要で特徴的な性質ではないということを示したいからです。たとえばトルコ語のような多くの言語では、男性や女性について話すときに異なる代名詞を使うことはありません。その人が男性か女性かは——もっとも差異そのものに意味があればの話ですが

——文脈や、性別がすでに付与されているナチュラル・ジェンダーによって十分理解できるのです。

　（スワヒリ語のような）いくつかの例外を除いて、世界中の多くの地域において文法的性のない母語が、文法的性のある言葉に追い出されたり征服されたりしつつあるように、私にはふと思えるのです。文法的性を好むインド・ヨーロッパ語族の言語が急速に持続的に広がっていることは、統計的に世界における言語の割合が変化することです。そしてより多くの人が日常的に男女バイナリーの文法的性のある言語を話すようになり、常にバイナリーな区別をするようになるということなのです。

　しかし、これはこうした言語の本来の質とは関係がありません。文法的性のある言語がそれを話す人々をより「攻撃的」にしているわけではないし、また、その言語が、文法的性のない言語やその話し手たちよりも、より「頑健な」わけでもありません。植民地主義、開発途上国支配政策、国外移住など、理由がなんであれ、世界で急速に広まっている言語の多くは同じ古代母語の系統から出ているものです。実際、そもそも原始インド・ヨーロッパ語族の言語に見られたバイナリーは、性別に関するものではなく、生命のあるもの／生命のないものや、活発なもの／不活発なものを区別するバイナリーでした(註22)。男性的／女性的の区別は後になってからできたものです。もし初期のインド・ヨーロッパ語族の言語が男女の二元や、男／女／中性の三元といった文法的性を持たずに発達していたら、そしてこの語族の言語の話し手たちが、他の言語を話す領地へ移動したり発展したりするのが得意でなかったら、文法的性は今ほど普及せず、重要で不朽でグローバルな言語として見なされなかったかもしれません。

様々な言語のジェンダーの使い方

　様々な文脈でジェンダーを表現せざるを得ない言語──今日、ノンバイナリーやジェンダークィアの人たちが話さなくてはならない言語──には、日常使う上で乗り越えなくてはならない困難があります。ある言語のジェンダーの扱い方は、それが話されている社会のジェンダーに関する価値観を反映し、影響を与えるものでもあります。このテーマだけで本が一冊書けそうですが、ここでは少しだけ例を挙げて、ノンバイナリーの話し手たちがそれをどう乗り越えているかに焦点を当てましょう。言語の違いが文化の違いと並んで存在することがよくあるため、こうした言語を話すジェンダークィアの人の実体験について明確な結論を引き出すためには、もちろんもっと研究が必要です。しかし、ここに挙げる言語は例として有効だと思われます。

　日本語の口語には、文法的性の要素は大変少ないのですが、特定のフレーズや言葉や話し方が概して女性的であったり、逆に男性的であったりすることがあり、それはジェンダーによってふさわしいと思われる職業や行動が違うのとよく似ています^(註23)。英語の「彼」や「彼女」の使い方とは異なりますが、社会のしきたりによって話し方が左右されています。ある性別を割り当てられている人が、別の性別のような話し方をするのは、奇妙だとか、無作法だとかと思われますが、文法的に間違っているとは思われません。また日本の口語には、第三者のジェンダーを表す代名詞がなく、一般的に第三者は代名詞以外の言葉、たとえば名前とか職業とかで表現されます。

　日本の口語のジェンダーに関する習慣を表すよい例が、英語のI、自分を指す人称代名詞です。私がインタビューしたLEさんは英語と日本語のバイリンガルで、「ぼく」という人称代名詞を使うこと

を選んでいますが、これは一般的に若い男子が使う代名詞です。これによって、LEさんはほかの日本人に対して、自分のジェンダーをどうとらえてほしいかを発信することができます。LEさんが日本で社会的にどう受け止められるかにかかわらず、この日本語の持つ社会的な暗号的側面はノンバイナリーの話し手にとって、ある程度の自己決定権となっています。

　スペイン語にもイタリア語のように、人称代名詞と名詞は通常バイナリーなジェンダーの一つを有しており、その周辺の冠詞や数詞や形容詞も影響を受けます。他者について話すときはジェンダーを与えなくてはならず、「生徒」や「パートナー」といった英語ではジェンダーのない言葉であっても、スペイン語には文法的な性別があるのです。話し手も同じように、自分をジェンダー化して話さなくてはなりません。スペイン語のような言語を話すジェンダークィアの人は、ニュートラルな代替手段がないことと日々闘わなくてはならないのです。未だかつてニュートラルな代名詞が一般的に使われるのを目にしていませんが、時が経てば、英語のthey/themのような言葉が一般化するかもしれません[註24]。私がインタビューしたジェンダーフルイドで英語とスペイン語のバイリンガルのXX3さんは、男性、女性、ニュートラルのどの代名詞でもかまわないけれど、スペイン語では男性代名詞を使っているといいます。

　スペイン語を話すジェンダークィアのコミュニティが大きくなるにつれて、特にインターネットのような文字がベースの媒体では、回避策が検討されています。たとえば、（男女別を表す）「-o」や「-a」という接尾辞を使わずに、自分自身や自分たちのコミュニティを表すために、多くの人々がLatinx（ラティンエクス）という言葉を使うようになっています[註25]。すべてのスペイン語の話者がLatinxという言葉を認めているわけではありませんが、これは英語の話者の中にthey/themの使用を認めない人がいるのと同じ理由だ

と思います。

　ロシア語のように、通常無生物にだけ使われるニュートラルな単数代名詞を持つ言語もあります。インタビュー回答者のSGさんや、ロシアのトランスジェンダーのアーティストで活動家でもあるセーロエ・フィオレートヴォエのように、自分を表すのに「ОНО」（英語のitに当たる語）というニュートラルな無生物の代名詞を使う人もいますが、それでは非人間的だと感じる人もいます。前世紀の終わりごろまで英語の「he（彼）」が総称的に使われることが多かったように、ニュートラルあるいはデフォルトなオプションに近いとされる男性的な代名詞を使うのを好む人もいます。しかし男性をデフォルトとすることがすべての人に受け入れられるわけではありません。というのは、たとえば出生時に男の性別を割り当てられたジェンダークィアの人がデフォルトの「he（彼）」を使えば、周囲から、男性と自認するシスジェンダーだと思われるようになり、違和感が生じるかもしれないのです。こうした場合は、少なくともある程度の柔軟性とジェンダーの境界を越えていることを示すために、女性的な代名詞の方が好ましいかもしれません。しかし、これに関しても、より多くのジェンダー・ニュートラルなロシア語の話者から話を聞いて、こうした傾向が確かに起きているかどうかを確認する必要があるでしょう。

　エストニア語やフィンランド語（フィンランド語は、ヨーロッパにおける数少ないインド・ヨーロッパ語族ではない言語です）には、ジェンダー・ニュートラルな代名詞が存在していて、ジェンダークィアやジェンダーレスの人々が喜んで使っています[註26]。

　スウェーデン語（インド・ヨーロッパ語族の言語）にも、「hen」というジェンダー・ニュートラルな人称代名詞があって、2015年に正式に辞書に加えられました。この言葉は男性的な代名詞をニュートラルの意味でも使わずに済むようにと1960年代に創作されまし

た。スウェーデンでは、ここ数年間にいくつかの、ジェンダー・ニュートラルな学校が開設されていて、日々のアクティビティや遊びの中で、生徒たちが従来のジェンダー境界線を越えることを奨励すると同時に、ジェンダー・ニュートラルな代名詞henだけを生徒の代名詞として使っています。こうした学校の生徒たちは、自分の好むアクティビティを追求することが多く、ジェンダーの規範に縛られることがないと研究が示しています（註27）。henがニュートラルな代名詞として正式に認められたことによって、この言葉がこれからは主流文化に受け入れられ、一般にも使われるようになればよいと思います。実際にリサーチ（註28）によれば、はじめはhenに敵意が向けられたにもかかわらず、このニュートラルな代名詞の人気は時が経つにつれてますます高まってきているといいます。スウェーデンのケースはユニークですが、よりインクルーシブな言語に向けて、こうした小さな変化が実際に起きていることを示すよい例だと私は考えます。

言語の変化と代名詞

　シスジェンダーでも、バイナリーなトランスジェンダーでも、ジェンダークィアであっても、人が自分を表すために使う代名詞は、少なくとも英語においては、その人のジェンダー・アイデンティティを示すサインとなります。トランスの人が出生時に割り当てられた性と異なる代名詞一式を使うことは、自分のジェンダー・アイデンティティを規範と違うものとして公に表明することであり、その意味において大変重要なのです。ノンバイナリーのアイデンティティについて英語で論じるためには、代名詞についての議論が欠かせません。特に「they」「them」「their」をニュートラルな単数の人称代名詞として使うことや、それに代わるxe/xemやze/hirそしてey/

emといった、男性や女性のジェンダー以外の人を表すために作られた一連の代名詞についての議論なくしては、論じることができません。このセクションでは、こうしたニュートラルの代名詞すべてを包括して「インクルーシブな代名詞」と呼んでいきます。

　バイナリーなジェンダーの言葉は、確かにジェンダークィアの人々の完全な平等の障壁になっていますが、忘れてはならない重要なことは、すべてのジェンダークィアやノンバイナリーやジェンダーフルイドの人が同じ代名詞を使うわけでも、私たちすべてが「he（彼）」や「she（彼女）」以外の代名詞を使いたいわけでもないということです。自分が使っている代名詞は自分のジェンダー・アイデンティティとはまったく関係がないという人もいます。どんな代名詞を使おうが、他者へどんな信号を送ろうが、そんなことは重要ではないというわけです。たとえば、ジェンダーフルイドを自認する人の中には、「he」「she」「they」やほかの代名詞を、時と場合によって、自分のアイデンティティの変動にしたがって使い分ける人もいます。

　ジェンダークィアやノンバイナリーの人の中には、名前だけで呼んでほしいという人もいます。ニュートラルな代名詞の使用が拒否されるような状況では、この方法は「受け入れやすい」妥協かもしれません。たとえば、ある大学教授にthey/them/theirは文法にかなっていないので使わないでほしいと強く言われたことがあります。しかし、代名詞を使うことによって自分が何らかのジェンダー・カテゴリーと同調していると思われたくないノンバイナリーの人にとっては、名前だけを使うのが意図的な選択であることも多いのです。

　自分は男女のどちらかではないと考える人の中には、どんな代名詞で呼ばれても気にしないという人も多くいます。インタビューに答えてくれたEB1さんは「まったく代名詞にこだわらない」といい、ほとんどの場合、自分をシスジェンダーの女性として表していると

いいます。一方、SGさんは、相手が使いたい代名詞を使ってくれればいいといいます。

　さらには、出生時に割り当てられた性と反対のバイナリーなジェンダーであることを示している人で、自分はバイナリーなトランスであることを示す代名詞（たとえば「he」「she」）を使っている人でも、単に男性か女性かよりずっと複雑なジェンダー・アイデンティティを持つ場合もあります。はじめに会ったときにはバイナリーなトランスだと思った人が、実はバイナリーの枠外のアイデンティティだったと、後になってから気づいたことが私にもあります。そういう人の中には「heまたはthey」や「she/they」という代名詞を使うのを好んでいる人も多くいます。

　先にも述べたように、「ノンバイナリー」という大きなカテゴリーにはたくさんの別個のアイデンティティが含まれています。ノンバイナリーの在り方は単一ではありません。概して、ジェンダークィアとノンバイナリーのコミュニティで使われる言葉は柔軟で、コミュニティ内のトレンドによって決まり、非常に個別化されています。

　ジェンダークィアの人すべてがニュートラルな「they」を単数形として使うわけではありませんが、英語圏の国々でジェンダー問題を語る論点となることが多いのがこの代名詞です。それが論議の焦点になっているのです。これらの代名詞を取り巻く英語の問題についてできるだけ詳しく説明したいと思います。

　現在英語で使われている様々なニュートラルな代名詞の詳細に入る前に、背後の論争と、こうした代名詞を使用する人と使用に反対する側両方についてこの問題が何を意味しているかを簡単にお話ししましょう。「he」や「she」といったジェンダーを表す代名詞は、文法的性とナチュラル・ジェンダーとのいずれをも有しています。すなわち、多くの言語では自分や他者を指すのにどちらかを使わざるを得ないのです。そしてこの言葉の二つの形態は直接的にその示

すものの特質、すなわち性あるいはジェンダーと結びついています。

英語にはこれだけしか文法的性がないということは、英語を柔軟にする余地がいくらかあるということになります。よりインクルーシブな言語にするために代名詞を変えたとしても、英語そのものに大きな連鎖反応が起こるわけではありません。接尾辞を変える必要も、新たな語形変化を作ることもないのですから。

インクルーシブな代名詞が英語に与える影響が比較的小さいのにもかかわらず、こうした代名詞が広く使われ始めると、ノンバイナリーの平等を論議するときに、人々が最も憤慨するのがこの点なのです。これはこの本を書き始める前から、すでにわかっていたことですが、当時はまだその理由を深くは考えていませんでした。

代名詞論争の中心にあるのは基本的には自称性の問題です。つまり、ある周縁化された集団が自分に名前をつけることによって、自分がどのように呼ばれ、さらには、どのように扱われるかを主張したりコントロールしたりする力を得ることなのです。多数派のシスジェンダーが、ノンバイナリーの人が好む代名詞を認めたり使ったりするのに消極的なのは、文法の問題はどうであれ、単に新しい言葉を学びたくないのではありません。そこにはより深い根があります。

言語はしばしば社会全体の提喩となります。そのため、言語が「破壊」されたり、慣例的な使い方が変わったりすることを、社会そのものの破綻と結びつけることがよくあるのです。どのような新しい言葉の使い方も——特に若者によるカジュアルな場面における使い方——高度に標準化された言語を学ぶことが教育のカギであり恩恵であると考える古い世代にとっては、ずさんで無知なことに思えるのです。新しい言葉や慣例的でない形が広まることが、必ずしも現状の変化に相当するわけではありませんが、そうなったときに激しい論争が起きるのです（たとえば、「net neutrality〔ネットの中立

性〕」や「jeggings〔伸縮性のある素材を使ったジーンズのような見た目のレギンス〕」といった言葉が新たにオックスフォード・イングリッシュ・ディクショナリーに加えられたとき、人々は腹を立てたものです）。

　ジェンダーとその二元性は、人間社会に最も古く定着した制度の一つです。英語におけるジェンダー化された言葉の割合は、千年もの間、比較的安定していました。そのため、インクルーシブな代名詞を一般的な使い方として組み込むことは、長年の伝統を変えることになり、そうした変化は、しばしば、ある時は無意識に、英語圏の仕組みを脅かすように思われるのです。

　こうした論争を取り巻く状況は、言葉の使い方が「不適切」だという判断には、しばしば無意識のうちに偏見が含まれているため、ますます泥沼化していきます。私の言いたいことは、英語を慣例的ではない方法で使ったり、間違えたり、別の新しい言葉や慣例的ではない言葉を必要とする可能性が高い人々とは、その言語に慣れていない人や、正式な教育の恩恵を受けていない人や、言葉の「標準的な」使い方を判断する立場にはない人だということです。こうした集団は、一般的に言って、移民や労働者階級や下層階級の人々、そしてマイノリティの人々なのです。大多数の人々が、こうした集団——本書の場合は「他者」やトランスのような「アウトサイダー」——に対して無意識に抱く考えによって、かれらの慣例的でない言葉の使い方を強く非難するのです。

　しかし、実際には、すべての言語は常に変わり続けています。個々の人間の生存期間は、言語（や地質や生態学や遺伝子など……）が変わる速度より短いため、私たちが生きている間に垣間見るのは、静止した言語、あるいはそのスナップショットでしかないのです[註29]。せいぜい、祖父母の時代と現代の言葉の変化にうっすら気づく程度でしかありません。

　このように言語は、安定した永続的なものとして見られがちです。

新しい使い方や異なった使い方は、神経にさわるかもしれません。しかし大体において、壊せないと思える規則や、化石のように固定化された言葉も、長年にわたる流動性や不確実性や変化や「誤用」の結果なのです。私たちにとって時代遅れに思える言葉でも、一時は、古い世代に非難された革新的な言葉だったのかもしれません。標準的な英語の「you」は二人称の個人や複数人に使われる言葉ですが、初期近代英語^(註30)では、文の目的語として複数の人を指すときにだけ使われていました。主語としては「thou」と「ye」が、そして単数の二人称の目的語としては「thee」が使われていたのです。

近世の年配の人々は、当時の若者が「you」を四つの活用で使うのを聞いて、多分、だらしない無礼な話し方だと思ったことでしょう^(註31)。

言葉は話者によって意識的に、あるいは無意識的に変わっていきます。新しい発明や社会構造の変化によって、母語でない話者によって、そして、社会の人口統計の新たな発見によって、言語の変化がもたらされるのです。同時に、不適切な言葉や、不必要な言葉や、話者の偏見を示唆するような言葉は使われなくなります。たとえばアメリカでは、今では「phone」と言っただけでワイヤレスやモバイル電話を表し、「cellphone（携帯電話）」という言葉は使われなくなりつつあります。そしていよいよ稀になった、壁につながった電話を特定する場合は、「phone（電話）」ではなく「landline（固定電話）」と言うようになりました。長年、東アジア系の人を表してきた「oriental（東洋人）」という言葉は今では、ほとんどのアメリカ人が、時代遅れな人種差別的な言葉だと考えていて、イギリスでも使われなくなってきています。言語の変化によって、その使われる文脈が変わる以上に社会が変わることはありません。技術や人権の進歩と同じように、社会を破壊するものではないのです。

They/them/their

　具体的な統計はまだ見つからないのですが、私の経験からはジェンダークィアとノンバイナリーのコミュニティで最もよく使われている人称代名詞はthey/them/theirです。私が個人的にこれらの代名詞を使うのにはいくつか理由があります。まず、ニュートラルな代名詞であること、一般によく使われていること、すでに英語に存在する言葉でほかの文脈で使われていること、そして覚えやすいことなどです。また、私が自分のアイデンティティに気づいてから共に「成長してきた」ノンバイナリーの人々が使っているスタンダードな代名詞だというのもその理由です。

　「they」をジェンダー・ニュートラルな意味で使うことは決して新しい現象ではありませんが、それがいつも、自分を男性とも女性とも思わない人について使われていたわけではありません。ニュートラルな「they」は少なくとも中世の時代からずっと使われてきたのです。14世紀のイギリスの詩人チョーサーの時代には、「they」を、ジェンダーが明確でない一人の人間を想定して使われることがありました。それが次のように、『カンタベリー物語』の「免罪符売りの話・序」の一節に見られます。

And whoso fyndeth hym out of swich blame, / They wol come up and offre a Goddés name [*2]

（And whoso findeth him out of such blame, /They will come up and offer in God's name）[註32]

＊2　誰でもこのような罪から免れていると思う人なら、神の名において、その人は進んで出てきて、捧げものをする（チョーサー／枡井迪夫訳（1995）『カンタベリー物語（中）』岩波文庫、p.305）

シェイクスピアの『間違いの喜劇』の第4幕第3場では、シラキュースの（商人）アンティフォラスがこう言っています。'There's not a man I meet but doth salute me/As if I were their well-acquainted friend.'[*3] イギリスの小説家ジェイン・オースティンの『高慢と偏見』の中でも（そしてオースティンのほかの作品の多くにも見られることですが）、主人公エリザベス・ベネットがこう言っています。'I always delight in overthrowing those kind of schemes, and cheating a person of their premeditated contempt.'[*4]

　ほかにも様々な「性別のない」あるいは、ジェンダー・ニュートラルな人称代名詞が様々な時代に様々な地域で使われていたことも歴史的に実証されています[(註33)]。たとえば、18世紀の終わり頃にイギリスのグロスターで使われていた方言について、ウィリアム・マーシャルは次のように述べています[(註34)]。

> 　これらとその他の誤用（たとえば、them の代わりに they、me の代わりに I などのような）のほかに、余分にもう一つの ou という代名詞が使われている。これは単数の人称代名詞で、複数代名詞の they のように、男性、女性、無性のいずれの意味にでも使われている。したがって「ou will」は、「彼が」「彼女が」「それが」のいずれをも表しているのだ。

　作家が（おそらく話者も）、何世紀にもわたって、ニュートラルな代名詞を即興的に作ったり使ったりしてきたことは適切だと考えら

---

*3　だれに会っても、みんなこのおれに親しい友人のように挨拶をする（シェイクスピア／小田島雄志訳（1983）『間違いの喜劇』白水社、p.81）

*4　わたくしはいつもそういったもくろみをひっくりかえしてやるのが楽しみなんですの。軽蔑しようと手ぐすね引いている方をからかうのがなによりの楽しみなんです。（オースティン／小尾芙佐訳（2011）『高慢と偏見（上）』光文社、pp.95-96）

れてきました。それはかれらの周辺にジェンダー・ニュートラルの人がいたからではなかったかもしれません。しかしそれでも、言語というものの柔軟性と、創造的な言葉の使い方として興味深いものがあります。このことは、すっかり定着したと思えるジェンダー的な言葉の使い方が、実はそれほど本質的なものではないことを示唆し、「文法的な正誤」についての論議を打ち砕くかなり強力な証拠となるでしょう。

新代名詞

ジェンダークィアのコミュニティで一般的に使われているニュートラルな代名詞には、発明されたり、創造されたりした「新代名詞」、たとえばzeやeyのようなものがあります。これらはスピヴァック代名詞*5（註35）と呼ばれています。こうしたニュートラルな代名詞は、ジェンダークィアとノンバイナリーの用語が成長し続け、時代と共に変化していることを表す最適な例といえるでしょう。現在12ほどの創案された代名詞が、世界中の様々な人々によって使われています。その中の比較的一般的な代名詞をまとめた安定したリストが作られるようになったのは、最近のことです。さらに、これら代名詞の多くが既存のジェンダー代名詞から派生したものですが、発音の仕方によって特定のジェンダー寄りにならないように、微妙なバランスが必要です。次に挙げたのは、私が出合った一般的な創造代名詞です（決してこれだけではありませんが）。これらの代名詞はhe、she、theyなどと同じように語形変化します（註36）。

これらの代名詞は、**特定の**ノンバイナリーやジェンダークィアのサブカテゴリーを示すものではありませんし、どれを使いたいかは、

＊5　ジェンダー代名詞の一部を省略したり組み合わせたりして作り出した包括的な代名詞。数学者マイケル・スピヴァックが使うことで知られる。

主語 'she/he/they'	目的語 'her/him/them'	所有限定詞 'her/his/their'	所有代名詞 'hers/his/theirs'	再帰代名詞 'herself/ himself/ themself'
ey 代名詞	em	eir	eirs	emself
ze	hir	hir	hirs	hirself
xe	xem	xyr	xyrs	xemself
ve	ver	vis	vis	verself
per	per	per	pers	perself

人によって違っています。また、社会的状況によってもその使い方は非常に影響を受けます。インタビュー回答者の一人、XX1さんは、親しい友人には shme('he')/shmer('her')/shmis('his') を使ってほしいといいます。トランスの人々が創造した代名詞を（たとえ自分を表現するだけのためであっても）公に使おうとすることへの反発を考えれば、自分の好む代名詞をすべての社交の場で使うことに抵抗がある人が多いのも理解できます。

　一部の人が、they/them/their や名前より新しく作った代名詞を使おうとする理由については、まだ本当のコンセンサスを見つけることができません。今後のリサーチで調査していきたい点です。なぜ特定の代名詞を使うのかには、人それぞれ理由があると思います。個人的な歴史、言語学的な好み、アイデンティティのニュアンス、それぞれのコミュニティへのかかわり方などが関係しているでしょう。特定の代名詞がノンバイナリーの中の特定のアイデンティティと結びついているわけではないし、どの代名詞を使うべきかという基準も指針もありません。私たちのアイデンティティに対して本質的に不寛容な制度の中にあって、私たちは自分に最も合うと思う代名詞を選んでいるのです。

　ときたま、私の大学の教授のように、ノンバイナリーを示すジェンダー・ニュートラルな方法を、すべてではないにしても、いくらかは受け入れてくれようとする人に出会うことがあります。繰り返

しになりますが、問題の本質は文法ではなく自律性です。言語や代名詞は、人のジェンダー・アイデンティティを示すのにも無効にするのにも使われる道具として、ノンバイナリー平等運動にとって大変重要なものです。ジェンダークィアの人が好む代名詞が使えるように、そしてその人のアイデンティティを認めるためにも、言葉の使い方を少し変えようとすることは、その人を尊重する行為です。ですから、正しくないからとか容認できないからという理由で、they/them/theirはいいけど創造代名詞は**使いたくない**という人や、名前を使うのはいいがthey/them/theirを使うのは嫌だという人に対して、私は懐疑的になりました。Aさんが、Bさんがどう呼ばれたいかという権利を否定することは、すなわち、Aさんは、Bさんには自分の呼ばれ方をコントロールする資格がないと言っているのと同じなのです。文法的に受け入れられないという理由から私の希望する代名詞を使うことを拒否されることは、正しい言語を使うことを解放条件に、自分のアイデンティティを人質にとられるような気がするのです。私は必ずしも、人々が疑いもせずに考えを変えて、すべてのジェンダー・ニュートラルの呼びかけを受け入れるべきだと提案しているわけではありません。私が提言しているのは、なぜある形は受け入れやすく、ある形は受け入れにくいのかということについてよく考えてほしいということです。そしてジェンダークィアの人が生きる権利と、文法についての自分の判断との重要さを比較してみてほしいのです。

おわりに

言語は大きなものです。私たちと人をつないでくれたり、逆に孤立させたりする巨大な存在です。言葉は自分のアイデンティティを——それがジェンダーであれ、文化であれ、サブカルチャーであれ

──他者へ伝えるシグナルです。言語のジェンダーが私たちの日常に与える影響について、本を一冊書いたとしても、数年後にはおそらく時代遅れになってしまうでしょう！　この章で私は、ジェンダー・ニュートラルな言葉をめぐる「議論」のバランスの取れた見解を示すよう最大の努力をしましたが、ここで述べた問題が、言語を超えた、より大きな問題であることが明確になったことを願っています。言語は社会の象徴です。多くの人にとって、言葉をどう使うかは、政治的な、そして個人的な行為なのです。

　ジェンダー・ニュートラルな言葉をめぐる議論において、シスジェンダーの人の何が「正しく」「適正」かという考えが、トランスの人々のアイデンティティそのもの、すなわちその人の存在の権利と対立することがよくあります。この二つは同等ではありません。言葉の使い方を変えるのは困難です。特に、ほかの誰にも使わない代名詞を、誰かのために使うのは、難しいことでしょう。代名詞は、自己実現や主体性やアイデンティティと結びついているため、多くのトランスの人にとってデリケートな問題なのです。ジェンダーを間違えられることはつらく腹が立つことでもあります。それは自己表現と認識への努力を無効にされることだからです。しかし、ジェンダークィアの当事者自身であっても、ときには間違いをおかすことがあります。ですから、代名詞の問題に誠実に取り組み、個人の好む言葉の言い方を尊重すれば、それでいいのです。

　シスジェンダーの人がよくする質問に、「ジェンダーがわからない人のジェンダーを間違えたくない場合、どうすれば使うべき代名詞がわかるでしょうか？」というものがあります。これは合理的な質問です。どんな代名詞を使うかを尋ねたり特定したりするのは、比較的新しい習慣で、やっと広まりつつあります。相手のアイデンティティを尊重するために尋ねたいというのは、妥当なことです。しかし、まず立ち止まって、**なぜ**それを知りたいかを考えてほしい

のです。その状況において、全員のジェンダーを明確にすることが
実際は、必要ないかもしれません。もし興味本位なら、本人に詰め
寄って困らせるよりは、「知らなくてもいい」と思ってください。
どう呼びかけてほしいかを相手が教えてくれるかもしれませんが、
そうでなければ、様々な理由から、その話をしたくないのかもしれ
ないのです。

　もしその人の代名詞を使わなくてはならない状況にあるのなら、
本人に尋ねるのはまったく問題ありません。代名詞を尋ねるときは、
ジェンダー・アイデンティティは大変個人的なものであり、トラン
スであると公表していない人もいるということを念頭に置いてくだ
さい。あなたが新しく知り合った人の正しい代名詞を知りたいけれ
ど、近くにいる人たちがその人に対して特定の代名詞を使っていな
い場合は、慎重に、そしてできれば相手と二人だけのときに尋ねる
ようにしてください。自己紹介をするときに、自分の好む代名詞を
相手に伝えれば、トランスの人も嫌な思いをせずに、使ってほしい
代名詞を伝えられる環境ができるでしょう。名札が必要なイベント
を主催したり参加したりするときは、全員にジェンダー代名詞の希
望を名札に書いてもらうようにするといいでしょう（これをPGP:
Preferred gender pronounといいます）。希望する代名詞を書くのは、ク
ィアの人の集まる場だけでなくてもいいのです！　代名詞を表示す
るのが当たり前の環境が増えていけば、それに対する抵抗が少なく
なっていくでしょう。

　確かに、特にインターネット上で、代名詞の記入が強制されてい
ると（今でもそうである場合が多いのですが）、シスジェンダーの人に、
「間違ったらどうしよう」という恐れや不安を生じさせることがあ
ります。このような場合に、代替の代名詞を使いたがらないシスジ
ェンダーの人にお願いしたいのは、自分が感じる戸惑いと、バイナ
リーな人に適合するように作られた世界で生きようとするノンバイ

ナリーの人たちが直面する困難とを、比較してみることです。ノンバイナリーの多くは、ジェンダーを間違われることに慣れてしまい、鈍感にならざるを得ないのです。本当につらいのは、わざと代名詞を間違えられることや、正しい代名詞を使う努力すらしてもらえないことです。私たちは絶対に間違わないでほしいというのではありません。私たちの好む代名詞を、あなたが慎重にていねいに尋ねてくれれば、たいていの場合感情を害することはありません。誰かが気にかけてアイデンティティを尋ねてくれるのは、ノンバイナリーやジェンダークィアの人にとっておおむね嬉しいものです。代名詞を尋ねることは、アイデンティティを尊重して正しい代名詞を使おうとしてくれることの表れですから。以前、私の代名詞を間違えたと言って同僚に謝られたことがありますが、私はそう呼ばれたことに気づいてもいませんでした。でも潔く謝ってくれたことは、彼が自分の快適さより、私への敬意を優先してくれたことになります。私はその努力に対して笑顔で感謝の気持ちを述べました。

　概して、敬意と礼儀をもって、私たちをエキゾチックな動物か何かとしてではなく、普通の人間として接してくれるのであれば、私たちはきっと喜んで説明するでしょう。世間にはノンバイナリーの人は「傷つきやすい雪片」「繊細な花」というようなイメージがあります。神経質で過敏で、尋ねられるとひどい反応を見せることが多いと思われています。トランスの人はハラスメントや虐待や身体的な暴力を受けることがよくあります。ジェンダーを間違われると、**それだけで**、一日が台無しになってしまう場合もあります。でも何よりもつらいのは、そこに潜む無礼さなのです。相手のアイデンティティなど**どうでもいい**という考えでジェンダーを間違えることは、人間性を否定し、疎外感を与え、憂鬱にさせることです。単純な間違いなら私たちは傷つきません。なぜなら長年の間、疎外され、嘲笑されてきた私たちが、腹を立てるのは当然の反応とはいえますが、

私たちの多くはもうそんな反応はしなくなっています。私たちの認知度はますます高まっています。常に周囲に自分のことを正当化したり説明したりするのは疲れることではありますが、ほとんどのジェンダークィアの人々は、質問されることにかなり寛容になっています。自分の過ちを潔く認め、間違ったからといって身構えなければ、問題ありません。私たちはみんな同じ人間なのですから。

エクササイズと話し合いのポイント

1. 代名詞や敬称（Mr、Mrs、Sir、Ma'amなど）や、「man（男性）」「actress（女優）」「policeman（警察官）」のような記述的な名詞によって、英語がジェンダーを明示または暗示している様々な例について考えてみましょう。特に組織で働く場合は、肩書や敬称を使ってお互いを呼び合います。そういう場で、言語的にもっとノンバイナリーやジェンダークィアを受け入れるにはどうすればいいでしょうか。

2. もしあなたが英語以外の言語を話すのなら、あなたの言語はジェンダーをどう表していますか？　ジェンダーを示す名詞があれば、それは第一人称、第二人称、第三人称代名詞のどれにあたりますか？　イタリア語の「professore/professoressa」のようにジェンダーによって異なる名詞がありますか？　自分のことを話すとき、ジェンダー的な言葉を使いますか？

3. あなたの言語を話す人で、ジェンダークィアやノンバイナリーの人を知っていますか？　その人たちがノンバイナリーなアイデンティティを示すためにどんな言葉を使えばよいと思いますか？　もしていねいに相手を尊重しながら尋ねることができれば、尋ねてみましょう。

4. あなたの言語を話すジェンダークィアの人に知り合いがいなければ、あなたの（英語以外の）言語がジェンダーをどう使ってい

るか、そして、ノンバイナリーの人が自分のアイデンティティ
を示すために、その言語をどう使えばよいかについて、考えて
みましょう。言語は話し手のニーズに合わせて常に変化するも
のです。新しい意味や概念を受け入れて言語が変わっていくの
は自然なことだということも忘れないでください。

第 3 章

グローバルかつ歴史的な視点

はじめに

- -

　厳密な意味で、ノンバイナリー・ジェンダーの「歴史」はありません。ノンバイナリーという言葉自体も、現代のジェンダークィアとノンバイナリーの人が自分のジェンダーをどのように理解するかの具体的な方法も、比較的新しいものなのです。それは、ポスト構造主義者のクィア理論がもたらした産物で、ここ数百年続いてきたジェンダー観への結果であり反応であります。

　しかし、私たちのような人が21世紀以前に存在していなかったわけではありません。実際、昔から世界中に、厳密な男女バイナリーの枠外の人々が存在し、ときにはそうした人々のための文化的なカテゴリーも確立されていました。専門的な研究ではありませんが、ジェンダーの二元制（バイナリー）という硬直した構造が世界や歴史の中でどのように次第に失われ、変わっていったかという研究を通して、たとえ私自身のコミュニティが、この章で述べる共通点のない様々な社会的なカテゴリーとは異なっていても、私のコミュニティが確かな存在であることを確信したのです。

　17世紀の冒険心に満ちたジェンダーフルイドの召使、トマス（トマシーン）・ホール〔イギリスのインターセックスの人物〕や、様々な文化集団や、現代インドネシアのビッスの僧侶たちや〔インドネシアのブギス族ではジェンダーをスペクトラムと考え、五つのジェンダーがあるとする。ビッスはその一つ〕、古代に「第三の性」と呼ばれていたビザンチウムの宦官といった人々とのつながりを感じることで、私は、一人のノンバイナリーの人間として、なにか**伝統**と呼べるような遠いルーツの存在を感じ始めたのです。

　ある集団の歴史を残すためには、まずその集団の存在を明確に認識しなくてはなりません。自分は男性でも女性でもないと思ってきた人々の多くにとって、避難したり指導を受けられたりする場所は

ありませんでした。未だに私たちには、いわば「歴史」がないのです。規範もまとまった文献も文学の伝統もありません。でも私たちはバーチャルの、そしてリアルなコミュニティの場と、自分たちを表す語彙をつくり始めています。

　これは情報化時代によって知識が急増したことの自然な結果です。知識の急増によって、私を含む多くの人々が、自分はひとりではないこと、そして大きな、世界的、歴史的なコミュニティの一員であることにはじめて気づいたのです。ジェンダークィアやノンバイナリーという言葉が一般に使われるようになったのは、このわずか10年ほどですが、これは偶然ではありません。私たちは、インターネットの発達によって活発に交流できるようになり、ネットの匿名性によって、安全にアイデンティティの可能性をしっかり追求することができるようになりました。

　私の世代は、インターネットと共に成長したはじめての世代です。そして、子ども時代に教えられたバイナリーなジェンダーのルールに、はじめて積極的に、集団として、公に疑問を投げかけ始めた世代でもあります。しかし、私たちは10代後半から大学時代にこうした新発見に至ることが多いので、ジェンダーの新開地を開拓するためには、まず多くの逆学習〔覚えたことを忘れる作業〕をしなくてはなりませんでした。

　1990年代や21世紀のはじめの数年間にも、ノンバイナリーと呼べる人はいましたが、コミュニティからのサポートもなくロールモデルもいない状態で、自分ひとりでアイデンティティを模索しなくてはなりませんでした。インタビュー回答者の一人CPさんは、1960年代にエセックスの小さな町で育った体験を語ってくれました。まだインターネットもなければ（LGBTどころか）ゲイカルチャーさえが広く認知も理解もされていなかった時代です。

90年代の終わりごろにはじめてジェンダークィアという言葉を聞いて、それがずばり自分を言い表していると思いました。でもジェンダークィアという言葉を使っている人はみんな若くてトレンディで、ほとんどがアメリカ人だったので、自分に当てはめるのは気が引けました……カミングアウトするときは、ジェンダークィアよりノンバイナリーと言うことにしています。その方がよく理解してもらえますから。でもノンバイナリーというアイデンティティは、「この世代のものだ」と人が言うのを聞くと、苛立ちを覚えます。私のような年長者が、ノンバイナリーは10代の流行りではないと強調すべきだと思います。自分のアイデンティティを説明する言葉がやっとできたというだけなのですから。

　ミレニアル世代に続く「ジェネレーションＺ」と呼ばれる世代の子どもたちには、すでに成長期にジェンダーに関する異なった考えに触れる機会があります。白状すると私はそれに少し嫉妬しています。若い人たちと話したり、ソーシャルメディアで知り合ったりすると、かれらがいかに巧みにこのテーマについて述べることができるかに驚かされます。私などは、コツをつかむまでに何年もかかりましたから。若いジェンダークィアの仲間たちが、ジェンダー理論についての知識を披露したり、ジェンダーについての微妙な理解について気軽に話したりできることに私は感服しています。はじめてノンバイナリーを**アイデンティティ**として主張したのは私の世代かもしれませんが、このアイデンティティが本当の意味で主流になることを可能にするのは、この次の世代の人々なのです。
　実際にミレニアル世代やジェネレーションＺのジェンダークィアの人々が直面している、ジェンダークィアとは何らかの「新しい」流行で、注目を浴びようと必死になっている繊細な世代がでっちあ

げたものだという主張は、誤りであるだけでなく、私たちのアイデンティティや、生まれたばかりのコミュニティを、直接、無効化し消滅させようとするものなのです。私たちが存在し、お互いが交流する場を必要とするように、私たちは個人としても集団としても、長い人類の歴史の中で、さほど孤独ではなかったのだと信じる必要があります。私たちのコミュニティが偽物で反動的なもので、「自然」にも「歴史」にも基づかない、正当性すらないという考えは、私たちがルールを曲げて制度を脅かしていると感じる人たちが、私たちに対して振りかざす凶器なのです。言語は社会全体を表す提喩として使われます。したがって、ある慣習に反する言葉の使い方が一般化されたときのジェンダークィアに対して抱く恐怖心は、実は権力と現状に関する恐れなのです。

しかしジェンダーは流動的で柔軟で、生物学的な性別とそれほど結びついているわけではなく、さらに言えば、生物学的な性とは一般に考えられているほど明確なものではないという考え方は、今世紀に限ったことではありません。ジェンダーが厳密に分類された先天的なものだという、いわゆる「主流の」考え方は、実は比較的新しく、「自然」の必然的な結果ではないのです。

ジェンダーと性についての理解の変化

一般的に百年程度の寿命しかない生き物として、私たちが、過去の様々な側面が今日とどのように違っているかを本当に理解するのは困難です。バイナリーなジェンダー観は私たちの社会に深く浸透し、前世代から伝え継がれてきたものです。そして、ほとんどの人にとって、不変で永遠に続く社会的慣習に思えるでしょう。私にとって驚きだったのは、私たちが今考えるジェンダー、すなわち子宮の中で決められる、変更できない生殖器と染色体による男女バイナ

リーなジェンダーとは、実は、わずかここ数百年の科学と社会の概念の変化によってもたらされたものらしいということです。

トマス・ラカー〔アメリカの歴史学者で性科学者〕が著書[註38]『セックスの発明——性差の観念史と解剖学のアポリア（Making Sex: Body and Gender from the Greeks to Freud）』[*1]で述べている仮定は、進化するジェンダー・モデルの一つの有用な[註37]理論といえます。ラカーは著書の中で、〔17～18世紀のヨーロッパの〕啓蒙時代以前は、人々のジェンダーについての概念は現在とは大きく違っていたのではないかと述べています（もっとも、当時の普通の人たちがジェンダー概念について意識的に考えることは稀だったことでしょう）。

ジェンダーの概念は、古代からヴィクトリア朝時代まで変化を繰り返し、現在の「生物学的性＝ジェンダー」というモデルが固まったと思われます。最も重要なのは、ラカーの理論が示唆しているように、大規模な社会的、経済的変化に伴って、特に男女間の社会的分類が取り返しのつかないほど変わったということです。そして男女それぞれの異なるジェンダー・モデルが、その時々の社会的状況や、権力者の目的や、その時代に重要で適切だと考えられていた人間の特質などに即したモデルであったということです。

古代ギリシャの医師で医学研究者であったガレノスの時代には、ジェンダーは女性が底辺で男性が頂点のヒエラルキーとして考えられていました。このモデルは二項対立的なシステムではなく、梯子のようなものでした。男らしさと男性の性を頂点に置き、女性は底辺、そして成熟前の男子や宦官は、その間の様々なレベルに位置し、そのレベルは特権的な男らしさの理想像に近づく（あるは遠ざかる）に従って変わっていきました。性器が発達して成熟して「下りた」男子は、ヒエラルキーのスケールを移動することができました。去

---

*1　邦訳：高井宏子、細谷等訳（1998）『セックスの発明——性差の観念史と解剖学のアポリア』工作舎。

勢された宦官は少年よりも高い位置にありましたが、「切断されていない」男子の性的成熟やそれに伴う毛深さや生殖能力や力強さを得ることが決してないため、そのレベルに留まり続けました[註39]。

　一人ひとりが理想の男らしさへのスケールのどこかに位置するモデルを、ラカーは「ワン・セックス・モデル」と名づけました。これが啓蒙時代にジェンダーの考えが変わり始めるまでの、ジェンダーの基本的な理論モデルだったとラカーは述べています。「ガレノス的」ジェンダー・モデルでは、女性は単に男性の不完全なバージョンだと見なされていました。この考えは、たとえば卵巣は体内の精巣で、膣は「裏返しの」ペニスのようなものだと歴史的資料に書かれていることによっても裏づけされています。ラカーの主張によれば、多くの古代言語には、男性とは対照的に、女性の生殖器を表す別個の言葉が存在せず、そのことからも、当時の話者（少なくとも文章の書き手や知識人たち）は、男女は別の種類ではなく、ただ程度の違いだと考えていたことがうかがえるといいます。

　このワン・セックス・モデルでは、社会的**ジェンダー**こそが、本質的で適切な不変のカテゴリーだと考えられるのです。女性の身体が（当時の歪んだ基準では）男性の身体より「完全ではない」と考えられていたことは、女性**そのもの**が男性より劣っていることを、外見によって表していたことを意味しています。

　さらに驚いたことには、身体というものは変化するとも考えられていたのです。啓蒙時代以前は、人のジェンダーや、ひいては性別が、行動や立ち振る舞いや性質によって決まると広く考えられていました。女らしい男性は乳を出すことができて、男女の体液は、男女の性器と同様に、類似したものだと一般に受け止められていたのです。15世紀から16世紀の医学書に記録されている「症例研究」には、膣のある人（乳搾りの女や羊飼いの女など）が、通常、熱を加えられたり、身体を動かしたりすると、自然に男性に変身したと書

かれています(註40)。膣がペニスに変わって、何らかの「転換」を遂げた人々は、それからは男性として受け入れられて男性として生きたのかもしれません。著書『セックスの発明』(註41)で、ラカーはミシェル・ド・モンテーニュをはじめとする幾人ものルネサンス期の作家による物語を紹介しています。あるフランス人のマリーという名の女性の羊飼いが、暑い真夏に羊の群れを走って追いかけていて、力いっぱい小川を飛び越えたとき、「外性器と男性器」が文字通り彼女の体から抜け落ち、膣がペニスになったといいます。彼女は名前をジェルマンに変えて、それからは男性として生きていったという話です。

マリー／ジェルマンのような話が示唆しているのは、性とジェンダーは流動的で段階的であるだけでなく、社会的にそして行動によって決められるものだという一般的に信じられていたモデルです。明らかに、ルネサンス期や古代の人々は、社会的に与えられたジェンダー役割は一生のうちに変わることがあり、それに性器の形状の変化が伴ったとしても、本質的な問題でもおかしなことでもないと考えていたのです。

人類の性的しくみは、おそらく進化したときからずっと同じであったと推測されます。染色体やホルモンのような「目に見えない」性の特徴を除いて、男女の解剖学的な「違い」と現在呼ばれているものは、肉眼でもかなり簡単に見ることができます。『セックスの発明』の中でラカーが興味を持ったのは、社会経済の大きな変化に伴うマインドセットの変化によって、一般的な性の考え方が、それまでの段階的で流動的で社会的に決められるというものから、明確に区別された厳密で生得的なバイナリーの性へと変わっていったことです。啓蒙時代に何が起きて、現在のこうしたモデルに変わったのでしょうか？ なぜ階層的な「ワン・セックス」システムから、現在よく知られたバイナリーな「ツー・セックス」システムに切り

替わったのでしょうか？

　啓蒙時代には、女性と男性の身体構造に別個の名前が付けられるのが一般的になり、「女性」は肉体的にも道徳的にも「男性」と異なる存在だと断定されるようになったと、ラカーは指摘しています。ジェンダーが階層的ではないという、この新しい考え方は、様々なイデオロギーを促進するのに使われるようになりました。たとえば、女性は道徳的に優れているとか、本質的に「情熱がない」とか、身体的に男性より劣っているという具合に。当時の権力者たちは、人間の性的な身体構造とその発達についての新しい詳細な理解を、自分たちに有利な社会的、経済的、政治的制度を支える証拠として利用することができたのです。

　18世紀後半から19世紀の間に、商業や経済活動の場が家庭から工場や会社へと移るにつれて、男女の役割がこれまで以上に分化され対比的になっていきました。この時期に女性はますます家庭と家事の領域へと追いやられていきました。そして機動性を持ち、潜在的に経済への唯一の参加者となる男性のために制度を増強する必要があり、解剖学的な差異がそのために利用できたのです。

　したがって、体制維持のための管理が必要になるまでは、性差は重要なテーマではなく、社会的地位や役割の潜在的な決定要因であるとは考えられていませんでした。ジェンダーとは本質的に性と因果関係があって、不変のものであるため、性の間の境界線を越えることは許されないという規範的な考えは、18世紀と19世紀になるまで普及することのなかった、医学的・生物学的な本質主義の学派に基づいているのです。

　近代のツー・セックス・モデルが文明的な「事実」ですらあると思いたくなるのは、それが科学革命の時代に始まった歴史的に一番最近のものであり、科学的観点から述べられることが多いからです。私は、人類の進化や性や生殖のシステムについての現行の理解が

400年前のものほど詳しくも完全でもないと言っているわけではありません。もちろん現在の考え方の方が詳しいのですから。しかし、人間の性的な身体構造についての理解はヴィクトリア朝時代からずっと増え続け、想定される「違い」が明確化されるより、むしろより複雑なものであることがわかるようになりました。ある種の科学的な進歩がツー・セックス・モデルをサポートする疑う余地のない証拠として考えられているのは、なぜなのでしょうか？　たとえばインターセックスという状態が以前考えられていたより、もっと一般的であるという発見[註42]や、会陰縫線の存在や[註43]、女性であることがはっきりしているシスジェンダーの人の中にY染色体を持って生まれた人が多くいるという事実[註44]が、ジェンダー・バイナリーに反論する証拠として、即座に取り上げられないのは、なぜなのでしょう？

　それは、たとえ科学的事実が不可欠で根本的で疑う余地のないものであっても、科学はそれが従属する制度の利益を優先しているからなのです。科学的事実は、イデオロギーに合うように組み立てられたり再構成されたりすることがあります。現在権力を持っているイデオロギーが男女間の差異を推奨し、ジェンダーと性をごちゃ混ぜにするものだからなのです。未だに、男性と女性は根本的に違うと考える人がいます。こうした考えの人々は、想定した差異を利用して、男女が違う役割を担うこと——たとえば男性は指導者的な役割、女性は感情労働や養育という役割——を正当化しているのです。

　しかしこうしたイデオロギーは変わりつつあります。女性と男性は、神経学的にはほぼ同じだと考えられています。また、胎児の発達に関する考え方も、基本的なテンプレートは同じですが、ホルモンによる影響の度合いの違いによるところが大きいという理解になりつつあります。こうしたことによって私が言いたいのは、生物学

的な性の理解から唯一導き出される結論が、男性と女性という厳密な個別のカテゴリーだけではいけないということです。またジェンダーについて考えるときには、社会的な背景や政治や権力といったことを考慮に入れるべきだということ、そして、そのジェンダー・モデルが誰のためなのかということです。

　上に述べたエビデンスが隠されることなく、一般的な知識となった暁には、バイナリーなジェンダー・モデルはどうなるのでしょう？　インターセックスの赤ちゃんが強制的な手術を受けずに、そのまま成長することが許されるようになったら、バイナリーなジェンダー論は、一体どうなるでしょう？　ジェンダー表現が型にはまらない人や、時によって変化したり、曖昧だったりする人が抑圧されたり、侮辱されたり、疎外されたりしなくなったら、どうでしょう？

ジェンダークィアの歴史

　自分は男でも女でもないと思う人は、いつの時代にも存在していました。

　ごくまれですが、（ただ、ありのままの自分でいるだけなのに）特に人目を引いて注目された人たちの行動や外見が文章に残されています。こうした人々の行動や、男女の服装を混ぜ合わせたり交互に着たりしていることや、身体構造に不自然な点があることなどが、いくつかの書物に記録されて、当時、物議を醸しました。

　トマス（トマシーン〔トマスの女性的な名前〕）・ホールは、17世紀に生きたイギリスの召使でした。インターセックスのトマス（トマシーン）は、当時の貴族が様々なジェンダーの表し方や表現の実験をしているのを目の当たりにして、自分の中に男性と女性の両面があることに気づきました。そして女性のように針仕事をしたり、兄

の後を追って兵役についたりしました。兵役から戻ると、また針仕事を始めましたが、その後、男たちがタバコ農園で働くヴァージニアに引っ越してからは、男性の姿を装うようになりました。そしてあるとき、女中と「関係」を持ったことが発覚し、召使との性的不正行為の罪で裁判にかけられ、そこでインターセックスであることが判明しました。この裁判がユニークだったのは、慣例では生涯男性か女性かのどちらかのアイデンティティを選ばされるものですが、ホールは裁判官から今後は男女両方の服を着るように命じられたことです。

　ホールは経済的な理由や社会的な背景に応じて、ジェンダーを流動的に気軽にとらえていたようです。さらには、ホールはバイセクシュアルだったとも考えられています。男女両方と性的関係を持ち、その時々で相手と反対の性の服装をしていたという証拠が残っています。そのことからも、ホールが、環境（たとえば相手の性別）によってジェンダー表現や行為を決めていたことがわかります。

　エレナ／エレノ・デ・セスペデス（Elena/o de Céspedes）^(註45)は16世紀に生きた、仕立て屋から外科医になったジェンダーフルイドの人物で、スペイン異端審問によってソドミーの罪で裁かれました。エレナ／エレノ〔エレナは女性名、エレノは男性名〕は男性と結婚し子どもを一人産み、その後、兵士となるために家を出て、（男性の）仕立て屋となって、数多くの女性と関係を持ちました。本人が自己弁護のために述べた証言だけしか証拠はありませんが、エレナ／エレノは現在でいうところの「両性具有者（hermaphrodite）」^(註46)あるいはインターセックスだったと考えられています。当時、ソドミーの罰は火あぶりの刑でした。エレナ／エレノはジェンダーフルイドで、生涯を通じてその時々のアイデンティティに従って行動していただけかもしれませんが、後になって、自分を両性具有者だと主張したのかもしれません。はじめに結婚したときは女性で、後に女性

たちとの関係を持ったときには男性であったと主張することによって、当時アイデンティティにかかわらずホモセクシュアリティに科せられていた深刻な罰則から逃れようとしたのかもしれません。エレナ／エレノは、「魔術ならびに、婚姻の秘跡への不敬」を働いた罪で、皮肉にも、女性の服装をしながら、男性の職業である外科医として貧しい人々に尽くすように言い渡されたのです。

　ここに紹介した人々は自分のことを書き残したわけではないので、自分のジェンダーについてどう考えていたかを正確に知ることはできません。トマス（トマシーン）とエレナ／エレノは両者ともインターセックス、すなわち生まれたときの外性器が非定型や不明確、あるいは、出生時に割り当てられた性別に求められるような性器の発達が見られない人だったのかもしれません。インターセックスの状態と、ノンバイナリーなジェンダーとは**同じことではありません**。また、インターセックスであることが、過去の人々が男女バイナリーの枠外である唯一の理由だと考えているのでも決してありません。しかし、二人の間にこうした共通の特徴があったという可能性に言及しないのは不誠実でしょう。多くの場合インターセックスであることが、外部の観察者や権威者によって男女どちらかの区分へと強制されずに、男女のバイナリーを超えたり跨いだりできた唯一の公な方法だったのかもしれないと私は考えています。

　私は（証明できませんが）、多くの場合、自分を男性とも女性とも思わず、（性別の）不明確で一貫性のない様子を公の場で呈していた人々は、おそらく外部の観察者によって「ジェンダー化」されていたのではないかと思います。トマス（トマシーン）・ホールのようなインターセックスの人々は、マリー／ジェルマンの話などを耳にし、またエレナ／エレノの出産後のトラウマによってペニスが生じた、または乗馬中の事故でペニスを失った[註48]可能性といった外的要因の影響も受けて、自分たちの「変形」や「アブノーマルな」成長を

それに照らし合わせた(註47)のではないでしょうか。

　こうした人々が生きていたのは、男性と女性を（たいていの場合）別個のカテゴリーであると概念化した社会、宦官や同性愛者（inverts）といった「第三のジェンダー」の社会的役割が確立されていない（そしてこうした区分についての知識にアクセスすることすらできなかった）社会、社会的境界線を越えるとひんしゅくを買った社会でした。そうした社会において、男性でも女性でもない存在の仕方を想像することは、極めて困難だったでしょう。自分は男性でも女性でもないと考えていた人も、男女どちらかでなくてはならないという外からの圧力によって、自分の気持ちをただ無視していたのかもしれません。しかし**当事者自身**のジェンダー観を説明する記録が大変少ないため、確かなことはわかりません。

　史実に残るジェンダー役割を超えた人のケースの多くは、実際、法的な展開や公の取り調べへと発展しています。たとえば、トマス（トマシーン）は男女両方の服を着ることを強制され、エレナ／エレノはスペイン異端審問で自分の性器について証言をさせられたりしました。こうしたシスジェンダーのマジョリティが作成した証言記録が生き残ったのは、社会的役割の曖昧さを裏づけるインターセックスのような物理的な「証拠」があったためなのです。

　また別のケースでは、たとえば膣のある人が男性の社会的役割を担いながら、男性として生活する場合──その例が有能な医師ジェイムズ・バリー博士で、本人は自分を男性だと考えていました──こうした人々の人生は一般的に「驚くべき発覚」というくくりで見られていました。たとえば自分の考えがどうであったにせよ、男だと思われていた人が女性であることが「発覚した」というように。つまり、必ずしも自分を男女のどちらでもないという考えを**前もって抱いていた**かどうかにかかわらず、インターセックスであることによってシスジェンダーの観察者からバイナリーな役割を強制され

ずに、男女のどちらだと考えてもよい自由が持てたのだと思います。

　男女間に境界線を引いてはいても、長年にわたって人間社会は、男女どちらのカテゴリーにも入らない人がいることに、少なくともなんとなく気がついていました。そうした人たちの居場所を、たとえ侮蔑的であっても、作り出した社会もありました。このような「確立された」第三（あるいは第四、第五）の性の起源は常に確かというわけではありませんが、その特徴は、「女性」と「男性」のそもそもの概念化のされ方に大きく依存しています。初期のトランスの人々がどれほど目につくようになったか、その頻度がある一定量を超えたときに、はじめてかれらに場所が与えられたのでしょう。

　こうしたカテゴリーの人々には、ある外見的な特徴──性器の形状や性的行為──が見られることが多く、ときには、特定の仕事や職業に関連づけられることもありました。この「社会的に認可された」──しかし非常に疎外されることの多かった──ジェンダーのカテゴリーの人々は、自分たちを大きな社会の一部だと考えることすらありました。しかし、社会の一部といっても、それが今日でいう社会の完全な意味、すなわち「歴史」の何らかの共有や互助ネットワークを指していたかどうかは、状況によって不確かであったり、異なっていたりしたことでしょう。

　ヨーロッパと英語圏の国々では、概して、第三のジェンダー・カテゴリーの人だと認められるための基準は、その時代に優勢だったジェンダー概念から大きな影響を受けています。西洋のジェンダー観の変化によって、社会が決めた境界を越える人々のラベルも変わりました。西洋の歴史の大部分における性やジェンダーの「アイデンティティ」についての考え方は、今日とは大きく違っています。いかなるセクシュアリティやジェンダーの多様性も、疎外され、非難され、違法とされてきたため、自分が特定のグループに属していることを公表することなど問題外でした。したがって、トランスの

大多数の人にとって、自分のコミュニティというものは存在しなかったのです。

　生物学的な性と社会的なジェンダーとが結びつけられていないことが科学的にも一般的にも考えられるようになる以前は、性とジェンダーとセクシュアリティの間には、お互いの作用の仕方は世紀によって変化したものの、そこにはある程度直接的な因果関係があると考えられていました。19世紀と20世紀には、男性同士、女性同士のホモセクシュアルな行為は「性倒錯（sexual inversion）」と呼ばれる現象で説明するべきだと思われていました。その考え方は、ある意味、現代のトランスジェンダーについての主流な考えに似ていて、たとえば同性愛の女性は、女性の身体の中に男性の人格や魂や「精神」を持っているというものでした。しかし、今日では一般的になったトランス男性やトランス女性と同様に男性と女性として考えるのではなく、当時は、同性愛者は、「第三の」性や「半陰陽」と考えられていたのです。

　トランスジェンダーのセクシュアリティとジェンダー・アイデンティティには必ずしも相互関係があるとはいえないというのが現代の考えですが、「性倒錯（inverts）」理論は（社会的役割やジェンダー表現ではなく）性的行為とその人の内面の性質とを直接関連づける考え方でした。「性倒錯者」は出生時に割り当てられた性別と「反対」の服装をしているとは限らず（そうしていた場合もあり、そうすることもできましたが）、たいていの場合、「反対の性」としてパスすることを願っていたわけでもなかったようです。ゲルト・ヘクマは「男性の体の中の女性の魂（A Female Soul in a Male Body）」[註49]というエッセイの中で、外部者から男性でも女性でもないと思われることが多くても、**本人**が第三のジェンダーや第三の性だという意識を持っていたとは限らないと述べています。そして多くの男性の「同性愛者」は仲間を探して社交をし、比較的安全に性的な関係を築けるコ

ミュニティを作っていましたが、これは、ジェンダー・アイデンティティの共有というよりは、**性的嗜好**（sexual preference）によって連帯していたのだと述べています。

　ほかのケースでは、過去のトランスの人々は強制的にそのカテゴリーに当てはめられていました。たとえばビザンチン帝国の時代には、宦官は一つのグループを構成していました。宦官は通常、戦争捕虜でしたが、後には時に、子孫を残すことを禁じられていた王室の私生児なども宦官となりました。かれらは思春期前に去勢された男性や男子で、奴隷として売られ、召使から皇帝のアドバイザーまで、様々な仕事につく訓練を受けました。かれらの独特な立場、すなわち跡継ぎを作ったり王朝を建てたりする可能性がなかったため、宦官は王室に使える「安全」な人材として働いたり、また女性の「純潔」が守られるべきハーレムで勤務したりすることがありました。

　宦官はそもそも身分がいやしく、長年の間には国王や権力者の交代によって、優遇されるときもされないときもありました。しかし、こうした弱い立場にあったにもかかわらず、権力者の近くにいたことによって、ときには非常に高い社会経済的地位を得て、宦官のコミュニティの名声を高めることができました。ビザンチン帝国時代のほとんどの間、宦官の姿は宮殿で日常的に見られる常連的な存在であり、コンスタンティノープルの多くの人々の生活にうまく溶け込んでいました。

　「去勢されていない」同僚との非常に明白な違いと、宦官特有の職業とによって、宦官たちは「第三の性」として明確に区別された社会の一つのカテゴリーとして見なされました。キャサリン・M・リングローズは、「影の中で生きる（Living in the Shadows）」[註50]というエッセイで、コンスタンティノープルで一般的に宦官がどう見られていたかを述べています。現在広く想像されていることと、

実際の宦官がどう違っていたのか、多くの誤解や虚像やステレオタイプについてこう語っています。かれらは、現在考えられているような、移り気で気まぐれで、怒りやすく「臆病」で邪悪で恐ろしくさえある存在ではなく、通常は、青白く、冷静で、優しく、活力がなく、性的不能であって、それは、当時幅をきかせていた「ツー・セックス」モデルによる男性の理想像——日に焼けて、情熱的で、頑丈で、ドライで、生殖能力がある——とは正反対でした。厳格にジェンダー化された王宮において、宦官は「自身の心理状態を変えることができ、両方のジェンダーの属性を持っていたと信じられていた」[註51]とリングローズは述べています。

　こうして、**男性からも女性からも男でも女でもないと見られていた**宦官は、（おそらく実際の身体構造よりは）かれらの社会的役割によって、宦官とは確立した集団であり、明確な一つのカテゴリーを成し、独自のコミュニティを**成しているかもしれない**と、当時の人々に考えられていました。かれらは蔑視や恥辱にさらされましたが、同化しようとするよりは、むしろ宦官の立場を使って特定の名声のある役割を担ってきたのです。

　宦官が自分たちをどう思っていたかは知る由もありませんが、リングローズが主に引用した資料によれば、当時、男性の理想像である剛健で生殖能力が高いことは、大きな特権でした。宦官たちが、この狭い定義に適合できずに苦しんだことは間違いありませんし、それがかれらと「去勢されていない」男子との大きな違いの一部だと考えられていたのでしょう。これほど堅苦しい男性像の社会で育てられたことによって、宦官は自分は第三の性に属すると考えたのかもしれません。

　歴史上のこうした代替的なジェンダー・カテゴリーは、様々な歴史的状況と、様々なジェンダー観の中で発達してきました。ジェンダーと性のアイデンティティや、様々なジェンダーにかかわる社会

的役割は、場所と時代に密接な関連がありました。昔のほぼすべてのケースでは、当事者たちが当時、自分のジェンダーについてどう考えていたかを知ることが、大変困難です。ですから、私は、ここで述べた人々が自分たちをジェンダークィアやノンバイナリーと特に考えていたと主張しているわけでは決してありません。かれらの多くは、現在のようにジェンダーを概念化することはなかったでしょう。また、当時の文化が身体やセクシュアリティや社会的役割に置いた重要性も、現代の西洋とは異なっていたでしょう。

　一般的に言って、歴史上のこれら「第三の」カテゴリーの基準は、個人のアイデンティティよりも、外見や身体構造や性的行為をより考慮に入れたものでした。どんな性別の人にも、セクシュアリティや身体構造に関係なく、自分を男でも女でもないと考えていた人がいたと私は思います。しかし、「第三の性」の境界線は部外者によって決められ、部外者によって社会的な恥辱や危害すら与えられることがありました。実際に、「男色者（sodomites）」（18世紀に同性愛はこう呼ばれていました）が社会的なつながりを持ち、合図や出会う場所を共有し始めると、かれらのネットワークが発見されて、ひどい迫害が2世紀以上も続くこととなったのです(註52)。

　こうしたカテゴリーの人々の多くは、自分を定義することも、自分たちのコミュニティの境界線を決めることも、お互いを探すこともできませんでした。その意味において、現代のトランスジェンダーやノンバイナリーの人たちとは異なっています。こうした集団につけられたラベルは、少なくとも最初は、外名（エクソニム）や中傷ですらありました。また、昔の個々のケースの記録は、自己イメージと集団のアイデンティティの違いすらわからない、当時の多数派のシスジェンダーの書き手によるものが多かったのです。

　私がこうした人々とそのカテゴリーをここに列挙するのは、今日ジェンダークィアやノンバイナリーと新しい呼び方をするようにな

ったアイデンティティは、いつの時代にも様々な形で存在していた人間の状態の反復にしかすぎないということを論証したいからなのです。私たちは、ジェンダーと性を別個のものとして理解し、さらには流動的で不明瞭なものと理解し、自分にそぐわないカテゴリーに閉じこめられることなく、安全に存在するための理論的なツールを今はじめて持つことができたのです。現代のジェンダークィアの人々は、自分のジェンダーのアイデンティティの微妙さを明瞭に表現する道具を得たのです。

　エレナ／エレノ・デ・セスペデスとトマス（トマシーン）・ホール、そして今世紀初頭のジェンダークィアの人々でさえも、コミュニティを持つことができませんでした。私がかれらの物語をここに記したのは、現代のノンバイナリーへの歴史的なつながりを示すためだけでなく、かれらに敬意を払うためでもあるのです。自分のアイデンティティを主張することは、それがどんなアイデンティティであっても、勇敢なことであり、それは今日の私たちにもいえることです。

世界の代替的なジェンダー・カテゴリー

　ジェンダーの概念が常に同じではなかったように、すべての文化圏で、ジェンダーがバイナリーで不変なものだと概念づけられているわけではありません。ジェンダーを単なる男女より複雑なものだと考える文化は、世界中に数多くあります。また、一つあるいはそれ以上の代替的なジェンダーや「第三の」ジェンダーのカテゴリーの存在を、良くも悪くも認めている文化も多いのです。このセクションで述べる文化や文化と結びついたジェンダー・カテゴリーは、西洋のトランスジェンダーやノンバイナリーのアイデンティティとは異なるものです。

　先に進む前に、非西洋的なジェンダー・カテゴリーと歴史的なカ

テゴリーの違いを述べることが重要だと思います。学術研究の場（特に私がある程度親しんでいる人類学の分野）では、「非西洋的」といわれる社会現象が、歴史的あるいは古代の社会現象と大変強く関連、ないしは融合しています。これから私が語る、現代の新しいジェンダー・カテゴリーは、前に述べた歴史的なカテゴリーと同一ではありませんが、両者が完全に二分されているわけでもありません。これらのジェンダー・カテゴリーの多くには、書き記されていないとしても長い歴史があり、その多くは、特に近代になってからは、ジェンダー、性、セクシュアリティに関する西洋の植民地的な考え方の影響を受けています。

　「西洋」と「非西洋」の文化を完全に区別しようとすれば、その文化の人々について価値判断をしたり、カテゴリーについての憶測をしたりする余地が生まれます。つまり、非西洋や先住民の文化やジェンダーについての考えが、より有機的で本質的で「自然に密着」しているという考え方は、一歩間違えば、これらの文化がどこか「原始的」、あるいは西洋の国々より未開発だと言っていることになってしまいます。

　実際、特に人類学や言語学の黎明期において社会ダーウィニズムに深く影響された研究分野の分析がまさに行っていたのは、大まかに定義された白人グループならびにヨーロッパ文化と、暗黙的あるいは明示的に定義された**非白人**の文化との間の差異や境界を、植民地主義と帝国主義を正当化するのに使うことでした。

　私が、「非西洋」の代替的なカテゴリーと、歴史上のカテゴリーについて同じ章で述べていても、現代の非西洋文化がどこか遅れていると言っているのでもなく、現存の文化の間に基本的な違いがあると言っているのでもありません。私がしようとしているのは、英語圏やヨーロッパの国々で支配的な生物学的本質主義やツー・セックス・モデルを**基盤にしない**ジェンダーの概念の探究なのです。こう

した例を挙げるのは、ただ単に、より柔軟で、より曖昧で、より不明瞭で、より微妙な、あるいは異なった、ジェンダーについての考え方を示したいからなのです。

今日を含め、歴史上の様々な時点で、ツースピリットというアイデンティティが、100を超える北アメリカ先住民の社会で記録されてきました。これは現存する、最も確立され、広く行き渡り、認識されているジェンダーの代替カテゴリーの一つです。そもそも「ベルダーシュ」と外名（エクソニム）で呼ばれていましたが、今ではこの言い方は侮辱的だと考えられています。ツースピリットは多くの異なる文化で、幅広い社会的役割を担っており（註53）、その役割の多くは伝統的な男女の二分法の枠の外にある歴史的な儀式を執り行うことです。

ツースピリットの人は、出生時にどちらの性別を割り当てられていたとしても、**伝統的**にほとんどの人はAMAB（註54）だったと思われます。服装や行動面でジェンダーを越境することはツースピリットのカテゴリーであることの例示ですが、それだけでなく、ツースピリットのアイデンティティは通常、宗教や儀式や超能力と関連づけられ、一般的にコミュニティ内で一定の敬意を払われていました（文化によって違いはありましたが）。この特権がツースピリットを、そのリミナリティ〔境界性〕のために疎外されがちな代替的ジェンダー・カテゴリーの世界の中で、比較的ユニークな存在にしているのです。

歴史上、何人もの有名なツースピリットの権威者が存在しました。ナバホ族のナードリーヒ（nádleehi）またはツースピリットのハスティン・クラー（Hastiin Klah）は女性の仕事とされていた織物をし、慣例的に男性の役割とされていた儀式の詠唱者でもありました（ほかの役割も果たしていました）。クラーは、ナバホ族の宗教芸術と儀式を記録し保存するという重要な役割も担っていました。1840年代

に生きた「女性酋長」（Biawacheeitchish）は生まれたときに女性の性をあてがわれましたが、クロウ族に捕らえられて育てられてからは、男性が従事する乗馬や狩猟や射撃などに強い興味を示して、著名な戦士となり、父親亡き後のロッジのリーダーになりました。「女性酋長」は数々の男性の役割を果たしましたが、女性の服装を保っていたといいます。男女の服装を混ぜるといった第三の性の表し方が広く行われていたようです。ナバホのナードリーヒ〔ツースピリット〕のチャーリーは、ウィル・ロスコのエッセイ「ベルダーシュになる方法──ジェンダー多様性の統一された分析を求めて（How to Become a Berdache: Toward a Unified Analysis of Gender Diversity）」[註55]に掲載された写真で、「男性でも女性でもない」服装をしており、富と特権を示す銀のアクセサリーを身に着けています。

　ツースピリットについては人類学による克明な研究が行われましたが、それは必然的に人類学者の観点に染められたものでした。また、ツースピリットの人々の歴史と現在の状況は、アメリカ先住民が多数派の欧米人から受けてきた、そして今でも受け続けている暴力行為と切り離して語ることはできません。過去300年の間、欧米文化の影響を受けずに済んだアメリカ先住民のコミュニティはほとんどありませんでしたし、ツースピリットの定義や特定の役割も、主流アメリカのLGBT文化から必然的に影響を受けてきたといえるでしょう。ツースピリットはしばしば、ホモセクシュアリティやトランスジェンダーのアイデンティティと一緒にされることがありますが、実際にはそのどちらとも異なるものであり、その起源であるアメリカ先住民の文化と密接に結びついているのです。

　ジェンダークィアやアジェンダー〔ジェンダーがないと感じる〕やジェンダーフラックス〔アイデンティティがスケール上の2点の間で変化する。第4章参照〕の人と同じように、今日のツースピリットの人々は、自らのアイデンティティを特有の微妙な方法で定義してい

ます。ツースピリットの人々は、自分たちは広い意味でのトランス
ジェンダー・コミュニティの一員だと考えることがよくありますが、
かれらのアイデンティティは自分のジェンダー体験だけでなく文化
とも密接なつながりがあるのです。

　現代の様々なポリネシア文化にも、男女の枠外にいくつものジェ
ンダー・カテゴリーが見られ、それぞれがゆるく結びついています。
ポリネシアの多くの文化は、ある程度、文化面や言語面でつながっ
ています。したがって、ポリネシアの島々の多くの文化が、文化人
類学者のニコ・ベスニエ[註57]が呼ぶところの「ジェンダー・リミナ
リティ〔ジェンダーの境界にある人々〕」[註58]の積年の文化を共有して
いる[註56]のは驚くことではありません。私はこのセクションで、文
化ごとに異なった名前で呼ぶのではなく、共有されている現象を
「ジェンダー・リミナリティ」という言葉を使って述べていきます。

　ポリネシアのジェンダー・リミナル〔ジェンダーの境界にある〕の
人たちは、文化によって違う名前で知られています。いくつか例を
挙げれば、サモアとサモアが分散したコミュニティではFa'afafine、
ハワイではMahu、トンガではFakaleitiと呼ばれています。こうし
たジェンダー・リミナルの人々は、みんな出生時には男性の性を割
り当てられています。また、特定の服装や行動によってではなく、
男女の境界が曖昧なジェンダー表現によって識別されます。かれら
は自分を女性だとは考えておらず[註59]、自己表現がそれぞれの文化
の慣例的な女性のものと正確に一致しているわけでもありません。

　ポリネシアのジェンダー・リミナルの人々は、伝統的に「女性の
仕事」とされる職業に就くことが多く、ときには平均的な「生物学
上の」女性よりも、その仕事に長けている場合もあります。ベスニ
エによれば、ポリネシアのジェンダー・リミナルの人々は、秘書や
家政婦として引っ張りだこだといいます。

　ポリネシアのジェンダー・リミナルの人々と、西洋のトランス女

性との重要な違いは、前者は始終女性として生活しているわけではなく、常に同じジェンダーやジェンダーをミックスした自己表現をしているわけでもないということです。ベスニエは、ポリネシアのジェンダー・リミナルの人は自己表現を変えることができ、社会的な状況によって、ジェンダーの境界性を示したり隠したりすることがしばしばあることに注目しています。さらに、リミナルの人と標準的な女性との間にも違いがあります。一部のポリネシア社会では、ジェンダー・リミナルの若い人たちが、若いシスジェンダーの女性と社交することが多く見られますが、年齢を問わず、リミナルの人は自分の「女らしさ」を年上の非処女の女性像と重ね合わせて想像することが多いのです。

ベスニエは論文の中で、「特定のポリネシアの状況における……詳細な記述が不足している」ことを嘆き、この現象の起源や、ポリネシアのジェンダー・リミナルの人々の伝統の類似点や相違点の判断が困難なことを残念がっています。ベスニエによれば、こうしたジェンダー・リミナルの人々や、現在の現象は、ハワイやニュージーランドと比べて、比較的植民地化の進まなかったトンガのような地域に見られることが特に多いといいます。より多くの歴史的な資料が見つかり――年々その可能性は薄れていきますが――、より多くの調査が行われるまでは、集団的なポリネシアのジェンダー・リミナリティの研究では、一般化を避け、ジェンダー・リミナルの一個人の特性を原型だと取り違えないことが肝要です。

つまり、歴史的に（そして現代も）ヨーロッパ植民地支配の破壊的な影響に支配されているこうした文化では、現象の記録が十分ではないのです。それは植民者が、実に多くのジェンダーやセクシュアリティの非標準的な自己表現に対して、異常だとか、罪深いとか、道徳上疑わしいといった考えを持ち、そうしたものは何でも除去することが強く支持されていたことによる影響だといえます。

ブギス族はインドネシアのスラウェシ島の南部の先住民です。ブギス族には五つのジェンダーがあると考えられています。makkunraiとoroanéは、西洋のシスジェンダーの男性と女性に当たります。calalaiとcalabaiは、西洋社会でより多く見られるようになったトランス男性とトランス女性に似たカテゴリーです(註60)。五つ目のカテゴリー、ビッス（bissu　ジェンダーを超越した人）についてここで詳しく述べましょう。

　ビッスは、男女両方の資質が合体し、死と神とが統合されたものだと考えられています。かれらは通常、司祭や宗教の指導者となり、ブギス族の人がメッカ巡礼に行くというような特別の場合に、祝福する役割を担いました。ブギス族においては、イスラム教と、イスラム教以前の古代の宗教の混合した形態が見られます。

　ビッスと認識されたり、ビッスに「なる」ための基準は多様で、各人の選択や性格によって異なります。もし子どものジェンダーに不明瞭な傾向が見られても、罰せられたり、標準的な男性や女性へと強制的に変えさせられたりすることはなく、ビッスのシャーマンという社会的役割を得るための訓練をさせられます。ビッスの多くは、（インターセックスのように）不明瞭な性器を持って生まれていますが、はっきりした男性器や女性器を持つ人もビッスになることがあります。たとえば、ペニスのある人がビッスになった場合、その人の「内面は女性」（またはその逆）だと考えられています。

　ビッスとスピリチュアリティがこのように固く結びついていることから、ブギス文化におけるジェンダーと宗教と社会の関係についていくつか疑問が生じます。ビッスという5番目の性の受容性や正統性は、calalaiとcalabaiという二つのトランスのカテゴリーによって可能になり促進されたのでしょうか？　これは難しい問題です。なぜならほかの文化にもよく似た三つのジェンダーのシステムがあり、それぞれの社会におけるこうしたカテゴリーの受け入れられ方

に違いがあるかどうかを調べるためには、まだ多くの比較研究が必要だからです。さらにいえば、今日ではビッスの人々がシャーマンや司祭以外の職に就くことも可能になっています。シャリン・グラハム・デイヴィーズは「インドネシア、南スラウェシ島の性とジェンダーと司祭（Sex, gender, and priests in South Sulawesi, Indonesia）」^(註61)という論文で、過去にはビッスは王宮での役割を担っていたと述べています。

　しかし、今日では、はっきり男性とも女性とも自認しないブギス族の若者は、〔司祭やシャーマンになる〕訓練や入会儀式が厳しすぎると考えるようになりました。こうした若者の多くが、社会的に受け入れられているcalalaiやcalabaiとしてや、単に西洋式のトランスやノンバイナリーと自認するようになったため、ビッスが司祭になるという伝統は、絶滅の危機に瀕しています^(註62)。

　ブギス族は、インドネシアの南スラウェシ島の中で、最も人口の多い言語・文化集団です。ほとんどのブギス族は農民ですが、都市に住む人も多く、文化集団として政治力を持ち、マレーシアの現首相とインドネシアの副大統領はどちらもブギス族です。ここで私が述べたかったのは、ジェンダーについての新たな考え方の議論についてだけでなく、代替的なジェンダー・カテゴリーを「隠す」ことや「サブカルチャー」とすることは必要ないということです。

おわりに

　二項対立の柔軟性のないバイナリーなカテゴリーを作ろうとするのは、人間の本能です。バイナリーは単純明快に思えるかもしれませんが、実際は、歴史、生物学、心理学のどの分野のエビデンスにも裏づけられていません。私たちの多くは「男性」と「女性」の境界線は不変のものだと思い込まされてきました。しかし、そうでは

ないことを示すエビデンスが非常にたくさんあるのです。そして社会が認めようと認めまいと、常にその境界を乗り越えようとした人たちがいたのです。

トランスや何らかのジェンダー・ノンコンフォーミングの状態が重要視されることは興味深いものですし、根強く重視されてきたものでもあります。この章で例に挙げたのは、性とジェンダー表現が「リミナル」、曖昧、中間的なカテゴリーの人だけではなく、リミナルや移行中の状態だと考えられるカテゴリーの人たちも含まれています。歴史的に見ても、宦官やインドのヒジュラのように疎外されてきたジェンダーの人々は、死の儀式や医療や出産のような人間の存在の推移にかかわる役割を与えられてきました。ですから、トランスやジェンダークィアの人々は、多くの人類の文化の世界観に適合すると考えられるだけでなく、文化にとって不可欠な存在として考えられています。男性や女性と同じように、人類の文化を創造し維持する役割を果たしているのです。

ここ数世紀の、ジェンダーに関する時代精神の変化を辿ることもできます。経済的・社会的な変化が「男性」「女性」の定義や区分や男女の異なる役割にどのような影響を与えてきたのでしょうか？こうした変化は歴史を通じて記録されています。たとえば、西洋では、ジェンダーの概念が社会的に決定されるものから生物学的に決められるものへとシフトしていきました。身体的な性が流動的であるという考えから、個人のアイデンティティそのものに流動性を認めるという考えが受け入れられるようになりました。これは、カテゴリー間に私たちが設ける障壁が柔軟で侵入しやすいことの証拠なのです。私たちの考え方だけが、ジェンダーについて考えるための方法なのではありません。現在の性とジェンダーのモデルが厳密で、論理的で、自然で、永続的なものに思えたとしても、これまでもそうであったわけでも、将来もそうであり続けるわけでもありません。

エクササイズと話し合いのポイント

1. ノンバイナリー、ジェンダークィア、トランスジェンダーといった現代のカテゴリー以外に、あなたやあなたの家族の出身国の文化には、現在や過去に、代替的なジェンダーのカテゴリーがありましたか？　そのジェンダーはどういうものですか？

2. そのカテゴリーについてさらに調べて、もっと情報を集めてみましょう。できるだけ、そのカテゴリーの人々やそのコミュニティの人々が自分自身の体験を直接語っているビデオや記事やブログなどの一次資料を探すようにしましょう。

3. そのカテゴリーを含むシステムでは、どのようなジェンダー・モデルが暗黙の了解となっているのでしょうか？　三つのジェンダーのシステム？　あるいは、四つのジェンダーでしょうか？　その代替的なジェンダー・カテゴリーは、完全に「男性」でも「女性」でもありませんか？　それともそのバリエーションでしょうか？　ジェンダー間の境界線ははっきりと決められていますか？　それとも変えることのできるぼんやりしたものでしょうか？

4. そのカテゴリーの基準はなんでしょうか？　強制（宦官のような）や、性的、社会的、あるいはほかの種類の行為（ソドミーや同性愛のような）に基づいて外部の人から当てはめられるものでしょうか？　それとも今日のトランスやノンバイナリーの人のように、自認に基づいたアイデンティティでしょうか？

5. そのカテゴリーに入ることを選べますか？　それとも、生まれつきそうでなければなりませんか？　それともほかに、決められた基準がありますか？　一生のうちに、そのカテゴリーに入ったり、そこから抜けたりすることは可能ですか？　それはいつどのように起きるのでしょうか？

第 4 章

・・・・・・・・・・・・・・・・・・・・・・・・・・・・・・・

コミュニティ

はじめに

・・・・・・・・・・・・・・・・・・・・・・・・・・・・・・・・・・・・・

　ジェンダークィアのコミュニティはまだ生まれたばかりです。私たちについての用語やアイデンティティのラベルや、私たちが集える場所はまだ発展段階にあります。まだ私たちは、コミュニティの境界線を確立したり、より大きなLGBTとトランスジェンダーのコミュニティの中に自分たちのスペースを確保したり、ほかの多様なアイデンティティがノンバイナリーやジェンダークィアとどう相交わるかを模索したりしているところなのです。

　ここでいうコミュニティとは、アイデンティティが外に向けられたものだと考えてよいでしょう。ジェンダークィアやトランスやゲイと自認する人、同じようなアイデンティティを持つ人たちとお互いに交流したり共に時間を過ごしたりする人、支援活動をする人、ジェンダー自認にかかわる問題を提起する人々が、そうしたコミュニティの積極的なメンバーだといえます。しかし、能動的なだけでなく受動的なコミュニティへのかかわり方もあるのです。私たちはまだかなり漠然とした集団であり、ノンバイナリーであることを公表していない人も大勢います。ですから、「ジェンダークィア・コミュニティ」や「ノンバイナリー・コミュニティ」の意味や、誰をその一員と見なすのかといったことは、一人ひとりによって違うのです。コミュニティの活発な一員となる前にも、私はノンバイナリーのコミュニティから大きなサポートを得て、個人的に大変助けられてきました。ですから活発な活動をしていなくても、たとえ自分はジェンダークィア・コミュニティのメンバーだと思っていなくても、ジェンダークィアやノンバイナリーの人であれば、コミュニティの一員として考えるべきだと思います。

　ほとんどどのような疎外された社会集団についてもいえることですが、コミュニティは、ジェンダークィアやノンバイナリーの人々

を支え、育てる重要なリソースとなります。私たちの多くは、家族、文化、仲間などから、感情面や道徳面や経済面の支援を受けることがありません。そのため、同じ体験をしていない人に、自分の体験についてはっきり説明するのが困難なのです。それに私たちは、まだお互いを探しているところかもしれません。歴史にもほとんど例がなく、私たちを別個のカテゴリーの枠組みとする研究や調査も少ないことも、さらに説明を困難にしています。ノンバイナリーの人々は、権利を有する集団として、毎日声を上げて闘っています。国勢調査票への記載や、私たちの望む代名詞や敬称が一般化するように闘っています。しかし私たちの認知度が低いせいで、こうした主張をしても、なかなか人々に納得してもらえないのです。

より広いLGBとトランスジェンダーのコミュニティの中でのノンバイナリー

ノンバイナリー、ジェンダークィア、ジェンダーフルイドの人々は、大きなLGBコミュニティの中で、なんとなく弱い立場にあります。LGBTという大きな傘の下で、LGBTが長年かけて確立した正当性の恩恵を受け、少なくともかれらとある程度同じレベルの共通体験を基盤として持っていることは確かです。しかし、レズビアンやゲイというラベルは、セクシュアリティとジェンダーの面ではある意味バイナリーな個人体験であり、私たちには当てはまらないのです。

したがって、たとえジェンダークィアの人がゲイ・コミュニティとつながりを感じていても（たとえば、カミングアウトする前やジェンダークィアであることが理解できる以前には、レズビアンやゲイと自認していたなど）、LやGに内在する二元性によって、ゲイ・コミュニティから自発的に身を引くこともあります。ゲイやレズビアンの人か

ら敵意を持たれたり、自分にはゲイやレズビアンというラベルを使う資格もないし、ふさわしくもないと感じたりして、ゲイ・コミュニティに入るのをためらう人もいるでしょう。

　ここで問題になるのは、「フェミニスト」という言葉と同じように、「L」や「G」も本来の意味以上の意味を持ち、政治的や文化的な価値観の声明として使われることが多いということです。こうした言葉には、歴史や文化やコミュニティの意味合いが多く込められています。しかし、バイナリーの枠の外だからという理由だけで、LGBTの輪に入って体験を共有したり支援を受けたりすることを拒否されるのは、つらく疎外感を抱かせるものです。そのためノンバイナリーやジェンダークィアの人が、自分についてクィア、バイセクシュアル、パンセクシュアルといった、より曖昧なアイデンティティを使っているのを、私はよく目にします。こうしたラベルの意味や使い方については後に、デートと恋愛のセクションで述べていきます。

より詳しいアイデンティティのラベル

　前述のスコットランド・トランス連合の2015年の報告書「イギリスにおけるノンバイナリーの人々の体験」には、当事者たちがアイデンティティとして使う用語の詳しいリストが出ています[註63]。この調査には900人ほどが参加しましたが、対象者を「男性か女性かのバイナリージェンダーを持たない人」としたため、ノンバイナリーの人たちが今現在使っているラベルについて深く調べることができました。私たちのコミュニティとそこで使われる用語は常に変わり続けていますから、今まさに使われている最新の用語を見つけ出すことが重要なのです。

　こうした言葉は、私たちの育った環境の文化や政治、フェミニズ

ム運動やクィア理論、そして地理的要因からも、大きな影響を受け
ています。私はノンバイナリーの語彙がかなり安定してきていると
思いますが、2015年の調査に使われた用語を列挙してみても、そ
れらはすでに一般的に使われなくなり、まだ聞いたことのない新し
い用語が使われるようになっているのかもしれません。そのためノ
ンバイナリーのコミュニティで実際に、どの言葉がどれほど使われ
ているかという推定を頭から信じることはできません。その言葉の
意味を本当にわかっているのは、当然のことながら、それを使って
自認している当事者だけですから。

　第1章で解説した用語より、もう少し具体的で細かいアイデンテ
ィティを表す言葉をいくつか説明しましょう。この本の最後にクイ
ズをしようというのではありませんが、そうした用語に少なくとも
慣れておけば、ノンバイナリーの人の好むアイデンティティ・マー
カーについて議論する際に説明の労が減ると思います。STA（スコ
ットランド・トランス連合）の調査で最も多く選択されたラベルは、
ノンバイナリー、**ジェンダークィア**、**トランスジェンダー**で、それ
に続くのが**ジェンダーフルイド**（n=277）と**アジェンダー**（n=253）
でした（ところで、このときの選択肢は相互排他的ではなく、自分に当て
はまると思うオプションならいくつでも選ぶように奨励されていました）。
ほかにも、出生時に女性の性をあてがわれたが、「女らしさ」より
「男らしさ」を自認する**トランスマスキュラン**（transmasculine）
（n=133）、**中性**（androgyne）（n=127）、それに、調査のリストにラベ
ルがない「その他」（n=116）などがありました。私がインタビュー
した14人の人々は、ほとんどが一つ以上のラベルを選んでいまし
たが、「ジェンダークィア」を選んだ人は2人、「ノンバイナリー」
を選んだ人は9人でした。「トランスジェンダー」「ジェンダーフル
イド」を選んだ人も何人かいて、2人が「ボイ（boi）」と表示した
そうです。これは「ジェンダー・ウィキ（Gender Wiki）」によれば、

「1990年代にアフリカ系アメリカ人の文化で始まった、若くてアンドロジナスでクィア」という、ゆるく定義されたアイデンティティです(註64)。私の知る限り、ボイは主にアメリカ合衆国で、通常BAME*1の人々によって使われているようです。

ジェンダーフルイド　genderfluid

　ジェンダーフルイドについてお話ししましょう。ジェンダーフルイドは、長い間かけて発達し変化し変動しているアイデンティティです。STAのノンバイナリー体験調査の回答者895人のうち、半分以上が自分のジェンダー・アイデンティティをフルイド（流動的）、あるいは、変化すると答えています(註65)。しかし、「（ジェンダーが）決まっているか流動的か」という問いと、「アイデンティティは何か」という問いが、別々に記されていたため、流動的と回答した全員が、ジェンダーフルイドを第一のアイデンティティとして選んだわけではないかもしれません。ノンバイナリーのくくりの中で、ジェンダーフルイドや、後に説明するサブカテゴリーのジェンダーフラックス（genderflux）を自認する人々が、増えているようです。これは必ずしも、より多くの人が変動するジェンダーを自認するようになったり、ジェンダーフルイドの人がもっと誕生するようになったりしているわけではないと思います。それよりも、より多くの人々——トランス・コミュニティ以外の人でさえも——以前考えていたよりも、ジェンダーというものがもっと柔軟で曖昧で状況によって変化するものだと考え始めたからだと思います。

　ジェンダーが流動的だと答えたうちの3%は、パートナーやパートナー候補のセクシュアリティや、特定の活動や、ムードや気持ちなどのような、状況や環境によって変わると述べています。また、

＊1　BAME: Black, Asian and minority ethnic　黒人、アジア系、マイノリティのエスニック集団。

ジェンダーフルイドの回答者の中には、**何が**変わるかについての違いがありました。アイデンティティ自体は変化せずに、ジェンダー表現だけが変わるという人、あるいはその反対、またはその両方という答えが多く見られました。その理由として、ある人は「慣習的なジェンダー役割はまるで演技のようで自分には当てはまらないから」^{（註66）}と述べています。こうした事柄が実証しているのは、ジェンダー・アイデンティティとジェンダー表現には、緊密なつながりがあるものの、同一ではないという考えです。外見がその人の性格をいつも反映しているわけではないように、人のジェンダー表現も、ジェンダー・アイデンティティ以外の要素によって変わるかもしれません。

　私がインタビューしたVKさん（VKさんは、女性の代名詞と、ときたまxe/xyrの代名詞を使っています）は**ジェンダーフラックス**（genderflux）と自認しています。これはジェンダーフルイドのサブカテゴリーで、アイデンティティがスケール上の2点の間で変化する（VKさんの場合は通常、アジェンダーと女性の2点）ことを指します。VKさんは自分のアイデンティティを明確にする苦労をこのように話してくれました。「自分がシスジェンダーでないのはずっとわかっていたけど、今のLGBTQの中に自分を見つけることができなかった」。自分のジェンダーを正確に説明する語彙がなくて、たとえばシスジェンダーの兄弟に説明するのに苦労したといいます。「（ジェンダーは）変わることができるし、ある時点でジェンダーが変わったり不確かになったりすること**自体も**ジェンダーの一つだということを知らなければ、それが何なのかわからないかもしれませんから」と。

　VKさんは何が原因となってジェンダーが変化しているのかが、まだわからないといいます。ジェンダーに関することに不安を感じたり、そこから「撤退」しようとするときのストレスによって変化が引き起こされるのかもしれません。あるいは、誰かに魅力を感じ

ることや、性的な体験が影響しているのかもしれません。「去年、はじめて女の子に惹かれていることに気づいて」、「16歳から好きだった人と別れなくてはなりませんでした。彼といることで混乱し、自分が役割を演じているような気がしたからです」とVKさんは言います。恋愛関係におけるジェンダー役割が強制的で、不自然で、あるいは演技のように感じられること、そしてジェンダーとジェンダー役割に密接な関係があると思われていることが、ジェンダーフルイドの人を不安にさせていることが、VKさんの話からわかります。

　VKさんは祖国を去り、ジェンダー化された肩書とそれに付いて回る期待から離れた後、激しい解離と違和感で苦しみました。そして、恋愛や誰に惹きつけられるかによって、ジェンダー役割が変わることについて考え始めて、人生のほかの面にも疑問を感じ出したといいます。自分の流動的なジェンダーに気づく前から、VKさんは常に自分の中にあった女性としてのジェンダー表現を躊躇し始めました。「女性らしい気持ちのときにも、女性の服は着ませんでした。私が女性で、常に女性なのだという間違った印象を人に与えたくなかったからです」。そして「ドレスを着た自分の姿は好きだけど」今でもあまりドレスを着ることはないといいます。

　VKさんのような話は、クィアのコミュニティでよく耳にするものです。そういう意味でも、コミュニティや家族やピアグループのサポートは、単なるセーフティネット以上の大きな役割を果たしているのです。そこは、ジェンダークィアの人がアイデンティティや経験を探求し、発展させ、明確にするための場所なのです。VKさんは、人と話すことで自分のアイデンティティを探求する一方で、自分のアイデンティティを明確に言葉に表す語彙がないというジレンマを体験しました。「頭の中が混沌としていて、誰にもそのことを話したくありませんでしたが、話すことで気が楽になりました」と語っています。

ほかにも、コミュニティでよく耳にする、そして私自身の体験からも言えることがあります。それは、自分のジェンダー表現をコントロールできるようになれば、違和感が緩和され、アイデンティティの変化に自分のジェンダー表現を順応させやすくなるということです。VKさんの場合、自分がジェンダーフラックスであると気づく前に、「自分のアイデンティティはまだわからなかったけど、1か月間、完全にベジタリアンになってみたり、ジョギングを始めてみたりして、外見をコントロールできる」という気持ちになれました。このようなコントロール感は、（私が医療的移行を始めたときにもそうであったように）VKさんにとって、単に活発なジェンダー変化に伴ってジェンダー表現をコントロールする以上の大きな意味を持っていたと思います。身体全般について自律性を高めることができるようになったのです。性別違和とそれが引き起こすかもしれない自己破壊的な行動の多くは、外見や人生全般をコントロールできないという感覚に起因しています。

　さらに厄介なのは、広いLGBTのコミュニティでも、ジェンダー・アイデンティティが**変わり得る**という考えが常に受け入れられているわけではないということです。VKさんは最近まで自分のアイデンティティを説明する語彙を持たなかったため、自分にはぴったりではないと思ってもデフォルトの用語を使うしかありませんでした。「最近まで私はジェンダークィアと言っていました。これなら（少なくともクィアのコミュニティ内では）みんなに理解してもらえるからです」。

　社会全般のジェンダー観がより柔軟に活発になってきているのに、流動的なアイデンティティには、一定の抵抗感が持たれています。これはLGBTの人々が自分のアイデンティティに疑問や不安を表し始めたとき、それが無効にされてきた歴史から来ているのかもしれません。たとえばレズビアンの人がたまに男性と関係を持つと、

「実験」しているだけではないかと、（レズビアンの）アイデンティティを否定されることがよくあります。バイセクシュアルの人は未だに、「乱交」や「優柔不断」ではない、それを超えるセクシュアル・アイデンティティを認めさせようと闘っています(註67)。こうした議論への反論である「ゲイの人はゲイの関係を持つ前からゲイ」や「トランス女性はホルモン治療を始めるずっと前から女性」という説は、今やLGBT論における基本方針となりつつあります。

　しかし、（婚姻という制度や一夫一婦制の有害な側面に目を向けることなく）同性婚が長年の間LGBTの権利を求める運動の最終目的と思われていたように、ジェンダーが一定して変わることがないという考え方は、しばしば政治的に好都合でもあります。たとえば、もしトランスの著名人がジェンダーフルイドとしてカミングアウトすれば、意地悪なジャーナリストがそれに飛びついて、その著名人は「本当のXジェンダー」ではなくて、「コロコロ変わったり」、「実験」したり、「移行を後悔」したりしているのだと安易に主張することでしょう。そしてその例を利用して、トランスとクィアのコミュニティ全体が、行き当たりばったりに「ジェンダーを変える人たち」だとか、移り気だとか、あるいは正当性がないとかと、でっちあげるのです。このように現実は、マニフェストで語られるよりずっと複雑です。ジェンダーの流動性に対するバックラッシュは許せませんが、少なくとも理解することはできます。

　しかし、いずれにしても、流動的なジェンダー・アイデンティティが存在していることや、過去にも存在していたという事実に変わりはありません。

　ノンバイナリーというアイデンティティが21世紀の産物のように**見えるのは**、私たちがやっとコミュニティとして主張し始め、さらに重要なことには、自分たちのアイデンティティを定義する語彙を持ち始めたからにほかなりません。同じことがジェンダーフルイ

ドのコミュニティにもいえます。ジェンダーフルイドのコミュニティがこれまで限られていたのは、ジェンダーフルイドという言葉が比較的新しいためなのです。でもこれからは状況が改善され、数年のうちにジェンダーフルイドという言葉が、もっと普通に使われるようになって、クィア・コミュニティの内からも外からも受け入れられるようになることを私は願っています。

アジェンダー　agender

　私は、アジェンダーというアイデンティティによく遭遇しますし、自分自身のジェンダー体験を最もよく言い表していると感じます。簡単に言えば、アジェンダーとは、まったくジェンダーを自認していないことです。アジェンダーの表明には、ジェンダーがない、あるいは自分を決めつけたくないというものから、ジェンダー制度そのものをすべて拒否するというものまで、様々なものがあります。私にとってアジェンダーは有用なカテゴリーですが、まだそれが自分の第一のアイデンティティかどうか確信はありません。私やほかの多くのアジェンダーの人々にとって、ジェンダーというものは、ただ単に有益なカテゴリーでもなければ、自分を表す特徴でもないのです。私はどんなジェンダーのラベルにもすっかり同調するわけではありません。私は（いつもではありませんが、たいてい男女どちらかの印象を与える服装をすることによって）自分を男性や女性として、または不明瞭なジェンダーや、両方のジェンダーの混合として表現していますが、自分を特に男性や女性や、その中間の何かであるとは考えていません。

バイジェンダー　bigender、ポリジェンダー　polygender、パンジェンダー　pangender

　これらのアイデンティティは、わりとよくあるもので、理論的に

ある意味でアジェンダーの逆だといえます。複数のジェンダーが合体したアイデンティティで、たとえば、男性と女性、その混合、あるいは男性でも女性でもないジェンダーを含む「すべてのジェンダー」として自認する状態です。

その多様性を表すために、最もよく使われている言葉が、**バイジェンダー、ポリジェンダー、パンジェンダー**です。今日の多くのバイセクシュアルの人々は、（バイ＝二つで表されるように）二つだけのジェンダーに惹かれるのではないと主張し、ノンバイナリーの人にも惹きつけられることがあるとはっきり述べています。同様に、私は、**バイジェンダー、ポリジェンダー、パンジェンダー**の人々は複数のジェンダーを自認していて、それは一人ひとり違う柔軟で微妙な定義であると考えています。しかし、バイジェンダーと自認する人が必ずしも、ポリジェンダーやパンジェンダーとして自認するわけではありません。

これらのアイデンティティを自認する人々の多くは、私の説明とは異なる、もっと詳しい説明をしてくれるでしょう。あなたが出会った人の定義が、ここに書かれたものとは違うようなら、しっかり耳を傾けてほしいと思います。ジェンダー、文化、人種、宗教、などいかなるアイデンティティも、非常に個人的なものですし、同じ言葉であってもそれを使う人によって意味がいくらか違うものです。こうした用語の中にはスタンダードな定義へと進化したものも、そうでないものもたくさんあります。意味が加えられたり失われたりするうちに、また、ジェンダークィアがより受け入れられ認められるようになるにつれて、使われなくなったものも実に多いのです。どんなアイデンティティ・マーカーにもいえることですが、そのラベルを使う人に従い、それがその人にとってどういう意味を持つのか、その説明をきちんと聞くことが最善です。こうした言葉がそれを使う人にとってどんな意味を持つのかを知るのは、非常に啓発的

で、ノンバイナリーというアイデンティティ全般に対する理解を深めることにつながります。

すべてのノンバイナリーの人は
トランスと自認しているのでしょうか？

この本を通して私はノンバイナリーの体験について語っていますが、ノンバイナリーを別個の集団とするための十分な情報がない場合は、トランスの人全般についても述べています。すると、どれほどのノンバイナリーの人がトランスジェンダーでもあると自認しているのかという理論的な疑問が出てきます。これまで私は、たとえばノンバイナリーに特化したデータがない場合などで、多様なグループの体験を語るときに、「トランス」を総称として使ってきました。これは大まかなやり方としてはよいのですが、常に100％のカテゴリーをカバーできるとは限りません。私自身はノンバイナリーでトランスジェンダーだと自認していますが、状況によってこれらの言葉を使い分けながら体験を語っています。こうした状況について説明することも必要だし、ノンバイナリーであってもトランスと自認していない人がいるのはなぜかということについても伝えるべきだと思います。

スコットランド・トランス連合の2015年の「イギリスにおけるノンバイナリーの人々の体験」の特に公共サービスと雇用に関する調査では、895人のノンバイナリーの人の65％が、自分を**トランスジェンダーだと考えていました**（もっともトランスが第一のアイデンティティではない場合もあったかもしれません）。同じように、2015年のアメリカ合衆国トランスジェンダー調査[註68]では、ノンバイナリーと自認する人で、トランスジェンダーと**呼ばれたくない**と答えた人は、回答者の18％しかいませんでした。

しかし、STAノンバイナリー調査の回答者のうち311人は、自分はトランスのラベルを使うほど「十分にトランスではない」と答えています。ノンバイナリー・コミュニティでもよく耳にすることですが、そこにはいくつかの重要な要因があると思います。それは、差別、ジェンダー表現、（医療的にそして社会的に）移行を願うかどうか、そして、自分にとっての「トランス」の意味といったものです。

　トランスジェンダーは、社会的あるいは医療的に、目に見える形で移行を望んでいると、ノンバイナリーの人は考えるかもしれません。慣習的な外見のジェンダー表現を変えようとしないノンバイナリーの人にとって、「トランスジェンダー」のラベルは自分を正確に表すものではないと感じるかもしれません。ジェンダー表現を変えようとしないのは、自分のジェンダー・アイデンティティを外へ向かって表す必要性を感じていないか、または家庭や職場でそうすることが気まずいからかもしれません。また、あるノンバイナリーの人は、出生時に割り当てられた性別の**一部**に同調しているので、その性別を「トランスジェンダー」であることがすっかり壊してしまうのではないかと感じるのかもしれません。

　STA調査の回答者で「トランス」のラベルを使わないという人のほとんどは、その理由を、自分のジェンダーについての差別を受けたことがないからと言っています。「トランスジェンダー」とは、疎外された人々の共通体験と、苦難に立ち向かうコミュニティの決断とを表すラベルだと感じていて、トランスのラベルを自分たちが使うことは、トランスの文化を私物化することになり、それはすなわち、トランスの人々が直面している差別を受けてもいない自分たちがトランス・コミュニティの恩恵を受けることになるのではないかと考えるのです。

　同時に、同じ理由によって、ノンバイナリーの人は、トランスジェンダー・コミュニティに歓迎されていないと感じるかもしれませ

ん。自分たちの場所にノンバイナリーの人が入ってくるのは、アイデンティティの正当性を脅かすものだと思うトランスの人から、（めったにないことですが）敵意を持たれたこともあるかもしれません。STA調査の回答者の何人かは、実際にトランスのコミュニティから積極的な排除を受けたと感じています。その人たちが体験したトランスのコミュニティは、バイナリーなトランスの体験だけを重視していたり、トランスジェンダーとは、たとえば「男性から女性へと移行する旅の途中」[註69]であるという概念を好んだりするところだったといいます。また回答者でLGBTのための公共サービスを利用した人の72％だけしか、ノンバイナリーのアイデンティティを安心して明かすことができなかったと述べています。こうしたことで、LGBTのコミュニティがノンバイナリーとジェンダークィアを完全に受け入れるには、まだ努力が必要だということがわかります。

　個人的に私は、トランスと自認しています。ホルモン剤を使い、友人にも職場でもノンバイナリーであることを公表しています。自分は、トランスと大きなLGBTコミュニティの一員だと考えていますし、バイナリーであるなしにかかわらずジェンダー・ヴァリエントな人たちとの結束を感じます。私は出生時に割り当てられた性別を拒否していますが、それによる体験について説明するのに「トランス」は有用なラベルです。ジェンダー・アイデンティティとジェンダー表現の関係は複雑で多層的です。そのため、医療的に移行中のノンバイナリーの人と出会ったシスジェンダーの人にとって、バイナリーなトランスと、ノンバイナリーなトランスの人との違いを見分けるのは難しいかもしれません。また状況によっては、ノンバイナリーとトランスをまとめて一つのグループにしてしまった方が、政治的に好都合かもしれません。私自身も、自分の体験について語っていて、ノンバイナリーのニュアンスについて説明する時間

がなかったり、**ノンバイナリー**に直接かかわりのないことを述べているときには、この二つを区別しないことがあります。私たちが対峙する疎外感の根源は多くの点で同じなのですから。

ノンバイナリーとジェンダークィアの人々、そしてフェミニズムとトランス疎外について

はじめてフェミニズム運動を知ったのと同時に、そしてほとんど同じ人たちから、私は自分のジェンダーを語る語彙を学びました。私が最初に参加したクィア・コミュニティの基盤である政治的理論は、インターセクショナル・フェミニズム、あるいは第三波フェミニズムのモデルに基づいていました。私は主にネットを通じて、このコミュニティの同年代の人々とつながっていました。

1989年にインターセクショナリティ〔交差性〕という言葉をはじめて使ったのは、公民権運動家で政治理論家でもあるキンバリー・クレンショーです。これは、様々な人種やセクシュアリティの女性たちの異なる体験、機会、周縁化に取り組むフェミニズム運動を指しており、ジェンダーや人種や階級やそれ以外のアイデンティティがいくつか重なって、複数の形で周縁化される人は、車が行きかう「交差点」に立っているようなものだというのです。つまり社会からいくつもの方法で疎外されている人は、交差点に立つ危険が増す——車を何台も避けなければならないから——という主張です。

私がこの言葉を2010年代はじめに聞いた頃には、インターセクショナリティは主流の政治論議に使われるようになっていて、それ以来、多くの点でスタンダードなモデルとなっています。インターセクショナルなフェミニストは、女性の権利だけを唱えるのではなく、名称は**フェミニスト**であっても、人種、階層、セクシュアリティ、能力、トランスジェンダーといった立場のすべてが人生の体験

に影響を与えると考えています。

　インターセクショナリティという言葉を学んだ環境から、そして、二つの理論のイデオロギーが一致していることから、私の中では、インターセクショナリティとクィア理論は手と手を取り合っています。クィア理論が挑戦しているのは、インターセクショナリティ理論が認めて研究している抑圧の主軸や流れの原因となる制度です。クィア理論が私にとっても本書にとっても有益なのは、「男」「女」「ゲイ」「ストレート」といったラベルを作り出す堅苦しいバイナリーや制度に疑問を投げかけるマインドセットとなるからです。そして、こうしたカテゴリーの外にもジェンダーやセクシュアリティが存在すると考えさせてくれるからです。このように、政治に関心を寄せる私の世代の多くの人々にとって、フェミニストとトランスジェンダーのコミュニティとには、かなり共通点があるといえます。

　しかし、フェミニストを自認するすべての人が、こうしたコミュニティとフェミニズムが隣接し、両立すらしていると考えるわけではありません。インターセクショナルもしくは第三波フェミニズムは、女性や抑圧された人の体験をより包括的に語るための新しい方法を与えてくれるだけでなく、多くの点において、それまでの第二波フェミニズムに対抗する政治的イデオロギーでもあるのです。

　第二波フェミニズムの焦点は、主にシスジェンダーで中流階級の白人のストレート女性の権利を擁護することに当てられており、すべての女性の体験を包摂するものでも多様性を重んじるものでもありませんでした。その結果、第二波の世代のフェミニストは、**ジェンダー**と**性**が別々のものであるという考えに対して明らかに反感を持つことがあります。

　フェミニズムの中にTERF（trans-exclusionary radical feminism：トランスを排除するラディカル・フェミニズム）という一派があって、トランス女性の包摂に反対しています。生まれたときに男性の性をあて

がわれたトランス女性を、女性の権利や問題を扱う場に加えたくないというのです。これは、女性が抑圧されるのは生物学的な理由であって、女性であることの生得的な特質によってではないと考えるからです。TERFのシーラ・ジェフリーズは、医療的な移行をするトランス女性は、「女性がどうあるべきかという保守的な幻想を作り出している」[註70]と述べています。女性らしさの規範的なモデルに近づくために身体を変えることによって、トランス女性たちは性差による家父長制を永続させているというのです（トランス女性が、社会で罰せられずに生きていくために、女性らしさという文化的規範に従って自分を変えざるを得ないということは考慮されていません）。TERFの争点は通常トランス女性に向けられることが多いのですが、ノンバイナリーやジェンダークィアの人に、彼女たちのイデオロギーが向けられることもよくあります。トランスを排除するTERFの多くは、ノンバイナリーなジェンダーの存在を信じていません。ノンバイナリーの人は、ほかの女性を憎むあまり自分が「女性」であることを否認しているだけだと考えているのです。

　先に進む前に述べておきたいのは、すべてのラディカル・フェミニストが**トランスを排除する**ラディカル・フェミニストではないということです。そもそも「TERF」という言葉は、トランスをサポートするフェミニストと反トランスのラディカル・フェミニストとを区別するために作られた、いわばニュートラルな専門用語なのです。しかし最近になって、この言葉の使い方が変わって、TERFと呼ばれる人の多くは、実際には**ラディカル・フェミニスト**とはいえません。TERFの多くは単にフェミニストのラベルを借りて、自分たちの考えに正当性を与えようとする偏見に満ちた人々なのです。ラディカル・フェミニズムの根幹は、男性至上主義を排除するために社会を根本的に再構築しようというものです。ラディカル・フェミニストの中には（シスジェンダーの）女性を解放することがすべての人

の解放のカギであると考える人もいますが、より大きな視点を持つ人も多く、家父長制や白人至上主義や利益至上主義といった交差する制度すべてを取り壊そうと考えています。ラディカル・フェミストの作家アンドレア・ドウォーキンとジョン・ストルテンバーグは、ラディカル・フェミニズムには当然トランスが含まれると考えていたという記録もあります(註71)。また非常に多くのトランスの人が、ラディカル・フェミニストであることを強く自認しています(註72)。

　このように、ラディカル・フェミニズムとインターセクショナル・フェミニズムが両立しないわけではありませんが、TERFの人々は、性とジェンダーを区別したり分類したりするような理論はどんなものであっても、抑圧的な家父長制度に対抗することができないと考えるのです。彼女たちは、トランスが女性の平等を脅かすと考えます。そして、トランスであることと女性であることの交差によって、トランスの女性が暴力を受けることが非常に多いという現実や、出生時に男性の性を割り当てられたノンバイナリーの多くの人が周縁化されたすべての集団の権利のために積極的に闘っているという事実を見ようとしないのです。

　多くの文化において、女性の性を出生時に割り当てられた人は、従順で素直で人の世話をするように社会化されています。生まれ持った生殖器だけを基準にしているのです。同じように、生殖器によって、自己主張ができ、自信があって、暴力的になるように社会化されていく人もいます。しかし私は、生物学的な性に基づいてジェンダーを決めるのは、実際に生きている人々の経験を否定することになると断言します。トランスの人たちは、従来のジェンダー規範に適合しない、あるいは適合できないために、シスジェンダーの女性が直面する暴力に近い、さらにはもっとひどい暴力にさらされることがよくあるのです。

　家父長制は単に「男性」が「女性」を虐げる方法ではありません。

強者が弱者を、いくつもの軸に沿って虐げる世界共通の制度なのです。女性だけでなく**トランスの人たちも含む**すべての周縁化された人々に対する暴力を無視するようなイデオロギーが、世界の不平等と闘うことなど望めません。おおざっぱに言ってしまえば、家父長制とはジェンダーの二元論を使って、（シスジェンダー、白人、ストレートの）男性以外のすべての人を抑圧する制度なのです。ジェンダークィアとノンバイナリーの人々が実在していることはジェンダー二元論、つまり家父長制への挑戦でもあります。ジェンダークィアの人々を社会の本流に受け入れ認めることは、すべての抑圧への闘いの第一歩となるでしょう。

　TERFのイデオロギーの問題点についてあえて説明する必要はないし、むしろそんな話はしたくありません。しかし、TERFのイデオロギーがノンバイナリーとジェンダークィア──その多くが自分たちをフェミニストだと考えフェミニストのコミュニティで活動しています──に直接インパクトを与えていることは否定できません。それに、ジェンダークィアやノンバイナリーの人がトランスジェンダーだと自認しているかどうかにかかわらず、トランスに悪意を持つ人々からトランスだと見なされることもあるでしょう。今、ノンバイナリーの人たちは自分をあるがままに受け入れてくれる時代、少なくともそんな時代の始まりに生きていることを幸運に思っています。「男性」と「女性」の区別に柔軟性が見られるようになり、バイナリー以外の存在も認められるようになっているのです。この変化は祝うべきことです。非難されるべきではありません。

　この問題について私が書いた論文は（それに多くのフィクションも）どれをとっても、規範的でヘテロセクシュアルで白人の資本主義的なバイナリーなジェンダー制度へ疑問を投げかけているものです。「クィア」なジェンダー観を保ちながら、同時にフェミニストであり、家父長制度に挑戦することもできるということを、私は身をも

って証明しています。私は、バイナリーなジェンダーに挑戦し、そのシステムを変え、崩し、いっそ破壊してしまうべきだと考えますが、ジェンダーが女性を服従させる道具で**しかない**とは思いません。すべての答えはまだ見つかりませんが、サブカルチャーの垣根を越えた結束が、今こそ重要だということは確信しています。LGBTコミュニティや、活動家とフェミニストの世代間には多くの対立や反感がありますが、それは、長期的には私たちみんなを弱体化させるだけなのです。

ノンバイナリー・コミュニティにおけるインターセクショナリティ

　世間は、ノンバイナリーやジェンダークィアは、血色が悪くて、中性的で、奇抜な髪型をした浮浪児の集団のようなものだというイメージを抱いています。このイメージをさらに強めているのはルビー・ローズ、ラ・ルー〔イギリスのエレクトロ・ポップデュオ〕、マイリー・サイラスといった有名人で、みんな実際にジェンダークィアやジェンダーフルイドやノンバイナリーとして公にカミングアウトした人たちです。アマンドラ・ステンバーグ、ジェイデン・スミス、エンジェル・ヘイズ〔アメリカのラッパー〕、アンドレア・ペジックを除いて、こうした有名人のほとんどは白人で、出生時に女性の性を割り当てられた人です。私たちのコミュニティとして最も目につくのは、このような裕福で洗練された人たちだけですが、現実には、ジェンダークィアであることとその表現方法は無限にあるのです。ノンバイナリーになる可能性の高い、あるいは低い特定のタイプなどありません。私たちの人口層は、世代、人種、能力、民族の壁を越えています。ノンバイナリーの人が、痩身で裕福で美しい、健康で丈夫な白人というポピュラーなイメージは、私たちの多様な

コミュニティの現実を消し去るものです。すると、そうしたイメージに合わないノンバイナリーやジェンダークィアの人々が疎外感を持ったり、自分を不完全だと思ったりすることになりかねません。

　最近、家族の友人に、ノンバイナリーの人はすべて出生時に女性の性を割り当てられたのかと聞かれました。私は「もちろん違いますよ！」と力説しましたが、その人は一体どこでそんな印象を得たのかと不思議に思いました。彼女が出会ったノンバイナリーの人々は、みなAFABだったのでしょう。それに、ノンバイナリーやジェンダークィアを第一のアイデンティティとして公言している人の少なくとも半数以上がAFABだという統計も実際にあるのです。さらには、2015年のアメリカ合衆国トランスジェンダー調査によれば、ノンバイナリーの回答者の80％が出生時に女性として、20％が男性として性別を割り当てられたと答えています。

　ここでもまたジェンダークィアの人口統計が不足しているため、経験から推測するしかありませんが、出生時に女性の性を割り当てられた人がノンバイナリーになる可能性がただ単に高いだけなのでしょうか？　もしそうだとしても、**なぜなのか**、疑問が残ります。ノンバイナリーの人は、TERFの人たちが言うように、自分やほかの女性を憎むがあまり、女性と呼ばれることに耐えられないのでしょうか？　そんな主張はばかげているし侮辱的なだけです。だって、AMABのノンバイナリーの人も**存在するという**事実が確かにあるのですから。ただ単にAMABよりAFABのノンバイナリーの人数が多いというよりは、そのような印象を与える社会的ダイナミクスがいくつもある可能性の方がずっと高いのではないかと私は思います。

　問題の一部として、トランス女性が「高貴な男性」というカテゴリーを捨てると罰せられたり、女子より男子の方が「反対の」ジェンダーの振る舞いをするとひどく叱られたりするような社会の仕組

みがあると思います。その社会のメカニズムが、男性として見られる人に境界線を越えてはならないというプレッシャーを与えているのかもしれません。このメカニズムによって、男性として見られる人が女性的な傾向を示すと——ひどく罰せられてその傾向を打ち消すよう強いられない場合は——即座に男性であることから除外され、トランス女性として区分されます。すると、バイナリーの枠外のアイデンティティを模索したり、ほかのアイデンティティや表現方法を試したりする機会すら与えられません。

このパターンは、歴史的に見て（少なくともここ1世紀の間には）女性が伝統的に男性的とされる服装をする方が（それでも女性として認識され続けますが）、逆の場合より社会にはるかに受け入れられやすいことと関係があるのかもしれません。それが現代にもたらした影響は、女性と見られる人に、概してより多くの実験の余地が与えられていること、それからシスジェンダー女性の内集団と、追放されたトランス（グレッシブ）[*2]の外集団との間には、それほど厳格な隔たりがないということです。

セクシュアリティについても同じようなダブル・スタンダードが見られます。男性と関係を持った男性は、いかに多くの女性のパートナーがいたとしても、**ゲイ**として見られますが、多くの女性と関係を持ちながら少数の男性とも関係を持つ女性は、**ストレート**であって、女性との恋愛は「実験」でしかないと片づけられてしまうのです。このようにジェンダー・カテゴリーによって扱われ方が異なりますが、どちらも同じ厳格な社会構造によって強制されているのです。

私がインタビューした何人かの人もAMABでしたが、出生時の性別の質問は避けたので正確な数はわかりません。少なくともその

＊2　トランスと、トランスグレッシブ（罪深い）をかけている。

うち一人は、GIC（ジェンダー・アイデンティティ・クリニック）の診療時に、治療が受けられるように、自分をバイナリーなトランス女性に見せたと述べています。次の二つの章でも述べますが、よく見られるのは、特に男性の性を出生時に割り当てられたトランスの人が、性別適合治療を受ける資格を得るためには、自認する（男女のどちらかのはずだと暗黙に想定されている）ジェンダーとしてフルタイムで生活することに十分に「コミット」できると、専門医を説得しなくてはならないことです。医療的移行を望むAMABの人が、日常生活の中でジェンダークィアであると公表するのがいかに困難であるかが容易に想像できます。

　さらに、出生時に割り当てられる性別や人種や階級についても、ある程度の自己規制が行われていると思います。このセクションの冒頭で、ノンバイナリーのコミュニティは思ったより多様だと述べました。たとえば非常に優秀なキャリアを持つ女性のお手本があれば、若い女子のモチベーションが上がるという研究結果がありますが、内心ではノンバイナリーであると自認していても、自分がポピュラーなノンバイナリーのイメージに合っていないと思えば、公にノンバイナリーであることを公表しないかもしれません。ノンバイナリーの人はファッショナブルでお金持ちだというイメージとは反対に、貧しい経験をしたジェンダークィアの人を私はたくさん知っています。また、先住民、ヒスパニック系、黒人、東アジアの人の中にも多くのノンバイナリー、ジェンダークィア、ジェンダーフルイドの人がいますし、身体に障害のある人もいます。また、西洋以外の文化の方がバイナリーの枠外のジェンダーを受け入れないというわけでもありません。むしろ、ジェンダーの概念は様々な文化によって異なっているのです。本書で取り上げているノンバイナリー・ジェンダーの概念と、ほとんどの英語圏のノンバイナリー・コミュニティの基準は、（たとえそれに反発しても）西洋の性とジェ

ンダーのモデルが基盤となっています。

　理由が何であれ、バイナリー以外のジェンダーを自認している人々は、世間で思われているよりもずっと多くいるようです。私たちの中で最も注目されるのは、ノンバイナリーの語彙が定義される場所、つまり、主に英語圏の中流階級で、大学教育が受けられる場で活動している人たちです。どのような要因が、こうした不均衡をもたらしているのかはわかりませんが、今後数年の間に、ジェンダークィアという考え方がより主流になって、私たちのコミュニティの構成に目に見えるような変化が起きるかどうか、大変興味深いところです。あらゆる背景を持つジェンダークィアやノンバイナリーの人々がアクセスできる多様な情報が増えることを願っています。

エクササイズと話し合いのポイント

　この章で述べたアイデンティティとコミュニティの概念は、ほとんどの人が日常、デフォルトとしてや本能的にかかわっているものですが、それを必ずしも意識していないかもしれません。次に挙げる質問の中にはセンシティブなものもあるかもしれません。ほかの人たちと一緒に回答するのであれば、グループディスカッションではなく、一人ひとりが頭の中で考えてみるだけでもいいのです。

1. あなたという人間を形成しているアイデンティティとコミュニティについて考えましょう。それは、文化ですか？　国や地域やセクシュアリティや宗教ですか？　あなたの興味や、あなたが選んだレジャー活動に関するものですか？　あなたはどのコミュニティで最も活発に活動していますか？　あなたにとって一番強いアイデンティティはどのラベルでしょう？

2. あなたが最も強く一体感を持つコミュニティやラベルは、あな

たの世界観をどのように形成してきましたか？　もしあなたの
アイデンティティの一部分が異なっていたら、あなたは、どん
な人になっていたと思いますか？

3. あなたの複数のアイデンティティは、どのように交差しお互い
に影響し合っていると思いますか？　たとえば、あなたの人種
と国のアイデンティティは、どのように作用し合ってあなたを
作っているでしょうか？　あなたのジェンダーはあなたの宗教
とどう関係していますか？

4. それらのコミュニティに、どのようにして参加するようになり
ましたか？　生まれたときからそこにいましたか？　自発的に
参加しましたか？　家族や近所の住人としての義務でしたか？

5. 二つのアイデンティティが交差することで衝突が起きることが
あります。一つのコミュニティから出たり、出ることを強制さ
れたりしたことは、これまでにありましたか？　もしあなたが
ジェンダークィアやトランスやノンバイナリーなら、あなたの
ジェンダー・アイデンティティのせいで、文化や宗教のコミュ
ニティから除外されたことはありませんか？　そのコミュニテ
ィと和解したり、再加入をしたりすることができましたか？
それとも、一つのアイデンティティをほかのアイデンティティ
より優先しなくてはなりませんでしたか？　それはなぜでした
か？

第 5 章

社会の中で

はじめに

多くの意味で、ノンバイナリーやジェンダークィアの人は社会という布のかぎ裂きのようなものです。ジェンダーは生活のほとんどすべての面に影響を及ぼす、縦横無尽に広がる糸なのです。布のどこか一か所の糸を引っ張ると、布全体が台無しになってしまいます。ジェンダークィアやノンバイナリーとして生きることは、その人生に無数の小さな影響を与えます。ジェンダー・アイデンティティ、文化、人種、階級、セクシュアリティといった裂け目が交差することで、バリエーションを無限にしているのです。

ノンバイナリー・コミュニティの多様性は、一冊の本の章では語りきれないほど大きなものですが、この章では、広く、シスジェンダーが主流の社会で、ノンバイナリーやジェンダークィアとして生きることについて少しだけお話ししましょう。カミングアウトしてオープンに生きるために必要なこと、家族や恋愛や仕事といった生活を彩る、複雑な社会関係を切り抜けるときに直面する障害などについて説明していきましょう。

カミングアウト、移行、シスジェンダーの世界でジェンダークィアとして生きること

トランスにとってのカミングアウトとは、自分がトランスジェンダーであることを人に知らせることを意味します。それには、周囲が私たちをノンバイナリーとして認めてくれるか、自分は周囲に知られるのが不安ではないか、といったことがかかわってきます。自分がジェンダークィアであると告げたり、使ってほしい代名詞を伝えたりする直接的なカミングアウトの方法と、たとえばジェンダーをミックスした服装やジェンダー不明の服装をするような、受動的

なカミングアウトがあります。また、他者から認識されるジェンダーを医療によって変える方法もあります。

　ジェンダークィアとしてオープンに生きるのは、社会の体制に反抗的な行為で、一度にすべてを実現できるわけではありません。「カミングアウト」についても、家族には伝えず友だちだけに伝えるとか、友だちと家族には伝えても職場には伝えないというように様々です。私は最近、知り合って30分以上経過した人にはすべてカミングアウトするようになりました（そして私と会う誰もが、ノンバイナリーについての私の終わりのない話を聞かされることになります）。でも以前は、その時々で告げる仲間が異なったり、家族にカミングアウトする前に友だちと大学教授に告げたことさえありました。両親については、母よりも父に先にカミングアウトしました。

　家族にカミングアウトするのは、そして特に年配の親族に世代の垣根を越えて理解してもらうのは困難かもしれません。トランスの人は家庭内暴力を受けたり、家族から拒絶されたり、ホームレスになるリスクが高いのです(註73)。家族や親戚は何があっても自分を支えてくれると教えられてきました。家族との絆が何よりも大切だという人もたくさんいます。その絆を試すような試練が起きたときに、〔家族の〕潜在的な偏見が露呈したり、家族の支えがなくなったりしたら、壊滅的なダメージを受けるかもしれません。ほとんどのトランスやジェンダークィアの人には、まだ独立するだけの経済力がありません。自分を受け入れてくれない家族や本当の自分を知らない人たちに囲まれて毎日暮らすのは、そして特に、自分のアイデンティティをオープンにして暴力や虐待やホームレスになることを恐れながら過ごすのは、耐え難いとまではいかなくてもストレスになります。

　カミングアウトによって虐待を受けないとしても、家族や親戚の好奇心に満ちた無知が表面化することがよくあります。本書のためにインタビューしたノンバイナリー、ジェンダークィア、ジェン

ダーフルイドの人たちの中には、使ってほしい代名詞を家族が「都合よく忘れる」ので、何度も繰り返してカミングアウトしなくてはならなかったという人々が多くいました。これは、一般社会がジェンダークィアの存在を正当化しようとしないこと、それどころかその存在さえも認めようともしないことに起因しています。また、トランスジェンダーの子どもの親が、子どもというものは変わるはずがないし、親の考えによって定義されるものだと思い込むことにも関係しています。

　私は、ある晩の出来事を今でも鮮明に覚えています。母と一緒にロサンゼルスからオレンジカウンティへ向かう車の中で、はじめて母にはっきりとノンバイナリーであることを告げました。そのときを選んだのは、多分、母と二人だけで車に閉じこめられていて逃げられない状況だったからかもしれません。さっさと終わらせてしまいたかったからかもしれません。「お前はママの娘なのに」と言って母は泣きました。きっと私も泣いていたと思います。でも驚いたことに、声に出してしまってからは、気が楽になりました。でも、母は私が恐れていたことを言いました。私が生まれたときに割り当てられた性別は、私という人間と切っても切れない関係があるはずだと。母がそう言った後は、二人で分析し、話し合うことができて、一緒に乗り越えることができました。

　なぜ、母の子どもだというだけではいけないのかと、私は尋ねました。私という人間にとってジェンダーはもはや退化していて捨て去りたいものなのに、なぜ母にとって私のジェンダーが重要なのかと。そして安心したことには（もちろん母にとっては驚いたことに）、私たちはジェンダーが本当は重要ではないということに気づいたのです。母は、母が私をどう考えるかよりも、私が健全でいることの方がより重要だと決めてくれたのです。私が自分のことをどんなふうに考えていたとしても、母の子どもであることには変わりがない

と母は言ってくれました。そして両親が無意識に私に植えつけてきた一連の社会的な規範を、私が信じたり支持したりするかどうかは、私という人間の全体像にとって何ら重要ではないと、理解してくれたのです。

　子どもの実際の姿が親の描いた理想通りではない場合、親のエゴが大きな圧力となることがあります。すると、それがすぐに親とトランスの子どもとの間の確執になってしまいます。両親が冷静になって、私の自主性を優先してくれたことは幸運でした。でも、そうではない仲間がたくさんいることに胸が痛みます。2017年のストーンウォール・トランス・レポート[註74]によれば、ノンバイナリーの回答者の24％が、家族の誰にもジェンダー・アイデンティティを伝えていないと答えています（バイナリーなトランスの人では7人中1人の割合です）。どうしてそんなことになるのか、なぜ親はジェンダークィアの子どものカミングアウトを拒絶し、子どものアイデンティティを否定し無視するのでしょうか。それについて私にはいくつかの推論があります。

　家族にアイデンティティを否定されたノンバイナリーの人は、危うい綱渡りをすることになります。出生時に割り当てられた性別に沿ったジェンダー表現はすべて、自分をそのように認識してもよいという暗黙の了解と受け取られます。それは自分を男性か女性かのジェンダーに当てはめて、自分が拒否する出生時の名称で呼ばれることに甘んじることとなるのです。反対に、自分の本当の姿を表現すれば、身体的や感情的な暴力を受けるという犠牲が伴います。

　ここでの変数は、非常におおざっぱに言えば、慣れ親しんだ男か女かのバイナリーの一つのオプションからもう一つのオプションへ変わることと、バイナリーなジェンダーからノンバイナリーという家族が経験したことのない──それもいつも同じとは限らない様々な──ジェンダーへ変わることとの違いです。ジェンダークィアの

人を受け入れる家族にとっては、さらなる精神的な適応が必要になってくるのです。

この本の取材で話を聞いたすべての人が、誰に対してでも「カミングアウト」していたわけではありません。

カミングアウトのプロセスは、以前は社会からの追放や身体的な暴力を受ける危険と強く結びついていましたが、今ではずっと容易になりましたし、以前ほどあからさまなものではなくなりました。

カミングアウトは自分や過去や、ある程度自分の人生についての宣言であると同時に、政治的な発言でもあります。

トランスの人の多くにとって、カミングアウトやパッシング〔自認するジェンダーとして社会で通用すること〕や移行には、常にギヴアンドテイクが伴います。私たちのアイデンティティはまだ社会でよく知られていないため、ジェンダークィアであることをオープンにしてそのアイデンティティを尊重してもらうためには、かなりの説明が求められます。ジェンダークィアだと宣言すればそれで終わりではないのです。シスジェンダーの友人や家族や職場の同僚から説明を求められるでしょう。また、人口統計票に記入するときにあえて自分のジェンダーを明確にするのか、トランスジェンダーのコミュニティで自分の存在を正当化するか、といった決断も求められます。

外見、つまりジェンダー表現がある程度の説明になることもあります。希望する代名詞を書いたバッジをつけたり、Facebookやツイッターや、メールの署名欄に希望する代名詞を記したりするのも役立ちますが、それでもまだ、カミングアウトにあたってはたくさんの作業が求められます。そしてさらに重要なのは、ジェンダークィア**であり続ける**ことです。ノンバイナリーとしてカミングアウトした人は、一度カミングアウトしただけでは、自分の正しいジェンダーとして生き始めることはできません。なぜなら、ノンバイナリーのジェンダーには「パッシング」というものがないからです。

ジェンダークィアの人は、常に自分の存在を説明し、正当化し続けなくてはなりません。新しい人に会ったり、新しい環境に入ったり、アイデンティティを尋ねられたりしたときには、何度も「カミングアウト」を繰り返さなくてはならないのです。

パッシング　passing

　トランスの人がカミングアウトを決意して、自分のジェンダー・アイデンティティに従ってオープンに生きようとすることには、世間からの嘲笑から身体的な暴力まで、あらゆるリスクが伴います。たとえば、ジェンダー・マイノリティやセクシュアル・マイノリティに敵対的な文化や地域に住んでいるトランスの人にとっての唯一の選択肢は、シスジェンダーとしてパスすること、もしくはパスしようと努力することです。私は幸運にもジェンダー・アイデンティティをオープンにして安全に生活できていますが、それが多くの人には当てはまらないことをできるだけ忘れないようにしています。「パス」しないトランスの人々、つまり、割り当てられた性別の規範に沿ったジェンダー表現をしない人々にとって、危険はさらに大きくなります。自分がトランスであることを誰が知っているかがわからないからです。

　「パッシング」という概念自体が、トランスのコミュニティで議論の対象となっています。この概念は、自分がマイノリティ・グループの一員であることを隠すことができるかできないかにかかわっており、それを多くの人が問題視しているのです。非常に多くのトランスの人——バイナリーな人もそうでない人も——が「パッシング」は抑圧的なマジョリティから要求され強制された、欠陥のある目標だと考えています。規範的で達成不可能な理想に合わせようとするのではなくて、ジェンダー規範に近づくよう圧力をかけてく

る制度そのものに挑戦すべきだというのがトランスの人々の主張です。「すぐ見つかるようなところに隠れなければならない」という抑圧がある限り、私たちへの迫害は終わらないというのです。

　一方、シスジェンダーとしてパッシングすることが**オプションでない**人もたくさんいます。身体が思ったようにホルモン治療に反応しない人や、健康上の理由で移行手術ができない人は別として、パッシングという可能性をまったく考えずに、自認するジェンダー表現ができるノンバイナリーやジェンダークィアの人々も多くいます。多くのノンバイナリー、ジェンダークィア、ジェンダーフルイドの人々にとって、アイデンティティとジェンダー表現には密接な関係があります。私たちは自分のジェンダークィアの状態を、体や髪型や化粧や服装や振る舞いによって表します。そこには「パッシング」という考えがありません。私たちが目指すべき理想的な外見や、一般的に受け入れられているノンバイナリーの人の外見や行動の理想というものが存在しないからです。ノンバイナリーやジェンダークィアにとって、ジェンダーを明らかにすることは、ノンコンフォーミングやオルタナティブやノンノーマティブとして見られることなのです。ノンバイナリーとしてジェンダー表現するために、私たちはいわば、自分自身の道を切り開き、トランスフォビアによる嫌がらせやジェンダー違和、さらにはアイデンティティの否定などと、常に闘っていかなければなりません。

　一方、ノンバイナリーな人の中には、周囲の人々にはノンバイナリーであることを公表していても、バイナリーなジェンダーとして日常生活を送っている人も多くいます。自分の中にノンバイナリーのアイデンティティを核として保ちながら、バイナリーとして生活しているのです。トランスだと思われると危険な環境にいることが理由の場合もありますが、ジェンダー表現や、他者からどんなジェンダーに見られるかということが自分にとって重要でないと考えて

いる場合もあります。実際は流動的なジェンダーフルイドを自認していても、常にシスジェンダーの外見とジェンダー表現を保っている人もいます。すべての知人にカミングアウトしているわけではない人にとっては、これが一番安全な選択肢かもしれません。ジェンダーフルイドの人にとっての「パッシング」とは、どんなときにもどんなときのジェンダーとして見られるということです。

　しかし、長い目で見れば、このように順応することから得られるものは少ないと私は思います。というのは、規範的な理想像を真似ようとすることは、その理想像を暗黙のうちに受け入れることになるからです。私は、男性や女性であることの定義は拡大できると思うし、拡大すべきだと考えます。すべてを包摂することが、バイナリーなトランスとシスジェンダーが平等な社会を作る唯一の方法なのです。同時に、男女の定義には柔軟性があり、世界中のすべての人がその定義に収まらなくても、バイナリーな制度は成り立つでしょう。しかし多くのトランスの人にとっての選択肢は「パッシング」できるか、「パッシング」を試みるかしかありません。そんな選択へのプレッシャーがなくなる日が来ることを願っています。

デート、恋愛、セックス

　　　　シスジェンダーの人たちと直接会って話をしていると、結局かれらは、シスジェンダーでない人や、ジェンダーや外見が変化する人と付き合えるかどうか、戸惑っていることがわかります。私はシスジェンダーのゲイの女性と何度かデートをしたことがありましたが、私のジェンダーが流動的であることと、男性的な自己表現は、彼女がずばり求めていたものではないと気づきました。ノンバイナリーなトランスとしての、トランスマスキュリン〔トランス男性的〕な自己表現によって、自分に興味

を持ってくれる人が限られてしまうと感じています。そして私自身は、私とは興味が違う、ノンバイナリーの人や、男性や、トランス男性に惹かれることが多いのです。（XX2へのインタビュー）

　恋愛、セックス、デートといったものは私たちの文化において大きな部分を占めています。デートにまつわる期待は、文化的な規範や慣習的な行動や憶測に基づいていますが、それらは主にヘテロセクシュアルでバイナリーなジェンダーの大多数を基盤としているものなのです。ジェンダークィアであることは、多くの点でデートを台無しにするといえるかもしれません。恋愛には次のような基本的な前提がいくつもありますが、私たちの存在そのものがそれらを妨げ壊してしまうのです。

　＊反対の性に惹かれるという思い込み。あるいは反対の性というもの自体が**存在するという**前提
　＊性とジェンダーが同じだという思い込み。外見によってその人の生殖器がどんなものかがわかるという前提
　＊人はセックスに興味があるし、一定の期間、付き合えば、当然興味を持つようになるという思い込み。セックスが理想的な最終ゴールや恋愛の成果だという前提
　＊一夫一婦主義という前提
　＊いくつかの表面的な特徴によって誰かと「マッチング」することが、有意義な性的・恋愛的な関係を築く基礎となるという前提

　ノンバイナリーのコミュニティからさえもよく耳にするのは、ジェンダークィアやノンバイナリーの人は「デートの対象にならない」ということです。つまり、私たちのジェンダー・アイデンティティが、そして何より周囲に私たちのアイデンティティがどう受け

止められているかによって、私たちが慣習的な求愛行動から疎外されているということです。実際、デートや恋愛というものは通常、はっきりと男女二元論で語られることが多く、あるいは男性だけ、または女性だけに惹かれるという文脈になっていて、そこには柔軟性も中間のグレイゾーンもありません。デート、セックス、結婚を取り巻く文化の基準全体が、恋愛相手は反対の性か同じ性であるという点で、二極化されたジェンダーに基づいているのです。自分にぴったりの「アザーハーフ〔自分の半分を成すつれあい〕」を見つけるという恋愛の理想形も、悲惨なほどバイナリーなのです。

　しかしセクシュアリティや恋愛は、世間が想像するよりずっと複雑です。「ボーイミーツガール〔少年と少女が出会って恋に落ちる〕」という比喩に反して、誰もが常にはっきりしたジェンダーの境界線に沿って人に惹かれるわけではないのです。しかし、それによって恋愛相手を見つけるのが難しくなります。ノンバイナリーの人にとって、男性でも女性でもない、あるいは両方であるかもしれないし、どちらでもないかもしれない、あるいは日によってジェンダーが違うかもしれない人と付き合うことを受け入れてくれる人を見つけるには、もう少し努力が必要です。残念ながら、一般的なマッチングアプリやブラインドデートやスピードデートなどは、ユーザーを大まかに個別のカテゴリーに分類して、その人の希望や相手との適合性に従って、別のカテゴリーの人とマッチングするものですから、平均的なノンバイナリーの人には役立ちません。ジェンダー・アイデンティティを本人が書き入れる選択肢についても、OkCupid[註75]などを除くほとんどのアプリは、非常に限定的です。ノンバイナリーであると交際の「選択肢」が限られると思うかという質問に、SGさんはこう答えています。「そう思います。通常のジェンダーやアイデンティティのカテゴリーの枠外だと、自分に興味を持ってくれそうな人でも、先入観によって自分を候補として考えてくれなく

なるのです」

　さらに、トランス・コミュニティ内でも、「移行の最中の交際」にはある一定の危険が伴うという共通した考えがあります。交際では外側に表れる内面の特徴や好みが重視されるからです。つまり、ジェンダー・アイデンティティやジェンダー表現が、生殖器と「一致」していないと問題が起き得るわけです。相手の期待や、あなたのジェンダー表現のシグナルを相手がどう受け止めていたかということと、相手が期待していた下着の中身とが一致しない場合です。期待と現実のミスマッチは、有害で悲しいほど蔓延した「人を欺く」トランス女性というステレオタイプの根拠となります。疑いもしない男性をベッドへと「誘惑」してから、「なんと、彼女にはペニスがあるではないか！」という恐るべきショックを与えるのだというのです。このステレオタイプや、トランスの人は自分の一面を交際するかもしれない相手から隠しているという考えが有害なのは、トランスの人には出生時に割り当てられた性をコントロールできないからです。私たちトランスが、デートの前に、生殖器の様子を開示させられるという考えは、侵略的で屈辱的ですらありますが、実際に、トランスの交際「問題」の「解決策」として提案されてきたのです。私たちがウソをついているだけでなく、悪辣な目的のために意図的に自分を偽るという考えは、トランスを邪悪で異常で、「その他」の存在でしかない、という受け止め方を助長するものです。

　ノンバイナリーの人がどれだけ自分のアイデンティティを世間に公表しているかということと、潜在的な出会いの数とは、ある意味で反比例するようです。私が話を聞いたジェンダークィアとノンバイナリーの人の多くは、カジュアルな交際をしたりデートアプリを使ったりしないため、パートナー候補を探すのはいろいろな意味で骨の折れる作業だといいます。JRFさんは、「みんなただ欲求を満たしたいだけさ」と言います。デートアプリや出会い系サイトを使

っているかと尋ねるとTPさんは「まず使いません。自分はデミセクシュアル〔親密になった人にしか恋愛感情や性的欲求を持たない〕なので、第一印象で『好きになる』というわけにはいきませんから。でもTinderというマッチングアプリは使ったことがあります。たいてい、近くにいるクィアの友だちを探すために使っています。だからプロフィールには、友だちと出会いたいから、と目的を真っ先にはっきり書くようにしています」と話してくれました。

ノンバイナリーの人で、特にジェンダー表現が非常に曖昧だったり、変化したりする場合は、人間関係で、自分の立ち位置を知ることが難しいかもしれません。私の場合、日常のジェンダー表現がとても曖昧なため、シスジェンダーでゲイの男性からも、ストレートの男性からもデートに誘われたことがあります。私はまったく男性に惹かれないというわけではありませんが、相手が私の性格や外見のどこを気に入ったのかがわかりづらくて、困りました。相手に気があると思わせるような行動を私がとったのでしょうか？　デートをしたら相手は私にどんなことを期待するのでしょうか？　そしてそれは私のジェンダー・アイデンティティにとって何を意味するのでしょう？

ノンバイナリーと明かして交際することには、お互いに率直さと信頼感が求められ、とても緊張するプロセスです。インタビューの回答者は、それぞれが違った方法で乗り越えているようでした。EB2さんは、オープン・リレーションシップ〔互いを独占しない恋愛関係〕の相手にはジェンダー・アイデンティティを伝えてありますが、カジュアルな交際の相手には自分がジェンダーフルイドであることを公表しないといいます。交際がどの程度進んでから、あるいは新しい交際相手の場合、どの時点でジェンダー・アイデンティティを伝えているのかを、EB2さんに尋ねたところ、「まだそういう状況にはなっていないし、認めることも話題にするのも怖い」という答えでした。

一方、XX2さんはジェンダー・アイデンティティを隠そうとは
しないといいます。「(カミングアウトしてからは、) オンラインでも実
際にデートをするときでも、ジェンダー・アイデンティティを前も
って伝えます。宙ぶらりんにしたくないし、後になって自分のアイ
デンティティを知ったパートナー候補にネガティブな反応をされる
のが嫌ですから。私のアイデンティティのせいで人に興味を持って
もらえないなら、それだけのことですよ (それが引き起こす結果の方
がつらいですから)」。TPさんも最初にアイデンティティを明かすと
言っています。「私の名前を知った瞬間に私の代名詞を知ってもら
うようにしています。ソーシャルメディアのプロフィールにもすべ
てはっきりと、ジェンダー・アイデンティティを記してありますし、
できるだけわかりやすくしているのです」と。KRさんはこうきっ
ぱり述べています。「あなたの代名詞を尊重しない人は、あなたを
大切にしない人だし、あなたの人生にかかわる権利のない人です」
　交際体験は、その人の機動性と住む環境によって大きく違ってい
ます。活発なトランスのコミュニティが存在しない地域もあります。
ジェンダークィアやジェンダークィアの人と付き合ってもいいと思
う人と出会えないと、ひどく孤立するかもしれません。EB2さんは
さらにこう言います。「私の住んでいるような町で、どんな恋愛関
係でも続けたければ、〔ジェンダー・アイデンティティを〕隠さなくて
はならないと思います。正直言ってまったくほかに選択肢はありま
せんから」

セックスと魅力

　ノンバイナリーというジェンダー・アイデンティティを持つ人は、
人に対する魅力の感じ方が微妙なことや、アイデンティティによっ
て相手の期待を裏切ることも、よく知っています。TPさんは性的

に惹かれることについて、「私は主に女っぽいシスジェンダーの女性に魅力を感じます。男性にも惹かれるけれど、性的な関係を持つことがためらわれます。それは、私のジェンダー・アイデンティティと、男性と性行為をするときは女性らしく振る舞わなければならないということに関係していると思います。自分らしくないし居心地が悪くなるのです」と話してくれました。

男女の枠外のアイデンティティによって、慣習的な男女の性的役割が混乱することがあります。一度目のデートで、性的な好みについて詳しく話し合うことはありませんし、そういった微妙なことをうまく話す語彙も持っていないでしょう。するとシスジェンダーとデートをするジェンダークィアの人は、相手がどんな反応を示すか、実際にセックスをするときになるまでわからないのです。

セックスとは、誰にとっても奇妙で厄介で恥ずかしいものになることがありますが、自分の体との折り合いがぎくしゃくしている人にとっては、より困難なものです。ノンバイナリーとジェンダークィアの多くの人にはジェンダー違和がありますが、これは体と自認するジェンダーが一致しない不快感です。これについては第6章と7章で詳しく説明しますが、ここでは、ジェンダー違和を感じる人は、自分の体、特に生殖器と第二次性徴を強く意識し、大きな不快感を持つということだけ知っておけば役立つと思います。セックスは身体的な行為なので、セックスの仕方や、ノンバイナリーの人の体にパートナーがどのように接するかが、相手との関係に大きな影響を与えます。

TPさんは、交際のはじめの頃から、自分の体についてパートナーが使う言葉の基本的なルールを決めておくことがとても重要だといいます。「お互いの体について話したり説明したりするような関係になってきたら、あるいは性的なテキストメッセージを交わすようになったら、私の体についてどんなときにどんな言葉を使うの

か、性行為中やテキストメッセージで私の体のどの部分については話してほしくないか、あるいは話してほしいのか、私の体のある部分についてどんな言葉を使ってくれれば心地よいか、といったことについて話し合うことが大変重要です」

　本書のための調査で話を聞いた人の何人かは、性的な関係でも恋愛関係でも、たとえどんな関係であっても、ほかのトランスやノンバイナリーの人との関係の方がずっと安心できると言っています。ジェンダー違和を感じないノンバイナリーの人であっても、共通の体験を持っているという基本的な事実によって、恋愛関係が安全に感じられるし、より親密になれるといいます。もしジェンダークィアの人がほかのジェンダークィアの人とだけセックスをしようというのなら、それは、基本的に自分と同じ体験をした人で、自分の体との関係をより理解できる人だけを選ぶということなのです。アイデンティティとセックスライフの関係についてXX2さんはこう言っています。「とても前向きですよ。実際にセックスをしてみるまでわからなかったけど、トランスジェンダーとしては、ほかのトランスの人と一緒にいたりセックスをしたりする方がいいと思います」

ノンバイナリー・コミュニティの中での
セクシュアル・アイデンティティ

　今日の、セックスに重きが置かれる性的カルチャーでは、すぐにバイナリーな結論を出そうとします。そんな中でノンバイナリーの存在は、「男性」か「女性」か、「ゲイ」か「ストレート」かといった厳密なカテゴリーの在り方に疑問を投げかけ、そうした議論を引き起こすこともあります。デートや恋愛におけるジェンダーや性の形については先入観がありますが、私が話を聞いたノンバイナリーの人の多くは、こうした先入観がほとんど捨て去られた環境がデー

トに最も快適だといいます。つまり、デートや恋愛のカルチャーが破壊された、**クィアな**環境が一番安心できるのです。

　STAのノンバイナリー体験の調査に参加したおよそ900人の回答者のうち、53％がセクシュアリティを「クィア」と答えています。その後は、32％が「パンセクシュアル」、28％が「バイセクシュアル」と僅差で続いています。回答者の中にはアセクシュアルと答えた人も19％と、かなりいました。20％の人がレズビアンかゲイだと答えましたが、ヘテロセクシュアルだと答えたのはわずか5％でした。私のインタビューした人の中にも、「バイナリー」なセクシュアリティだという人は一人しかおらず、自分は「ホモセクシュアルで男性器に惹かれますが、より女性らしさのある人に魅力を感じる」と言っています。SGさんはセクシュアリティがとても微妙だといいます。「たいていの場合、私はクィアで、生まれつきポリセクシュアル／ポリロマンティックで[*1]（註76）（でも感情的に惹かれるとても大事な相手への愛情と、ほかの人への気持ちとは関係ありません）、そしてアセクシュアルのスペクトラムでもあると伝えています。特に魅力を感じ好ましいと思うのは、私がジェンダー・ノンコンフォーミングだと思う特性を持つ人です」

バイセクシュアルとパンセクシュアル

　私のインタビュー回答者のうちの7人は、バイセクシュアルかパンセクシュアルと自認していると言っています。このセクシュアリティは、複数あるいはすべてのジェンダーの人に惹かれるということです。「バイセクシュアル」という言葉をめぐっては、これまでかなり議論が戦わされてきました。「バイセクシュアル」と「パンセクシュアル」を区別すべきか、それとも機能的には同じ意味なの

＊1　ポリセクシュアル／ポリロマンティック：複数の性やジェンダーに性的／恋愛感情を持つが、それはすべての性やジェンダーに対してではない。

か、という議論です。パンセクシュアルと自認する人の中には、バイセクシュアルは**男性**と**女性**にしか惹かれないので、本質的にトランスとノンバイナリーを嫌っているのだと言う人がいます。そして、自分はパンセクシュアルではなくて**バイセクシュアル**だと言うことは、つまりジェンダーが二つ以上あることを否定しているか、あるいは少なくとも、自分は二つのジェンダーにだけしか**惹かれない**と言っているのではないか、というのがその主張なのです。でも私が出会ったバイセクシュアルの人で、男性と女性だけにしか惹かれないことが自分のアイデンティティだと考える人はいませんでした。私が話したバイセクシュアルの大多数は、バイセクシュアルであることが、ジェンダークィアの人との関係を否定するわけではないと、明言しています。そして今までは経験がなくても、トランスジェンダーやノンバイナリーの人と交際してもよいと思っています。そもそも、性的な魅力を感じることを測ったり、図式化したりすることなど、できるのでしょうか？　人口統計に対する割合は計測できるものなのでしょうか？　セクシュアリティは漠然としたとても個人的なものですから、セクシュアル・アイデンティティの正確な定義は、一人ひとりがそれをどう経験するかによって違うのです。

　これは、意味論や命名法の問題とも考えられます。アイデンティティを模索し始めた場所がノンバイナリーやジェンダークィアのコミュニティだったから、そういう自認をするようになった人がいるように、自分はバイセクシュアルだと言っている人でも、それが自分が参加したコミュニティで使われている言葉だから──パンセクシュアルではなくて──単にバイセクシュアルと言うようになったという場合がよくあるのです。様々な時期に作られた言葉は、それぞれ意味合いも異なります。自分はバイセクシュアルだと言う人で、バイナリーなシスジェンダーの女性か男性としか付き合いたくないという人もどこかにいるかもしれませんが、私はそういう人に会っ

たことがありません。私の経験から言えるのは、そもそも自分のセクシュアリティを表明するときに、ほんの一部のジェンダー表現にしか魅力を感じないのなら、具体的にそう述べるはずだということです。ただ自分はバイセクシュアルなんだと言って、自分の意味しているジェンダーが**何なのか**、他者に正確に推測してもらおうとは思わないはずです。

ポリアモリー

　トランスジェンダーのコミュニティに広く見られるもう一つのパターンは、ポリアモリーです。これは、2人以上と恋愛関係にある人や、一度に複数の相手に惹かれて関係を持つことができる人を指します。MGさんはこう言います。「私はパンセクシュアルでポリアモリーです。すぐ人に恋愛感情を抱きますが、すぐに疲れてしまうのです」「私には今、4人のパートナーがいます。AMAB（出生時の男性）とAFAB（出生時の女性）が2人ずつです。これからパートナーになりそうな人もいて、その人はAFABです」。ここでも注意すべきなのは、ポリアモリーが、不特定多数との乱交ではないということです。ポリアモリーの人の多くは、同じグループの人たちと合意の上で、安定した信頼関係を長く続けています。

　ポリアモリーの人がジェンダークィアの人に魅力を感じるかどうかに特定した研究もありません。**どんな**コミュニティも、そのような研究はしていないと思います。でも、私はポリアモリーの関係を築いているジェンダークィアの人を何人か知っています。そのうちの3人は私のインタビューの回答者でした。ポリアモリーとジェンダークィアの関係がよく見られる理由は、ノンバイナリーやジェンダークィアの人は、性的魅力以外に基づいた有意義な関係を築くことが実に多く、恋愛感情と美的な魅力と性的な魅力とを分けて考える傾向にあるからだと思います。

アセクシュアリティ

　私の回答者のうち6人（と私自身）は、自分をアセクシュアルや、それに関係のあるカテゴリーのデミセクシュアルやグレイアセクシュアルやアロマンティックであると述べています。アセクシュアル（エイス（ace）と省略されることがよくあります）の人は、他者に対して性的魅力を感じたり、性的な関係を求めたりしません。アロマンティックと自認する人は、セックスは求めても恋愛関係を築こうとしません。アセクシュアルは禁欲と同じではありません。アセクシュアルの人は、ただ性的に惹かれないのです。過去のトラウマが原因の場合もありますが、ほとんどのアセクシュアルの人はそうではありません。アセクシュアルとそれに関する一連のアイデンティティは、ゲイやストレートと同じように性的指向なのです。デミセクシュアルとグレイアセクシュアルのアイデンティティの人は、めったに性的魅力を感じなかったり、特定の状況でだけ——たとえば気持ちが非常に深く結びついてからだけ——相手に性的魅力を感じたりします。

　XX1さんは、アセクシュアルであることがジェンダー違和につながる場合もあると言います。「自分のジェンダー・アイデンティティと性生活とに関係があるかどうかわからないけど、私のセックス嫌悪が性器嫌悪と直結して起きることが多いから、多分関係があるのだと思います。私に性欲がないことがいいことなのか、悪いことなのか、誰に決められるというのでしょうか？」でも、ジェンダー違和を感じないアセクシュアルの人もたくさんいますし、トランスやノンバイナリーでさえないアセクシュアルの人もいます。アセクシュアルと自認するというのは、アセクシュアルであるということなのです。それ以外の結論は必要ありません。

　アセクシュアルやジェンダークィアのコミュニティに参加したことのある人なら誰でも、この二つにかなり類似性があるのに気づくでしょう。それは相互関係なのか、因果関係なのかと私はしばらく

の間考えていましたが、この二つのコミュニティはまだ非常に認知度が低いため、何らかの関係があるとしても、まだ何も研究されていないのです。ジェンダークィア・コミュニティにアセクシュアルの人が多く見られるようになった理由の一つに、ジェンダー違和があると思います。でも、理由としてもっと可能性があるのは、ジェンダークィアとノンバイナリーの人たちは、違いについてとても寛容で、ジェンダーがなくてもいいのなら、セックスをしなくてもいいじゃないか、といった考えにも偏見がないということでしょう。それに、このコミュニティの人たちは、ペアになって結婚して子どもを産むという、バイナリーな社会の規範的な期待に縛られていません。ジェンダークィアの人にアセクシュアルやアロマンティックが多いかどうかは別として、アセクシュアルやアロマンティックの人たちもノンバイナリー・コミュニティの人口構造の重要な一部なのです。

　ここで記すべきは、正反対に思えても、アセクシュアルと、バイセクシュアルやパンセクシュアルというアイデンティティは決して相容れないものでも、お互いに排他的でもないということです。多くの人が、たとえば、自分はデミセクシュアルであると同時にバイセクシュアルだと言います。バイセクシュアルとパンセクシュアルにつきまとう「誰とでも乱交」するというニュアンスは、まったくもって有害なステレオタイプです。バイセクシュアルの「バイ」もパンセクシュアルの「パン」も、**誰**に惹かれるかを表しています。**どれだけ**セックスをするか、ではありません。たとえば、どのジェンダーにも性的魅力を感じるけど、まず、よい友だちにならなくては、という人もいます。アセクシュアルの人は、どんなジェンダーの人にも恋愛関係を求めるかもしれません。

　「男の子」や「女の子」というニュアンスを越えたジェンダー・アイデンティティや、性とジェンダーを区別する言葉を学ぶ環境があれば、ロマンティック、エステティック〔美的〕、プラトニック

といった様々な魅力の感じ方を学ぶことができるでしょう。そして友情も恋愛も深い感情の結びつきになること、そしてセックスだけが「真剣な」関係の最終目標や正当化ではないことにも気づくでしょう。まず性とジェンダーを区別し、ノンバイナリーやトランスジェンダーのコミュニティに積極的に参加することから始めれば、自分自身の魅力の感じ方の糸をほぐして分析できるようになるでしょう。これはアイデンティティの様々な面の分解や分析が必然的にかかわってくる作業です。自分はどう惹かれるのか、それは身体的で性的なのか、感情的なのか、それとも知的なのか……こうしてノンバイナリーやトランスジェンダーであることによって、相手のどういった面に魅力を感じるのかを自分に正確に問えるようになります。すでに私たちはアイデンティティによって、恋愛行動に期待される慣習に参加できないことが多いので、様々な魅力の感じ方の要素やタイプを認識することが、——そしてそれらが、結婚やセックスを越えた意義と正当性を持つことを認識することが——自分を正当化し力づけることになるのです。

　ロマンティックな感情（人との親密感やつながりを感じたいという思い）、性的な魅力（誰かと性的関係を持ちたいという願望）、エステティックな魅力（外見のような表面的な特徴に惹かれる気持ち）、さらにはプラトニックな気持ち（友人同士の愛情）などによって、人との様々な関係を区別することができます。

　人が誰かに魅力を感じる基準には、こうした指標がいくつも、あるいはすべてがかかわっているかもしれません。様々な魅力の形態は相互作用し合い、影響し合っているのです。

　私がインタビューした多くの人が、ロマンティックや性的な魅力よりも、プラトニックやエステティックな魅力の方を、恋愛に関してはずっと強く感じると言っています。XX3さんは、「私はパンセクシュアルでもデミセクシュアルでもないと思います。結局のとこ

ろは、相手を感情的にどう思うかです。相手との強い絆を感じられ
れば、非常に惹かれます。ゲイだと気づいたのは、そういうことに
よってでした」と述べています。TPさんは性的な魅力とロマンテ
ィックな魅力の、複雑でときには困難な関係について話してくれま
した。「私はロマンティックな感情を持てない相手と性的なかかわ
りを持つことができません。そのため誰かと一夜を過ごしたり、気
軽なデートをしたりすることはまず不可能です。美しい人を見ると
性的に興奮しますが、その人との性交渉が実際に喜びをもたらすと
いうことではありません。短い期間しか知らない人や、ただ『かっ
こいい!』と思った人とかかわっても、性的な喜びはゼロだったこ
とも何度かあります」

　TPさんは、エステティック、ロマンティック、性的な魅力の相
互関係について話してくれました。「恋愛感情がいつ起きるか、ま
るで行き当たりばったりでわからないのです。突然忍び寄ってくる
のですが、なぜなのかまったく理解できません」。「私はすべての恋
愛相手の女性に、はじめはエステティックな魅力を感じませんでし
た。ロマンティックな感情が起き始めてから、性的な感情が続いて
起きるのです」。一方EB2さんは、魅力は愛情表現の後に続くもの
で、愛情表現が魅力を感じることの結果ではないといいます。そし
て「身体的な愛情表現(ハグ、手をつなぐ、軽いタッチ)と、恋愛感
情には、とても大きな重なりがある」と言っています。

　ジェンダーとセクシュアリティは、複雑に作用し合っています。
人のセクシュアリティ、あるいはセクシュアリティの概念化や明確
化に影響を与える社会的な要素は、LやGやBを第一のアイデンテ
ィティと自認していなくても、確実にLGBTのコミュニティに影
響を与えています。性とジェンダーが一致しないかもしれないと知
っている人だけが、ほかの面でも食い違いに気づくことが多いのか
もしれません。

私の経験からは、ノンバイナリーやジェンダークィアの人たちが自分を表現するときに、「クィア」という言葉を使うことが圧倒的に多く、最も包括的な方法でもあります。クィアという言葉とクィア理論との関係性は第1章で述べましたが、以前は中傷として使われていた言葉をLGBTコミュニティの人たちが取り戻して使い始めたことによって、私たちの関係の築き方を説明するのに適した言葉となりました。私の考えでは、クィアとは、破壊、複雑化、境界線や個別的なカテゴリーへの疑問を意味しています。これはとても役立つラベルで、人気もあり、よく使われるようになっています。ノンバイナリーやジェンダークィアの人が「自分の恋愛はどれもクィアだ」といった使い方をするのをよく耳にします。私自身の独特で曖昧で一貫性のない、魅力の感じ方を最もよく言い表している言葉がクィアです。

　恋愛関係を築くのは、そもそも複雑なことです。自分のアイデンティティを細分化することによって、恋愛の候補者に自分を理解してもらうことが楽になると同時に、それが困難になることもあるでしょう。私たちが恋愛に求めるものは、一般的に言って、誰とも同じものなのです。かかわり合い、コミュニケーション、感情的な支え、望まれて愛されているという感覚です。

　私たちのジェンダー・アイデンティティを認めず受け入れない相手とは、デートすらしたくないという人もいます。しかし一方では、自分のアイデンティティを事前に明かすのは不安だという人もいるのです。ジェンダー・アイデンティティは非常に個人的なもので、アイデンティティを伝染病のように事前に「開示すべきだ」という考えに抵抗を示すノンバイナリーの人も多くいます。すると、相手に何を伝えればいいのか、相手が何をどこまで知っているのかということが緊張を伴う問題となってくるのです。

　ほとんどの場合、私たちは同じような経験をした人々、つまりジ

ェンダークィアの相手を探そうとします。私自身もトランスやノンバイナリーのコミュニティの中でパートナーを探そうとする傾向があります。アセクシュアルであると告げることによって、まだ始まってもいないシスジェンダーの人との恋愛を殺してしまうことに疲れただけではありません。同じコミュニティの人なら、概して私を理解してくれるし、恋愛関係において同じものを望んでいる人を見つける可能性も高いのです。それに、ノンバイナリーやジェンダークィアの人はシスジェンダーの人よりも結婚にこだわりません。シスジェンダーの友人も大切ですが、みんな30代でパートナーや配偶者がいる人たちなので、私は脇役に回ることになり、それもまたつらいのです。

　改革を目指して積極的に行動したり、コミュニティに参加したりすることも重要ですが、必ずしもLGBTの運動である必要はありません。BJSさんは、パートナーとなる人には、「社会的不公正に気づき積極的に活動している」ことを求めると言います。XX2さんは「自分のジェンダーをオープンにするのは個人的な理由からだけでなく、政治的な行為でもあります。多くのノンバイナリーとジェンダークィアの人がコミュニティで活発な運動をしています。ですから、パートナーの候補者が、私たちのアイデンティティを取り巻く社会問題を少なくとも認識し、そしてそれにかかわっていることが重要なのです」と述べています。

　パートナー探しに関しては、私の知人やインタビューに答えてくれた人の多くが、デートのためには、自己啓発とコミュニケーションが重要だと強調しています。心を開いて、ラベルや役割について前向きに学ぶことが共通したテーマです。XX2さんは、新しいパートナー探しには「まず第一に、ありのままの私を、そして私のジェンダーもセクシュアリティもすべて受け入れてくれる人」を求めるといいます。また、インタビューに答えてくれた別の人は、ただ単

に「私のことを変えようとしない人」を探すと言っています。

職場でのジェンダークィア
・・・・・・・・・・・・・・・・・・・・・・・・・・・・・・

　STAのノンバイナリー経験についての調査では、職場で常に安心してジェンダー・アイデンティティをオープンにできると答えた回答者は、4%しかいませんでした。まったく安心できないという人が52%もいたのです[註77]。回答者の80％以上が、自分のジェンダー・アイデンティティが職場で尊重されないのではないか、そのために、仕事がやりにくくなるのではないかという不安を感じるといいます。ジェンダー・アイデンティティを隠す理由として、多くの人が現在、職場に見られるマイノリティ・グループへの偏見や、それがハラスメントにまでなる可能性を例に挙げています。

　大半の職場では、その性質上、慣習に逆らう行動は歓迎されないものです。職場でタトゥーを見せるのを禁じたり、女性はスカートとヒールを履いて面接を受けるべきだというような圧力が存在したりする会社では、そうしたカルチャーがノンバイナリーの公表を不安にする環境を作るでしょう。ノンバイナリーの経験についての調査では、回答者の半数以上が、職場では男性か女性としてパスするべきとか、ジェンダーの役割に従うべきというようなプレッシャーを感じていました。また、就職活動中はノンバイナリーであることを隠さなくてはならないと感じる人が60%以上もいます。就職申込書の個人情報欄も、ノンバイナリーの人がジェンダーを決めなくてはならない箇所の一つです。公的な書類と出生証明書の内容が一致していなかったり、名前の変更が書類に記されていたりするために、就職活動中にアイデンティティの証明ができず、雇用の確保すら困難だったと答えた人が18%いました。

　全体的に見て、回答者たちは職場で感じる不安や危険の原因とし

ていくつかの要因を挙げています。それは、個人レベルではトランスについての無知や敵意から、組織レベルでは、慣習的なジェンダー役割を会社が守ろうとすることから生じています。特に制服や服装の規約だけでなく、一般論として男女の社員に異なる行動基準を当てはめようとすることにもかかわっています。

　組織の中でノンバイナリーの人が直面する困難の多くは、職場という場が、慣習的なジェンダー役割の強化ができる最後の砦だということに起因しています。たとえば、STA調査の回答者の一人は、服装の規約のダブル・スタンダードを指摘しています。男性はシャツの裾をズボンに入れなくてはならないのに、女性はそうではないといいます。職場では女性はスカートをはくように求められていると考える人も多いのです。些細なことだと思うかもしれませんが、服装の規約は、職場環境によって支配的な社会構造が助長される一例なのです。さらには、ターバンやヒジャブやドレッドヘアといった文化的にコード化された服装や髪型によって、無意識に「プロフェッショナルではない」と認識されることがあるように、慣習的でないジェンダー表現も――それは、ただ自分を表現しているだけなのに――プロフェッショナルな職場に破壊や混乱を起こすものだと解釈される場合があります。

　STA（スコットランド・トランス連合）は数々の優れたリソースを作って、雇用者やサービス提供者がより包摂的な方針を作れるように共に努力を進めています。STAはノンバイナリーやジェンダークィアを自認する人々を包摂した環境を作ろうとする雇用者や組織のためのガイドラインを作成しています[註78]。ガイドラインは次の四つの分野で、いくつかの基本的な改善案を提案しています[註79]。

　＊教育、訓練、意識向上
　＊書式の再設計

＊名前と代名詞
＊ジェンダー・ニュートラルな施設

　職場や公共施設でノンバイナリーの人が直面する問題の多くは、意識的な敵意よりむしろ、ノンバイナリーについての知識のないことが原因です。ノンバイナリー調査の回答者の多くは、職場で公表したくないのは、単にノンバイナリーの存在が認識されていないからだと言います。同僚が無知な態度を示しても、よく知らない相手の場合は特に、ノンバイナリーの存在を説明する価値がない、問題の方が大きいだろう、と感じてしまうのです。

　同僚の無知が、ジェンダー表現を隠したり自制したりする抑圧となり、精神衛生上の負担となることもあります。トランスの存在を認めて理解する環境を作ることが、多様なアイデンティティを尊重し、祝福することさえできるような環境への第一歩となります。意識向上の効果的な方法は、トランスジェンダーとジェンダークィアのアイデンティティを職場の感受性訓練に取り入れることです。差別を禁止する規則やポスターにも、ジェンダー・アイデンティティの問題を含め、採用にもノンバイナリーやジェンダークィアの候補者を積極的に求めましょう。

　インクルーシブな代名詞を使い慣れていない同僚が、時々間違いをおかすこともあります。相手を間違ったジェンダーや名前で呼んだ社員は、謝罪して行動を是正しなければなりません。でも同時に忘れてはならないのは、ジェンダー・アイデンティティはあえて公表しなくてもいいということです。また、ジェンダーを間違えられた当事者は、個人的に謝ってもらえば十分で、全体的にみんなが前進できればそれでいいと思うこともあります。ジェンダーを間違えたときは、慎重に対処し、ノンバイナリーの人のプライバシーをできるだけ守り、どう対処すればいいかを当事者に尋ねるようにしてほしいのです。

ハラスメントやいじめが起きた場合は、人種やセクシュアリティへのハラスメントの場合と同じように対処し、同様の規則をきちんと適用することです。ハラスメントについての規則がない会社なら、作成することを考えましょう。そして、ノンバイナリーの人に対するハラスメントやいじめも明確にカバーするような規則にすることが大切です。

　STAの2015年の「イギリスにおけるノンバイナリーの人々の体験」[註80]調査の回答者の58％は、病院や警察などの公共サービスを利用する際に渡される書式では、自分を正確に表現することが**まったく**できないと述べています。あなたの職場では、どんな文言が使われていますか？　情報収集、記入用紙、IDカードなどについては、ノンバイナリーの人を採用する前に変えることができるでしょう。求職申込用紙は、男女以外のジェンダーも選択できるようにしたり、まったくジェンダーを問わないようにしてもいいでしょう。（たとえば私の銀行のような[註81]）いくつかの組織では、顧客にジェンダー・ニュートラルな敬称の選択肢が与えられるようになりました。従来のMr/Mrs/Msではなく、Mxという敬称を選ぶことができるのです。私は敬称というものの必要性にはやや懐疑的ですが、こうした新しい展開に興奮を覚えますし、どんな書式であってもMxの選択肢があれば熱心に選んでいます（しかし多くの場合、その選択肢が与えられていないので、少しこそばゆい思いをしながら、Drを選んだり、より好ましいRev〔聖職者の敬称〕を選んだりしています）。Mxの選択肢は、ノンバイナリーの求職者にとってジェンダー化が回避できるだけでなく、ノンバイナリーというジェンダーのノーマライゼーションに貢献し、ひいては、すべての社員がノンバイナリーのアイデンティティを正当だと認めるような環境作りへとつながっていくでしょう。

　名前や代名詞のチョイスが尊重されるようにしましょう。そのためには本人の希望する代名詞や敬称（たとえばジェンダー・ニュート

ラルなMx）が、応募用紙やはじめてのミーティングの時点で、すでに、きちんと記されていることが大切です。また研修資料やその他の会社の書式にも、たとえば、heまたはsheの代わりにthey、「息子、娘」の代わりに「子ども」[註82]というような包摂的な表現が使われるようにしましょう。また、研修のときも、社員が顧客をジェンダー化することのないようにしましょう。会社のサービスを受けるすべての人や顧客を男性か女性にジェンダー分けするような強制は（たとえば、「good morning sir/ma'am'」と呼びかけること）、ノンバイナリーの人（つまり、サービス提供者である社員）を困惑させ、疎外感を味わわせることにほかなりません。

　採用プロセス中や採用後も、トランスの求職者の中には出生時の名前と異なる名前を使っている人がいるかもしれないことに留意してください。求職者のジェンダーがパスポートや出生証明書に記されたものと一致していない場合もあるでしょう。それにはジェンダー以外にもいろいろな理由があるかもしれません。こうした場合は、相手の誠実さを疑わずに説明を認めることが、職場における安全と快適さのために大きな役割を果たすでしょう。

　社員のためにジェンダー・ニュートラルなトイレやその他の設備を設けて、希望する人が使用できるようにしましょう。今ある設備をジェンダー分けする必要があるかどうかを考えてみましょう。現在の設備が一人用で施錠できるものなら、ジェンダー分けの必要はないかもしれません。トイレの中の設備に従って、たとえば便器だけ、あるいは便器と男性用小便器、というような表示にしてはどうでしょう？　同様に、社員の制服や服装の規則についてもジェンダーによってどんな違いがあるかを、見直してみましょう。服装規約のジェンダーによる違いを減らすことは、ジェンダークィアの社員の居心地をよくするだけでなく、全般的に職場の性差別をなくすのにも大いに役立ちます。

一般的に言えば、雇用者や規則を作る人が、ジェンダーについての自分の考え方を見直したり、自分や他者のジェンダーについての思い込みがないか、注意してみることはとてもよい方法だと思います。マネジャーや上司は、自分がジェンダー分けされた言葉を使っていないかどうかを分析し、思い込みによってトランスの社員にどんな影響を与えているかをよく考えてみるべきです。

　積極的に、あなたの会社をよりインクルーシブにする方法を考えてみましょう。社員のジェンダーを決めつけるような状況を減らすだけでなく、インクルーシブな経営者になることを誇りに思いましょう。ジェンダークィアやノンバイナリーの人には職場を豊かにするユニークな視点があります。ジェンダークィアの社員を欠陥品や奇妙な存在だと思わずに、意見を求めてください。会社を代表して対外的な役割をする人を選ぶときに――意識的にも無意識的にも――ジェンダークィアの社員を排除しないよう心掛けてください。販売促進や研修資料にも、ノンバイナリーの人の画像や例を盛り込むことを考えてください。もちろんノンバイナリーの人には典型的な外見などありませんが、こうした資料で多様性を重視していけば、ノンバイナリーやジェンダークィアの社員も顧客も、自分たちが受け入れられ尊重されていると感じられる環境作りに向けて大きな役割を果たすでしょう。

学校でのノンバイナリー

　「職場」のセクションでは、服装の規約や設備や言葉のジェンダー面について見直してほしいということを述べてきました。同じことが学校についても言えますが、学校の場合、いくつか注意点や、考慮すべき重要な事柄もあります。最も重要な点は、若者は傷つきやすいということです。生徒たちは、大学生さえも、まだ形成期に

あります。そこにジェンダー・アイデンティティの危機が加わると、問題は複雑を極めます。そのため、トランスやノンバイナリーの学生に対するときは、繊細さと慎重さが大切になります。こうした時期にノンバイナリーやジェンダークィアであるための嫌がらせやいじめを体験すると、ダメージが非常に大きく、大人になっても影響がずっと続くことがあります。トランスやノンバイナリーの生徒が自信のある幸福なノンバイナリーの大人になるためには、学校が安全な支えとなる場であることが大変重要なのです。学校におけるジェンダー・インクルーシブの実践は、国の若者を「甘やかす」ことになるのではないかといった感想が、近年、政治家や親やメディアから繰り返し聞かれます。こうした考えは通常次のような議論に裏づけされています。**子どもたちの手をとって、ニュートラルなトイレや制服やロッカールームばかり与えていれば、ジェンダー化された厳しい社会に出ていったときに果たしてやっていけるだろうか？「現実の世界」では与えられないことを、今トランスの子どもたちになぜ与えなくてはならないのか？**

　この視点への私の第一の反論は、これは単に寛容の問題ではないのかということです。今日の子どもたちは明日の親であり、指導者であり、政治家であり、経営者であります。できるだけ若い頃から寛容と受容の精神を教えれば、たとえ自分がノンバイナリーではなくても、自分と異なる人たちに敬意をもって対することができるようになるでしょう。

　もう一つの反論は、少しわかりにくいのですが、率直に言って、学校は人が生涯で出会う最もジェンダー化された環境の一つだということです。私の経験から言えば、「現実の世界」は、徒党を組んだり、いじめが横行したりする学校よりも、ずっと柔軟で寛容です（それに、高校生が「現実の世界」の意識や試練にまださらされていないなどとは言えません）。私の日常では、普段、人前でシャワーを浴びる

ようなことはありません。「人気者」のグループに翻弄されることもありません。出生時に私が割り当てられた性別と同じ性の生徒たちと、体育の時間に同じ列に並ばされることもありません。出生証明書や身分証明書が「女」となっているからといって、スカートをはかされることも、もうありません。学校とはジェンダーが教えられるところなのです。学校からジェンダー化をなくせば、ノンバイナリーの生徒の毎日が楽になり、ジェンダー・アイデンティティに迷っている生徒にも、もっと試す余裕が与えられるでしょう。それだけではありません。ジェンダーにこだわらない世代や、少なくとも、そういう仲間たちを作ることにもなるのです。

　トランスジェンダーやノンバイナリーやジェンダー・クエスチョニングの生徒たちをもっと包摂的に受け入れたい学校のために、多くのリソースが作成されています。いくつか紹介しましょう。

＊マーメイドUK・トランス＊・インクルージョン・ツールキット（Mermaids UK Trans* Inclusion Schools Toolkit）[註83]：イースト・サセックス地区の学校のために作成されたもので、トランスの生徒を効果的に支え、トランスフォビアによるいじめを防ぎます。このガイドには、トランスの総合的なアイデンティティの基本情報が含まれています。また、2010年の平等法を順守しているかを学校がチェックしたり、規則の変更を提案したりするための情報も書かれています。

＊ジェンダー・アイデンティティ調査および教育協会（GIRES: Gender Identity Research and Education Society）が開発した学校におけるトランスフォビアのいじめを予防するためのガイドブック[註84]：トランスの生徒や学校スタッフにネガティブな影響を及ぼすトランスフォビアによるいじめを予防するための、校長や教頭や教師陣へ向けたガイドラインが含まれています。

＊全国生徒会（National Student Council）の制作したビデオ[註85]では、ノンバイナリーの生徒が、自らの体験や、校則や教師の行為を、学校にどう変えてほしいかを述べています。このビデオを制作したゲイ・レズビアン＆ストレート教育ネットワーク（GLSEN: Gay, Lesbian & Straight Education Network）は、現在各地でノンバイナリーの生徒会を運営しています。

　同時に、絶対に**避けるべき**情報源について知ることも重要です。「トランスジェンダー・トレンド」という保護者のためを装っている団体がありますが、実体は、かなり狡猾な策略を用いるアンチ・トランス〔反トランス〕の集団なのです。安心してトランスとしてカミングアウトする生徒が増えてきたのを恐れ、それを認めまいとして、この団体は「学校向け資料集」なるものを作成しました。ジェンダーを疑問に思ったり、トランスを自認したりする生徒が増えているのは単なる「トレンド〔流行〕」だと決めつけ（団体名からもわかるように）、子どもたちが自分のジェンダー・アイデンティティを試すのをやめさせるべきだと主張しているのです。この「資料集」は証拠に基づいているわけでなく、実際にトランスの生徒を傷つける恐れがあります。これに対して、LGBT擁護団体ストーンウォールは、トランスの生徒たちを支える優れたホームページ[註86]を作りました。そこにはトランスジェンダー・トレンドがどのように危険な団体なのかが、より詳しく説明されています。

　先ほど挙げたリソースからは、ここに述べた情報よりさらに詳しい情報が得られます。下記には、学校や教師がノンバイナリーの生徒をしっかり支援するために役立つ、ノンバイナリーに特化した基本的な提案をいくつかまとめます。

＊トランスフォビアによるどんないじめも許さない「ゼロ・トレ

ランス規則」を作り、ノンバイナリーとジェンダークィアについても、明確に規則の中で言及してください。さらに、カウンセラーがノンバイナリーについて学び、それを受け入れて支援するように確認しましょう。学校が自分のアイデンティティを尊重してくれないと思ったら、ノンバイナリーの生徒は安心して声を上げられず、ゼロ・トレランスのいじめ対策の意味がなくなってしまいます。

＊学校のトイレやシャワー室やその他の設備から、ジェンダー区別をなくすか、ジェンダー・ニュートラルな設備を作ることを考慮してください。こうした場所はトランスの生徒にとって最も傷つきやすいところなので（私自身も常にそうであったし）、ノンバイナリーの生徒が利用できる設備を設置することを考えてください。

＊制服や服装の規定のジェンダー区別をなくしたり、自分にとって最も心地よい制服を着ることを許可したりしましょう。トランスの生徒だけの規則を作るのではなく、男子にも女子にも、自分に合う制服を着る自由を与えてください。また、男子と女子で異なる行動を期待するケースが減れば、より寛容で平等な環境ができ、生徒たちが大人になってもきっと役立つでしょう。服装はジェンダーを表現する最も重要な方法の一つです。服装を試す機会を与えることによって、ジェンダー・クエスチョニングの生徒にとって学校がより安全な環境となるでしょう。

＊特に性教育や歴史や社会化のカリキュラムに、トランス（そしてLGBT一般）のアイデンティティをもっと含めてください。ノンバイナリーのアイデンティティを認めて祝福することによって、全生徒の教育を豊かにすることができます。

＊校内で使われている言葉を調べて、生徒一人ひとりが好む代名詞を尊重してください。教材にも、よりインクルーシブな言葉を使いましょう。生徒や教師に敬称が使われる場合は、Mxのような

ジェンダー・ニュートラルな敬称の使用を取り入れてみましょう。

＊学校に何を求めるのか、ジェンダークィアやジェンダー・クエスチョニングの生徒に尋ねるようにしましょう。教師より、生徒たちの方が校則が限定的であることに気づいていますから、校則をよりインクルーシブにする手助けになるかもしれません。かれらを受け入れるためにできるだけのことをしましょう。学生たちはまだ形成期にあります。多くの生徒が自分のアイデンティティを問うたり、一番しっくりするアイデンティティを探したりしているということをお忘れなく。新しい名前や代名詞を試している生徒を罰してはいけません。

あなたへの提案

・・・・・・・・・・・・・・・・・・・・・・・・・・・・・・・・・・・・・・

　一般的に、ジェンダークィアの人の実体験を知る最もよい方法は、その人たちにとって重要な事柄について、知識をつけることです。私たちの多くは、自分の経験について話すことをまったく厭いませんし、友だちであればなおさらです。しかし、直接当事者に説明を求めるより、事前にノンバイナリーとジェンダークィアについて、できるだけたくさんの情報を読んでおくとよいでしょう。その理由の一つは、一人の経験が必ずしもコミュニティ全体を代表しているとは限らないということです。それに、マイノリティ・グループの人なら誰もが言うように、外部の人を常に教育しなくてはならないのは、とても疲れることでもあります。

　自分の体験を一番よくわかっているエキスパートは自分自身です。あなたが出会った人の、ジェンダー・アイデンティティやジェンダー表現が曖昧だったり、一貫性がなかったり、あなたに理解できなかったりしても、ジェンダーというものは流動的で、可変的で、複雑なものだということを忘れないでください。その人は何年も何

年もかけて自分のジェンダーについて考え模索してきたのです。今もまだその過程にあるのかもしれません。ジェンダー表現はいわばジェンダー・アイデンティティの氷山の一角にすぎません。あなたに見せることを選んだ面は、その人のアイデンティティのすべてではないかもしれないし、自分をどう表現するか、その理由は一人ひとり違うのです。どうぞ相手を尊重してください。トランスの人の多くは、常にジェンダーについて質問されています。質問する前に、それがどれほど疲れることなのかを心に留めておいてほしいのです。

　全般的に、ジェンダーと性に関する新しい考え方に柔軟に、そしてオープンに向き合ってください。それは、新しい友人やパートナーがシスジェンダーであっても、トランスであっても、何であってもいえることです。あなた自身のジェンダーについての先入観と、それをどう思っているか、自問してみてください。ジェンダー制度の中の、あなたの位置はどこですか？　もしあなたのジェンダーの概念が異なっていたとしたら、それはあなたと他者との関係をどう変えていたと思いますか？　あなた自身のジェンダー・アイデンティティが、あなたの自己表現にどうかかわっているかを考えてみましょう。

　ノンバイナリーやジェンダークィアについて積極的に教えるブログや、動画や、記事は豊富にありますし、本の数も増えています。教える時間とエネルギーがノンバイナリーの人にあると思い込まずに、まずこうした資料を探してみてください。私が最もよい資料だと思うもの一つに、YouTube の My Generation という動画シリーズがあります。この動画はすべてトランスとノンバイナリーの人々によって作られていて、幅広いテーマに触れています。少なくとも、このシリーズのクリエーターのうちの二人——活動家で二人組のフィルムメーカーの Fox and Owl〔キツネとフクロウ〕——はノンバイナリーと自認しています。本の巻末にこうした情報へのリンクをいくつか記しておきますが、ネット検索すれば、ノンバイナリーやジェ

ンダークィアの当事者が書いたブログや記事を見つけることができ、多様な視点からの私たちの経験をよく知ることができるでしょう。

エクササイズと話し合いのポイント

　次の質問の中には、センシティブなものもあります。グループで答えを話し合うのなら、声に出して共有したくない答えは、頭の中で考えるだけでいいのです。

1. 「カミングアウト」の概念は、ジェンダーとセクシュアル・アイデンティティに限ったものではありません。隠れていることの多い、様々なマイノリティのアイデンティティにも「カミングアウト」の概念は当てはまります。もしあなたにそういうアイデンティティがあるのなら、隠していた一面を公表しようと意識的に決断したときのことを思い出してみましょう。それは、病気やメンタルヘルスの状態、宗教や文化的な背景などかもしれませんし、どのスポーツチームを応援しているかというようなことだったかもしれません。そのアイデンティティをオープンにしたことで、ほかの人との交流に何か変化がありましたか？　あったとすれば、どんなことでしょう？

2. オープンにしていてもしていなくても、自分のアイデンティティが、そのアイデンティティを共有していない人々とのかかわり方にどんな影響を与えていると思いますか？

3. あなたが最も強いつながりを感じ、世間に向けて最も強く発信している、グループやカテゴリーは、あなたの仕事の環境にどんな影響を与えていますか？　教育の場ではどうでしょう？恋愛相手やセックスのパートナーを求めたり、交流したりするときは、どうでしょうか？

第 6 章

メンタルヘルス

はじめに

・・・・・・・・・・・・・・・・・・・・・・・

　ジェンダー・ヴァリエンス〔表現や行動が規範的なジェンダーと一致していないこと〕は精神病ではありません。ジェンダークィアの「原因となる」脳の異常や機能障害はありませんし、ジェンダークィアやトランスジェンダーの状態は治療したり、解決したりするものではありません。トランスジェンダーであることが病気だという、歴史上、何度も繰り返された考え方は、西洋医学の「異常さ」の定義と、性別と一致しない行動には心理的な理由があるという近年の考えとに根ざしています。「性同一性障害」と「トランスセクシュアリズム〔日本精神神経学会では、「性転換症」と訳されている〕」（註87）を医療問題として扱う概念が、いわゆる「転向療法」という有害な方法を正当化するために使われました。これは、トランスジェンダーの人をトランスジェンダーではなくするために治療しようとするものです。一般的に、最近までこうした「診断」は、性別と一致しないジェンダー・アイデンティティを持つすべての人についての標準的な考え方でした。それによって、私たちは精神が不健康であると自動的に推測されて治療を受けさせられたり、私たちは基本的に「異常」であるという考えにつながっていったのです。

　とはいえ、ジェンダー・ヴァリエンスの起源を神経学的に探ろうという研究が最近行われています。聞いたことのある読者もいるかもしれません。こうした研究が示唆しているのは、胎児の脳がいろいろなホルモンの影響を受ける様々な発達段階で、ジェンダー・アイデンティティとセクシュアリティが形成されるということです（註88）。こうした研究の結果は確かなものかもしれませんが、私は、これらの研究から引き出されるどのような結論にも疑いを抱いています。それは、自然なヴァリエンスに具体的な原因を見つけようとする科学研究が、方向を変えて、これまで転向療法などの「治療」を

正当化するのに使われてきた考えへと、危険なほど近づくことを懸念するからです。トランスやクィア・コミュニティ全般と、医療界の間には長年にわたる不信感がありました。「トランスセクシュアリズム〔性転換症〕」という診断が示すように、私たちが「病」に苦しめられているという考えは、非常に悪質です。慢性病のように、治すのが困難だといわれてきたのです。

　トランスの中には心の病で苦しむ人も**多くいます**。これにはジェンダー違和とマイノリティ・ストレスという二つの、相互関連のある原因がよく見られます。これらの原因は、私たちが受け入れられない社会でジェンダークィアとして存在することに起因しています。この二つのストレス要因は、どちらも社会に根づいている厳格なジェンダー規範から生じたものです。不変で厳格な男性と女性というバイナリーなジェンダー観、ジェンダーとは生来の特定の体の部位や体形と結びついているという考え、そしてジェンダーとは先天的なものだという考えが、それらに当てはまらない人に衝撃を与えるのです。そしてそれが、トランスの人の自己意識と社会からの期待の間に、内的な不調和を作り出し、不運にも精神の健康に影響を与えるかもしれません。対外的に公然と規範から外れた人々に向けられる主流社会の敵意によって、社会から疎外され、それにまつわるストレスがいくつも起きるのです。すると、社会に迎合するために、ノンバイナリーの人々が自己抑制せざるを得ない環境が作り出されます。適合しなければ、嘲笑や暴力にさらされる危険すらあるのです。

　この章の目的は、ジェンダークィアやノンバイナリーの人のメンタルヘルスに影響を与えることのある要因について読者に知ってもらうことです。無味乾燥な統計と、私自身の心の病の体験や、私がインタビューしたノンバイナリー、ジェンダークィア、ジェンダーフルイドの人たちから得た多くの事例証拠とを、関連づけながらお話ししていきましょう。ジェンダー・ヴァリエンス自体が精神病で

あると主張する根拠のない社会通念について述べ、ノンバイナリーの人たちが精神的に病んでしまう内面的な原因と外面的な原因の両方を説明していきます。ジェンダークィアの人に見られる最も共通した症状である、不安とうつについても述べます。また、メンタルヘルス専門家や医療制度に関して私が見聞きしたノンバイナリーの経験や、協力的で役立ったメンタルヘルス専門家からのサポートについてもお話しします。章の最後には、メンタルヘルス専門家や医療機関が改善すべき問題について、ノンバイナリーとジェンダークィアの人たちからの提案や提言を記します。また、メンタルヘルスの助けを必要としているジェンダークィアとノンバイナリーの人のための情報もいくつか紹介します。

言葉の定義と頭字語

DSM（註89）: Diagnostic and Statistical Manual of Mental Disorders（『精神疾患の診断・統計マニュアル』）は、米国精神医学会（American Psychiatric Association）が発行する手引きです。DSMはアメリカの臨床医とメンタルヘルスケア専門家が、メンタルヘルスの障害を診断するのに使われます。ここにDSMを挙げたのは、ジェンダー・アイデンティティと性別違和の治療についてのDSMの記述の変化が、非規範的なジェンダー・アイデンティティについての観点が変わってきたことを示すよい例であり、また、薬物療法が最善ではないと思われる行動や気分のパターンの医療化──これについては繰り返し非難を受けてきています──の典型でもあるからです。ほとんどの精神疾患や症状は、たとえば、生検や血液検査によって個別にテストすることができないので、「擬陽性」がたやすく起こり得るのです。また判断の多くが臨床医次第であり、患者が診断中にどれほど行動を自制するかによっても違ってきます。

ICD: World Health Organization's International Classification of Diseases（世界保健機関国際疾病分類）は、主にイギリスやその他のWHOのメンバー国の医療専門家がメンタルヘルスや他の障害を診断するのに使う包括的な手引きです。DSMがアメリカの多くの研究からインスピレーションと恩恵を受け、アメリカから資金援助を得ているのに対して、ICDは比較的、資金援助も診断数も少ない傾向にあり、二次医療より一次医療に、そして低所得から中所得の国に焦点が当てられています[(註90)]。

ICDとDSMは、それが使われる地域での優先順序や価値観の違い、そしてそれぞれの手引きを開発した団体の違いによって、多くの面で異なっています。ICDは国際的な公衆衛生、特に弱い立場の人々の健康に大きな関心を寄せるWHOが開発したものです。一方DSMは、その資金の大部分を製薬業界と米国精神医学会から得ています。精神医療にかかる費用や、民間健康保険と公的健康保険の質の違いのために、DSMは主に医療を受けられる中流階級の患者を対象に使われています。

（ジェンダー）**違和**　（gender）**dysphoria**は、ギリシャ語の「耐え難い」という言葉を起源としています。一部のトランスの人が体験するもので、ジェンダー・アイデンティティと、自分の身体や、周囲からどう見られたり何を期待されるかといったこととが一致せず、そのため違和感を持ちます。当事者がジェンダー・アイデンティティに沿った自己表現をし、ジェンダー・アイデンティティと正しい代名詞を周囲に告げ、身分証明書などへの正しいジェンダーと代名詞の記載が法的に認められるよう求めていけば、社会的なジェンダー移行ができて、ジェンダー違和の症状は緩和されるかもしれません。ジェンダー違和を感じる人は、治療によっていくつかの性的な特徴を変える医療的移行を望むことが**あるかもしれません**。シス

ジェンダーの人が**ジェンダー**違和を感じることがあるかどうかについても議論されているように、トランスのアイデンティティとかかわりのないタイプの違和も存在します。

　性同一性障害　gender identity disorder は、ジェンダー・ヴァリエンスを病理と特徴づけるために長年にわたって医療専門家や研究者が使ってきた、今や時代遅れの診断用語です（1994年出版のDSM-IVに使われたのが最後でした）。性同一性障害（GID）は、出生時に割り当てられたジェンダーと自認するジェンダーが一致していない状態の説明として使われた用語で、不一致には本質的な問題があるという意味が込められていました。

メンタルヘルスとジェンダーの相互作用

　この解説を書いている最中に私は何度も、ノートパソコンの横の開封された手紙に目をやっています。何か月も待たされて、やっと1か月後に、「成人メンタルヘルスSE OPD」というかなり曖昧な名前のメンタルヘルス専門家の予約がとれました。この専門家に何を話すかだけではなくて、何を話すことが**許されるのか**、私は迷っています。話したいことはたくさんあります。今回の予約は、表面上はADHD（注意欠陥多動性障害）についての相談です。私はトランスジェンダーであることをうすうす感じ始める前にADHDと診断されたので、表向きはジェンダーについての予約ではありません。しかし、私の精神的な症状とその原因には非常に密な関係があって、すべてがその原因の診断に関連していると思えるのです。予約が取れるまでに6か月も待たなくてはならなかったので、このSE OPDという専門家が許してくれれば、私は何でもすべてを話そうと思います。

私は高校以来、ADHDの治療を受けていません。ほかのメンタルヘルスの問題の緊急性を優先してきたため、ADHDは隅に追いやられてきたのです。ですから、今になるまで、専門家に相談してみようと思ったことはありませんでした。精神科医に最後に会ったのは4年前、ひどい慢性うつ症状と不安障害の発作が起きたときでした。そのとき、こうした症状がジェンダー・アイデンティティと移行に密接に関連していると気づいたのです。その精神科医の紹介で、はじめて性別適合の治療を受けることになったのです。そしてその治療が、私のメンタルヘルスに直接かつポジティブな影響を与えることになりました。

　ジェンダークィアやノンバイナリーは精神の病ではありませんが、この本のために話を聞いたりリサーチをしたりしたほとんどの人が、過去、あるいは現在、心の病を経験していると述べています。これまでにないほど多くのノンバイナリーとジェンダークィアの人たちが、メンタルヘルスの専門家による治療を必要としています。しかし、私たちの経験を十分に理解し、効果的な治療を施すためには、疾病の素因と診断の頻度の関係、相関関係と因果関係の違いを理解することが重要です。そして、ホルモン療法や外科手術といった移行にかかわるヘルスケアが、トランスやノンバイナリーの患者の心の病の治療にどれほど効果的かを理解することも大切なのです。

　トランスジェンダーのメンタルヘルスは──というよりメンタルヘルス全般は──学術論文や請願書や調査などでますます人気の高いテーマになりましたが、ノンバイナリーとジェンダークィアのメンタルヘルスに特化されたリサーチはまだとても少ないのです。しかし、私が会ったほとんどすべてのノンバイナリーやジェンダークィアの人は、何らかの心の病を抱えていました。データを集めるために話を聞いた人も、何らかの精神的な障害があると診断された経験があるといい、その診断はうつ病から不安障害、境界性人格障害

からPTSD（心的外傷後ストレス障害）までの全域にわたっています。

　ジェンダークィアの認知度が上がったにもかかわらず、というよりむしろ**そのために**かもしれませんが、様々なメンタルヘルスの治療を求めるジェンダークィアの患者数が増えました。それによって、私たちは目立ちたがり屋の脆弱な集団だという誤った印象を与えているかもしれません。そうかもしれないし、あるいはただ単に、私たちが、精神疾患についてほとんどオープンにできなかった古い世代の憤りの最新のターゲットにされているだけかもしれませんが、私たちは確実により多くの治療を**求めるように**なっています。しかしながら、そうした医療施設に私たちが殺到しても、十分な対応ができないところが多いのです。私は子ども時代にADHD治療のために、2週間に一度受けていた実に非生産的な精神セラピーを懐かしく思い出しています。あれほどのケアが今、受けられるのなら、どんなことをしてもいいと思います。あのとき、セラピストにざっくばらんに話せなかったことを後悔しています。

　このようにメンタルヘルスと心の病は、私たちの日常の大きな部分を占めています。これからもそうであるとは限らないかもしれませんが、社会的に最も弱い立場にある人々に対して、必ずしも適切で文化的に合った効果的なメンタルヘルス医療が提供されていない現状にあって、こうした問題とその解決のために私たちができることについて話し合うことが肝心です。

　まだ確かな答えが出ていないと私が考える質問に、ジェンダークィアやノンバイナリーの人によく見られるメンタルヘルスの問題は、一般的にトランスやLGBTの人々に見られる問題とは違うのか、というものがあります。もし違いがあるとしたら、それは種類の問題でしょうか、それとも程度の問題でしょうか？　トランスジェンダーの深い心理については、良くも悪くも、詳しい研究がなされています。バイナリーなトランスのメンタルヘルスの問題は、ノンバ

イナリーの人の問題と多分かなり似ているのではないかと思います。結局のところ、私たちが疎外される原因の多くは同じですし、ノンバイナリーの人が出生時に割り当てられたジェンダーとアイデンティティとの間に感じる内的な葛藤のいくつかは、バイナリーなトランスの人が感じるものと似通っています。しかしこの問題は、有効で再現性のある統計が一般的に不足しているために複雑化しています。さらに、政策立案者や医師が、包摂的なメンタルヘルス・サービスに対する需要の高まりに対応するための厄介な問題となっています。

　ノンバイナリーとバイナリーのトランスジェンダーの若者のメンタルヘルスについての2017年の論文で[註91]、研究者たちは677人の被験者について調べたところ、バイナリーなトランスと、ノンバイナリーなトランスの人の間には幾分**差異がある**ことを発見しました。しかしこれらの違いは、質問やサブグループ間で一貫していたわけではありません。たとえば、メンタルヘルスの問題が日常生活の妨げになっているかという質問では両者の間に差は見られませんでした。出生時に割り当てられた性別がこの質問の回答の主な要因になっていました。一方、これまでの人生で、うつや不安の治療を受けようとしたことがあるかという質問については、バイナリーと自認しているかどうかが、答えの**決め手となっていました**。すなわち、出生時に男性の性を割り当てられた（AMAB）ノンバイナリーの人は、それ以外の人たちと比べてメンタルヘルスの助けを求めたことも、過去に自死を試みたことも少なくなっていました。

　こうしたパターンが見られる理由はよくわかりません。AMABのノンバイナリーの人は、精神の疾患にかかりにくいのかもしれませんが、私は、社会的な要素や、この研究がカバーしなかった不確定要素や、結果の集め方などと何か関係があるのではないかと考えます。また、AMABのノンバイナリーの参加者は全体の回答者の

14％にすぎなかったことを考慮に入れることも重要です。サンプルのサイズが小さければ小さいほど、少数の極端な値や異常値の影響を受けやすくなります。16歳から25歳という限られた年齢層も、結果に影響を与えたかもしれません。いずれにしても、AMABの人たちはノンバイナリーのコミュニティの中でも**数が少ないと思われるので**、確かな結論を出す前に、このAMABでノンバイナリーという特定のサブグループについての研究がもっと必要です。

　ノンバイナリーの参加者全体の回答と、バイナリーなトランスの回答者との間に見られた唯一の違いは、ノンバイナリーの参加者は、バイナリーなトランスと比べて生活の満足度が平均2％以上高いということでした。この問題をさらに複雑にしているのは、2017年の研究^(註92)によれば、概してノンバイナリーの若者は、バイナリーな若者よりメンタルヘルス面の**問題が深刻**だということと、2015年の研究^(註93)ではノンバイナリーの成人には、バイナリーなトランスの人より薬物乱用が多く見られたということです。

　全般的に、バイナリーとノンバイナリーなトランスの違いについてのリサーチは、傾向として、矛盾のある微細で散発的なもので、統計的に有意ではありませんでした^(註94)。平均的なノンバイナリーの人のメンタルヘルスの状態に影響を与える要素についての研究はほとんど行われていませんが、年齢、人種、階級、能力、出生時に割り当てられたジェンダーなどの違いが、ジェンダークィアとノンバイナリーのメンタルヘルスに影響を与えているのでしょうか？ここでも、第1章で述べた統計の結果と同じ問題が見られます。つまり私たちは今やっと個体数として認識され始めたばかりだということです。私たちの境界線は曖昧で、誰がこの集団員なのかを決めるのにも議論があります。ノンバイナリーのどんな研究結果にも、隠れた要素が影響を与えていることは、間違いありません。それは、さらなる研究によってしか解明できません。明確な結論を出す前に

必要なのは、ジェンダークィアという集団そのものについての、より多くの調査や研究やフォーカスグループであり、ジェンダークィアの人々に、より目を向けることなのです。同時にいえることは、こうしたデータが正確に倫理的に収集されるための唯一の方法は、ジェンダークィアのコミュニティとリサーチ機関との間により大きな信頼関係を築くことです。

　いずれにしても、私たちのメンタルヘルスの状態が、平均的に見て、ほかのコミュニティより良くても悪くても、たとえ同じであったとしても、心の病が私たちをむしばんでいるのは確かです。私たちはシスジェンダーや異性愛者と比べて、より大きな社会的なスティグマを負わされ、その結果マイノリティとして生じたストレスから深刻な影響を受けています。これはどのマイノリティ集団にもいえることです。メンタルヘルス財団（Mental Health Foundation）の2016年の報告で[註95]、貧困とメンタルヘルスの間にも同じような密接な関係があることがわかっています。また、多くの研究によって、セクシュアリティ[註96, 97]と人種[註98]が、マイノリティ・ストレスを感じるかどうかを決める要因になり得ること、そしてマイノリティ・ストレスがメンタルヘルスに悪影響を与えることも示されています。バイナリーなトランスの人よりジェンダークィアの人にこうした症状が見られる傾向があるという証拠はあまりないかもしれません。でも、あなたが日常出会うかもしれないジェンダークィアの人に、何らかの心の病の経験があるという可能性は否定できません。

私のメンタルヘルスとジェンダーの体験
・・・

　私には心の病の長い経歴があって、それはジェンダー・アイデンティティと様々な形でかかわりを持ってきました。今になってみる

と、初期の心の病の症状の多くは、20代になるまで完全に自覚できなかった不一致の初期の表れだったのかもしれません。どんな心の病——ADHD、不安、不眠、うつ——を患っていたかによって、これまでの人生をいくつかの時期に大まかに分けることができます。ジェンダー・ヴァリエンスとそれに伴う社会的なスティグマがどのように心の病を起こしたり、精神面と相互作用したり、メンタルを悪化させたりするのかについて知っていただくために、少し詳しい説明をしましょう。

　私の「ストーリー」はトランスの人にとって典型的なものです。まず10代前半に、自分のジェンダーに疑問を持ち始めました。ちょうど、郊外の比較的リベラルな家庭という隠れ家を出て、学校という規範的な環境へ入った時期で、私や同級生や友人が認識されるジェンダーに基づいて社会的な役割を与えられることに気づき始めた頃でした。この頃の私は、社会の期待に適合するべきだと思っていました。人々が私に使うバイナリーな代名詞は決して居心地のよいものではありませんでしたが、それは些細な問題で、たやすく無視できました。それに両親は自由放任主義でしたから、私が空手のような「男の子らしい」ことをしても、人形遊びのような「女の子らしい」ことをしても、その両方をしても、気にする様子はありませんでした。

　でも中学校に入ると、変わりました。ほかの「女子」たちと一緒に体操服に着替えたり、体育の後にシャワーを浴びたりしなくてはならないときに、不安とストレスを感じたのをとてもよく覚えていますが、なぜ自分が動揺しているのかがまだ理解できませんでした。女子と男子では期待される行動が違うということが、まだ幼すぎて完全にはわかっていなかったのです。より正確に言えば、誰かにとって**居心地の悪い感じを与える**何かが存在することが理解できませんでした。この時期に、学校がもっと柔軟で多様性のある環境であ

ったなら、もっと快適に過ごせたことでしょう。

　中学校の終わりから高校のはじめにかけて、友人たちがカップルになり始めました。でもほとんどが異性愛のカップルで（私は異性愛者の男女どちらに対しても居心地の悪い思いでした）、ジェンダー区分がいっそう顕著になってきました。

　小学校の頃から、そして中学から高校になっても私はずっとADHDの薬を飲んでいました。小学2、3年生の頃にADHDと診断されてからずっとです。ADHDとノンバイナリーの間に必ずしも相関関係があったとは思いませんが、最近になって理解したのは、ADHDと、ADHDの薬が、私の身体的な発達に影響を与えていたということです。そしてそれは、精神の様々な面と自己イメージやボディイメージにも影響を与えていました。

　学校で何度も居残りの罰則を受けたり、学校から親に手紙が届くようになったりして、私にはリタリンが投与されるようになり、その後ADDitudeマガジンで「リタリンより強力な薬」[註99]と呼ばれたデキセドリンを飲まされるようになりました（当時、医師や親はADHD診断をかなり強制的に行っていたようです）。その薬の長い副作用リストには、次のようなものが含まれていました。

　　健康状態についての誤った感覚、イライラ、神経過敏、落ち着
　　きのなさ、不眠。
　　注：こうした副作用が収まった後に、患者に眠気、震え、異常
　　な倦怠感、虚弱、抑うつなどが見られることがある。

　今にして思えば、若い頃の私はまだ発達期の精神には強すぎる薬に、翻弄されていたのではないかと心配になります。この時期の全体的な印象は、強迫性障害に近い神経症的な行動を数年間続けていたことです。異常なほどに手を洗い、歩道のひび割れを踏むことが

できず（今でも外を歩いていて、歩道のひび割れを意識することがあります）、顔にチック症状が出ていました。なかなか眠れず、最初に不眠症を体験したのもこの頃で、今も続く不眠症はメンタルヘルスの問題の中で最も長期にわたるものです。

　薬のせいで食欲がなくなりました。骨が最も発育する子ども時代と思春期のはじめなのに、摂るべき栄養をはるかに下回っていました。ADHDは私のボディイメージに直接的な影響を与えたと確信しています。手足が小さくて、背も低く痩せっぽちだったことは、長年、私にとって不安の種でした。

　こんなことを書いたのは、哀れな子ども時代の話をしたかったからではありません。大体において、私は安全で幸福でしたから。この話をしたのは、精神疾患に関しては、特に患者自身にとっては、根本的な原因、病気、症状を区別することが非常に難しいということを説明するためです。心の病は孤立したものではなく、一つの病の症状が別の症状を悪化させることがあるのだと思います。原因と結果、病と症状の間の境界線は、簡単に曖昧になってしまいます。私が覚えている限り、ADHD、不安障害、不眠症、その他の様々な症状がそうでした。私の場合、若い時分の特徴的な症状があまりにも複雑に絡み合っていたため、それらを個々の原因と結果に分けることは困難でした。心の病の現実は、患者自身が明確に表せるものではなく、もっとずっと複雑なものなのかもしれません。

　ジェンダー・アイデンティティが私のメンタルヘルスに大きくかかわってきたのは、5年ほど前、大学の最後の年でした。学業も落ち着いて、これまで以上に忙しくなり将来のことを考え始めていました。トランスジェンダーであると気づいていましたが、大学1年ごろから3年ごろまでは、特に自分の正確なジェンダー・アイデンティティについてじっくり考えることがなかったのです。しばらくの間、私は、自分をバイナリーなトランス男性だと考えていました

が、自分を「彼」と呼んでもらうことには、何かしっくりこないものがありました。

　大学最終学年の後半は、恋愛トラブルや、ひどく焦がれていたトランスのコミュニティでの不愉快な体験などがひきがねになって、ブラックホールのようなつらい抑うつ状態になったことを覚えています。この頃から、移行をしなくてはもう前に進めないと思い始めましたが、どんな治療があるのか、どうすれば受けられるのか、まったく見当がつきませんでした。

　その頃の私には、移行は乗り越えられない課題に思え、（トランスの友人数人を除いて）友だちや家族にも理解してもらえないし、どう立ち向かえばよいのかもわかりませんでした。その間ずっと、私の気持ちには何ら行動を起こす価値もないし、もっと知識のある人に相談する権利もないし、自分にはもう希望などないと、うつによって思い込まされていたのです。

　でも私は行動を起こしました。大学構内のLGBTセンターを訪ねて——そういう場所があったのはなんと幸運だったのかと今になって思います——GID（性同一性障害）、不安障害、うつ病が専門の精神科医に会う予約をとりました。そして認知行動療法（CBT）を週に1回受け始めました。具体的な診療の様子はよく覚えていませんが、そのときに三つのことを得たのを覚えています。私とパートナーの双方にとってすでに不健全になっていた関係を終わりにしたこと。保険適用について調べたり、医学的な移行のための医師を探したりという、途方もなく大変な作業を自分でできる範囲に小分けして、少しずつ取り掛かり始めたこと。そして、それによって、私のメンタルヘルスが劇的にそして急激に改善し始めたことです。

　LGBTセンターのセラピストがいなかったら、どうなっていたかわかりません。彼女が具体的な移行の始め方を教えてくれたわけではありませんが、自分で探す方法を与えてくれました。彼女は私の

不安障害やうつ病を治してくれたわけではありませんが、その原因のどの部分が自分に関することで、どの部分が環境から来ていることなのかを見分ける手助けをしてくれました。

その当時の私の人生において、セラピーと、そして特にCBTがどれほど役に立ち必要であったかは強調してもしきれません。私と同じ体験をしながら、こうしたサポートを受けられない人々が非常に多いことに胸が痛みます。

このことから学んだ教訓は、心の病は、特にジェンダー・アイデンティティやマイノリティであるというようなほかの要因が相互に影響し合う状況下では、非常に複雑であり、繊細で柔軟なアプローチが必要だということです。文化に合った専門的なメンタルヘルスの治療と、医療的や社会的な移行を理解するためのサポートから受けられる恩恵には、計り知れないものがあります。

ノンバイナリーの人に共通する心の病の経験

2015年のアメリカ合衆国トランスジェンダー調査では、回答者の39％が「深刻な精神的苦痛」を感じていると言っていますが、これはアメリカの平均5％の8倍にも上ります[註100]。同じ調査で、自殺念慮も全国平均の10倍であったことがわかっています。トランスジェンダーの若者では、うつ病、不安障害、自殺傾向、自傷行為、薬物乱用の比率も高くなっています[註101]。トランスジェンダーの大学生は、シスジェンダーの学生より自殺傾向が高く[註102]、特にジェンダー・アイデンティティに合った設備が用意されていない大学にその傾向が多く見られます[註103]。事例を述べるとすると、私が話を聞いたほとんど全員が、不安障害やうつ病、またはその両方だと診断されたことがあり、自傷行為や自殺念慮で苦しんでいる人もたくさんいました。そして心の病について、次のように語ってく

れました。

BJS「全般性不安障害と診断されました。主に、消耗性完璧主義や、失敗を恐れて何もできなくなるという形で現れます」

CM「2014年にうつ病と診断されましたが、振り返って考えてみると10代の頃から断続的に抑うつの症状があったと思います」

EB1「普段は大丈夫ですが、以前、少なくとも2度ほど軽いうつになりました」

EB2「大うつ病性障害と全般性不安障害と診断されました」

HW「2年前にうつ病と診断されてから、良くなったり悪くなったりを繰り返してきました」

KR「PTSDの症状があって、うつや不安の発作が起きます。以前は情緒不安定障害／境界性パーソナリティ障害と診断されていました」

MG「トラウマのせいで、子どもの頃からセラピーを断続的に受け続けてきました。何度か重度のうつ病と診断され、2013年からは気分変調症／慢性うつ病と言われ、それ以前は、気分循環症(註104)と診断されていました」

SG「私はうつ病と不安障害ですが、ADHDの評価が出るのを待っているところです。きっとADHDもあると思います」

TP「メンタルヘルスはかなり悪いと思います。複雑性PTSD、うつ病、不安障害があります」

XX3「不安障害とうつ病です。小学校のときに不安障害と診断され、ゾロフトという薬を飲んでいたのを覚えています。中学校時代、とても悲しい気持ちでいたのに家族が気づいて、学校の心理士にうつ病があるのではと言われました」

　全体的に見て、私たちのメンタルヘルスの治療体験は、とても不完全だといえます。英国王立精神科医学会実践ガイドライン（The Royal College of Psychiatrists Good Practice Guidelines）は、次のように提案しています。

　　より多くの人が、自分は男女のバイナリー区分に当てはまらないと認識しつつあり、これは治療の選択にもかかわる。ジェンダーという概念を丸ごと否定し、自分をノンジェンダーと考える少数の人々には、適切な臨床サービスによってジェンダー・ニュートラライズ〔中和〕治療が必要かもしれない。したがって、治療のこれらの要素が、すべてのケースに必要あるいは望ましいとは限らないし、結果がスタンダードなパターンと厳密に一致するとは限らない。大掛かりな手術が適切でない人も可能でない人もいる^{（註105）}。

　しかし現実的には、ジェンダークィアやノンバイナリーの人が、カウンセリングやセラピー（ジェンダー・アイデンティティに関するものであってもなくても）のようなメンタルヘルスのサービスを受けるために必要な評価のプロセスが、かなり困難なことがあります。メンタルヘルスのカウンセリングとサポートが、大人だけでなく子ど

ものジェンダー・アイデンティティのケアに有効であることが経験的に示されているにもかかわらず[註106]、そして、それが多くのジェンダー・アイデンティティのケアのスタンダードとして強く推奨されるサービス規定であるにもかかわらず、こうしたサービスを受けるのが非常に困難な場合が多いのです。これらのサービスはほとんど常に資金と人員が不足しており、通常、トランスの患者のための手順も標準化されておらず、専門的で私たちのカルチャーの要求にかなうスタッフも足りていません。さらに、ジェンダー・アイデンティティ・クリニックへの紹介基準に透明性がないことや、誰でも治療を受けられるわけではないことから、多くの患者は、自分のジェンダー・アイデンティティについての疑問や曖昧さをカウンセリングのときに述べると、治療を受けさせてもらえなくなるのではと恐れます。

　私が話を聞いた人たちの多くは、ジェンダー・アイデンティティと関係のない理由で、メンタルヘルスの医療機関を利用せざるを得ない場合がよくあったといいます。かれらに最も共通しているのは、メンタルヘルスの専門家との話の中で、ジェンダー・アイデンティティについて触れないのはほとんど不可能だったということです。そして、多くの人がノンバイナリーのジェンダー・アイデンティティによって、カウンセラーやセラピストとの関係が複雑になってしまった経験があると言っています。

　ポルトガルに住むMGさんは、メンタルヘルス専門家との経験を、「ややこしくて不満足。メンタルヘルス専門家には、ジェンダー・アイデンティティや、倫理的なノンモノガミー〔一夫一婦制でないこと〕や、キンク〔性倒錯〕の情報やトレーニングが、ほとんど与えられていません」と説明しています。アメリカ人のXX3さんは、次のように言います。

子どものときから精神科医に会いに行くようになりました。私に不安障害があると両親に告げたのもその医師でした。処方された薬を飲みましたが、まだ子どもだったので毎回きちんと飲んだわけではありません。それに不安感が「変わったり」「収まった」とはまるで感じられませんでした。皮肉にも、薬が「効いていなかった」ため私はもっと不安になりました。

　スコットランドとアメリカの両方に住んだことがあるEB1さんは、カウンセラーとのもどかしい体験をこう話してくれました。

　様々な状況で何度もカウンセリングを受けました。身体の特徴とジェンダー・アイデンティティが一致していないことを私が受け入れていることがかえって妨げになって、私が抱えている問題にカウンセラーが応じてくれないことがよくありました。かれらは私の問題にはクィアであることが根本にあるとか、私が自分で本当に求めていることを正確に言い表せないでいると考える傾向があるようでした。説明が難しいのですが、カウンセリングで私がずばり求めていたものを得られたためしがなく、ずっと後になってカウンセリングがいかに奇妙だったかと気づくことがよくありました。カウンセラーの反応は、たとえば、カウンセリングを数回受けたいと私が言うと、長期のセラピーが必要だと告げられたり、私の選択肢を説明してほしいと頼むと、どう言ってほしいのかと逆に聞かれたり、苦しいときに自分を動機づけるための助けがほしいと言うと、私の状況から程遠い感情のよりどころについて説明を受けたり、といった具合でした。

　EB1さんの経験は、ジェンダー・アイデンティティがいかにメン

タルヘルスの診断を複雑にしているかを物語っています。ジェンダー・アイデンティティが人のメンタルヘルスの状態を悪化させているのではありません。それは方程式に加えられた新たな変数として、精神の病の根本的な原因に注意を向ける妨げとなるかもしれません。スコットランド在住のKRさんは自分の体験は「実に様々」だと、次のように話しています。

　　子どものときからメンタルヘルスの医療サービスを受けてきました。侮辱的な精神科医や、無礼な態度の病院スタッフや、精神病院ではセクハラや宗教の押しつけも体験しました。近年の体験はもっとポジティブです。私を信じて私にふさわしい敬意を表してくれる支援担当者に出会えました。とても治療に役立つ健全な関係を築いたカウンセラーも何人かいます。

　KRさんの体験からは、どんな施設であってもそこで働く人たちによって、大きな違いが出ることがよくわかります。私個人について言えば、大学時代に精神科医からサポートが受けられていなかったら、精神状態がずっと悪化していたに違いありません。
　アメリカに住むXX1さんは、こう語っています。

　　私の経験では、ほとんどのメンタルヘルスの専門家は、薬に満足しているか、逆に薬に反対しているかのどちらかです。精神状態を改善するためには、どれほど反対していても薬が必要なときがあります。また、有害な環境にいる人や、人間関係が劣悪な人は、その状態が変わらなければ、精神状態が良くなることはありません。トラウマを理解していない専門家が多いことにも驚きました。「トリガー〔ひきがね〕」の意味と、その重要性について何人もの専門家に説明しなくてはならなかったの

です。しかもかれらはトラウマの専門家だと自認していたのですよ！

　JRFさんは、病院にいると「まるで自分が子どもになってしまい、まともに扱ってもらえないような気がする」と言っています。インタビューに回答してくれた人たちや、話をしてくれた多くの人も、同じような経験をしたといいます。セラピストやカウンセラーに、ジェンダー・アイデンティティを否定されたり笑われたりさえしたというのです。メンタルヘルスの施設は、弱っている人が訪ねるところですから、そこで一度でもネガティブな経験をすると、精神的に大きな影響を受けます。

　スコットランドのCMさんは、イギリスの公的なメンタルヘルス制度と民間の医療サービスについて、微妙に異なる見解を示しています。公的なメンタルヘルス医療に対するCMさんの意見は非常に手厳しいものです。

　　かれら（NHS〔イギリスの国民保健サービス〕）は過労と人員不足に陥っています。運が悪いとNHSでは、何か少しでも変わったことがあると対処できない力不足なカウンセラーにあたることがあるんです。NHSのメンタルヘルスのカウンセリングは最悪でした。私にどんな悲しいことがあったとしても、「アフリカでは褐色の肌の赤ん坊たちが飢えていることを忘れてはならない」と真面目に言われました。そのほかにも、「ちょっとしたパートタイムの仕事を見つければ？」という最高の助言ももらいましたよ。私は、神様から与えられたすべての時間を執筆に費やすフルタイムのフリーランスのライターなのですよ。「新しい人との出会いを求めなさい」とも言われました。それから、このカウンセラーに「前回の診察以降、自殺したい気持

ちになりましたか?」と聞かれて「はい、水曜日に」と私が答えたら、それは正しい答えではないと言われました。カウンセラーの質問の本当の意味は、「たった今、この場所で、自殺をしようとしていますか?」ということだったらしいのです。

　NHSでジェンダー・アイデンティティが認められたかどうかについて、CMさんはこのように言っています。

　　NHSでは認められませんでした。自分自身がまだ否定していたこともありますが、何よりカウンセラーが有能でなかったからだと思います。NHSと民間のカウンセリングの違いには目を見張るものがありましたよ。民間事業の方が優れているというのではありません。そのカウンセラーが優れていたということです。それに、自分でお金を払っているのですから、一人のカウンセラーとうまくいかなければ、ほかの人を頼むこともできましたし。NHSに行くときには、潜在的な恐怖心がつきまといます。NHSのカウンセラーの機嫌を損ねたら、カルテに何を書かれるか、かかりつけ医になんと報告されるかという不安があるのです。

　CMさんの経験は、ジェンダークィアやノンバイナリーの人々が、メンタルヘルスの治療を求める際に、自分のアイデンティティをオープンにすることの難しさを示しています。患者は、自分の精神状態とジェンダー・アイデンティティに何らかの関連性があるかどうかを探るのか、あるいは、環境やストレスといったほかの要因にはまったく目が向けらずジェンダー・アイデンティティだけが完全に心の病に起因していると判断されるのか、どちらにしても難しい状況になることがあります。

過剰診断と精神疾患としてのクィア

　非規範的なジェンダー・アイデンティティや、「トランスセクシュアリズム〔性転換症〕」は、歴史の大部分において、精神疾患だと考えられていました。同性愛[註107]や、「ヒステリー」[註108]のようなあらゆる破壊的で反抗的な女性の行動が病気に分類されていたのと同じように、病気だと考えられていたのです。そして、本質的に反抗的な行動には「治療法」があるかもしれないと思われていたように、トランスジェンダーのアイデンティティも病気として扱われていました。このメンタリティは、あらゆる行動を「科学的に」解明することに取り憑かれていたヴィクトリア朝の歴史に根ざしています。生体構造や生理学を利用して、女性や障害のある人や、異なる人種さえも対象にし抑圧を強化してきたのと同様に、このメンタリティは、たとえ意識的でも意図的でもないとしても、病気やどこか「普通でない」人は生まれつき、ほかの人間より劣っているという結論が理論的であると示唆していたのです。実際、ゲルト・ヘクマが「男性の体の中の女性の魂」[註109]という論文で述べているように、1860年代から1870年代にかけて、司法精神医学や性的精神病質といった理論が医学界で流行し、同性愛のような非規範的な行動がはじめて病気と考えられるようになったのです。この考え方は同性愛の非犯罪化に貢献しましたが、現代も続く有害なゲイ転向療法という形で、予期せぬ影響を及ぼしました。

　残念なことに、今でも、非規範的なジェンダー・アイデンティティを精神病や疾患だと見なす社会があるのです。生物学的本質主義の考え方は私たちの生活の多くの面に波紋を与え、トランス問題を取り巻く言葉には、奇形や異常を意味するものが多く含まれています。インタビューに答えてくれたBJSさんは、こんな体験を話してくれました。「『症状』という不適切な言葉を使わずに私のジェンダー・

200

アイデンティティを正しく尊重してくれる医療サービスを見つけるのにとても苦労します」

　近年になっても、DSM-IV[註110]に見られるように〔DSM-IVの発行は1994年〕、「性同一性**障害**」は「反対の性に対する強く持続的な同一感」「自分の性に対する持続的な不快感、またはその性の役割についての不適切感[*1]」と説明されていました。特に「男性」（男性の性を出生時に割り当てられた人という意味）には、「服装倒錯的フェティシズム」（セクション302.3）がよく見られ、これはDSM-IVにおいて性嗜好異常（paraphilia）、すなわち「性的興奮と性的満足が、**異常で極端な**性的行動を空想したり、それを行ったりすることによって得られる状態」[註111]として記述されています。GID（性同一性障害）を示す子どものほとんどは成長に従って、それが失われるが、そうでない子どもは「性別の混乱や不快感が**慢性化**」すると考えられていました。

　DSM-IVのGID[註112]の診断を熟読して明らかにわかることは、GIDの診断に使われた用語自体が、疾患や欠陥という意味合いを帯びていること、そして問題視されているのは非規範的なジェンダーの行為であって、患者が社会的に葬られることや自身の身体に違和感を持つことによって感じるであろうどのような心理的な苦痛も問題にされていないということです。DSM-IVには、社会的なスティグマによるストレスを緩和する方法が何も推奨されていません。一部の患者は生殖器適合手術を**要求することができる**、と述べられてはいても、「DSMは診断の道具であって、治療の手引きではない」というかなり弱い言い訳によって、生殖器適合手術の方法も推奨していません。皮肉にも、性別違和の患者の**実際の**心理的症状を緩和できるであろう治療そのもの――患者のアイデンティティが尊

＊1　高橋三郎・大野裕・染矢俊幸訳（1996）『DSM-IV　精神疾患の診断・統計マニュアル』医学書院、p.539

重され、社会的ならびに医学的な移行や、自分の属する社会からの
サポートを得るための治療──が否定され、むしろ治療によって改
善するよりは、「状態」すなわちアイデンティティそのものが悪化
すると考えられていました。

　最近は状況がかなり良くなりました。最新のDSM-5では、ジェ
ンダー・アイデンティティを、セクシュアリティや性「機能不全」
と区別しています。また性同一性障害としてではなく、性別**違和**[*2]
としての定義が盛り込まれています。移行したいかどうかという事
実ではなく、割り当てられたアイデンティティと自分のアイデン
ティティの違和によって生じる抑うつ状態や不満感が、問題であると
認めているのです。

　このDSMの新版では、医師は患者のジェンダー・アイデンティ
ティを尊重すべきだと強調し、トランスの人たちが多少の敬意をも
って扱われ、自分にとって適切な自己表現の機会が与えられれば、
完全に幸福に、そして自分自身に安らぎを感じることができるよう
になれると認めています。やっと今、症状と病気を区別できるよう
になり、多くのトランスの人々が経験してきた精神的な苦痛の効果
的な治療が始められるようになったのです。

　しかし残念なことに、私がインタビューした人の多くは、未だに
メンタルヘルス・サービスの場で、DSMの古い版のような扱いを
受け、苦しんでいるといいます。BJSさんは、経験をこのように述
べています。

　　私のメンタルヘルスは間違いなくジェンダー・アイデンティ
　　ティの影響を大きく受けています。それなのに、私のアイデン

＊2　gender dysphoria（ジェンダー違和）は、DSM-5の邦訳では「性別違和」と
　　訳されている。本書では、DSM-5や診断名に関連する場合を除き、「ジェンダー
　　違和」とした。

ティティを「症状」だと不適切な解釈をせずに、正しく尊重してくれるようなヘルスケア・サービスを探すのはとても困難です。現段階での私の選択肢は、女性として扱われて治療を受けるか、さもなくば、実際のメンタルヘルスの問題についてではなくジェンダー・アイデンティティについて毎週1時間も話をしなくてはならないかですが、私は特にどちらも望んでいません。

SGさんは、より複雑な診断を受けるのが不安だと、こう言います。「私にはクラスターBパーソナリティ障害（多分BPD）もあると思いますが、あえてその診断を受けようとは思いません。その診断が、移行関連のヘルスケアを受けるときにマイナスになるかもしれないからです」

　一般的に言って、私たちは自分のアイデンティティを隠して実体験に合わない治療を受けるか、アイデンティティをオープンにして、その結果に甘んじるかのどちらかを選ばなくてはならないのです。JRFさんはこう言います。

　　あえて「私のことを〜と呼んでほしいのです」と主張しないのは、もし医療専門家に「そんな話は聞いたことがありませんよ」なんて言われたら、自信が持てなくなるからです。真剣に受け止めてもらえないと思うから、オープンにするのをためらってしまいます。

CMさんの報告です。

　　私がはじめてカウンセリングを受けたのは20代のはじめでしたが、そのときにはトランスであることを言いませんでした。

カウンセラーに本当のことを言わなかったので、よいアドバイスが受けられませんでした。20年以上経って、私はまた同じ間違いをしました。自分がトランスであることを恥じ、否定していたため、今になって必要だと気づいた助けを求めなかったのです。

私がインタビューした多くの人たちは、メンタルヘルスの治療と移行に関連した治療の両方を効果的に受けるためには、ノンバイナリーのアイデンティティを隠さざるを得なかったと言っています。ノンバイナリーであるとオープンにしたため、医療専門家やメンタルヘルスの専門家の個人的な偏見や無知によって、治療を受けることが妨げられたという人もいます。SGさんはメンタルヘルスの制度をうまく乗りきるためには自己制御しなくてはならないと、次のように話してくれました。

　　私はノンバイナリーだと公表することを巧みに回避していますし（自分をバイナリーなトランスの女性だと告げるように）、健康を推進する運動の訓練と経験があるので、必要な医療が受けられるためには、どういう言動が適切なのかを、事前に十分調べることができます。

査定用紙の質問に答えを書くときや、専門医の診察時にバイナリーだと言ったりするような自己規制の必要性によって起こる典型的な食い違いについては、第7章の、医療と病院におけるジェンダークィアの体験のところで詳しく述べます。これはつまり、トランス患者の側に悪意があるという前提が医療機関内に非常に多く見られるため、患者と医療スタッフがお互いを素直に受け止められないということなのです。こうした食い違いが診断プロセスを複雑にし、トラ

ンスと医療界との間に不信感のカルチャーを作り出してしまいます。

　ノンバイナリーのジェンダー・アイデンティティとメンタルヘルスの関係が複雑になればなるほど、誤った診断が多くなります。ノンバイナリーの患者が、自分の状況を単純化させられること、つまり自分のある面を強調してある面を隠すように強いられることは、何を治療してほしいかを患者自身が選ぶように強要されることにほかなりません。SGさんは痛ましい体験をこうはっきりと述べています。「私はどんなNHSの医療サービスを受けるときでも自分を『典型的なバイナリーのトランス女性』と意図的に偽らなくてはなりません。パーソナリティ障害やジェンダー・ノンコンフォーミングであることを隠すためと、どんなものにもジェンダー治療が妨害されないようにするためです」

　患者と医師のコミュニケーションが不足すると、治療が不完全になったり、不十分で効果のないものになったりします。その結果、ノンバイナリーであることと精神疾患との関連性がより強くなり、ノンバイナリーの状態を、患者の個性の一面としてではなく、症状として考えるようになるのです。極端な診断が下されたケースについても、もしジェンダー違和と疎外化によるストレスの相互作用についてもっとデリケートな理解ができていれば、より適切な診断が行われていたかもしれません。

　過剰診断はジェンダークィアの人によく見られる問題です。XX1さんは「私のアイデンティティのせいで、セラピストや精神科医が診断を誤るのではないか」と不安になるといいます。XX1さんによれば、「ただの不快症状やうつなのに、統合失調症だとか多重人格障害だとかとセラピストに言われた人もいる」といいます。EB1さんは、カウンセラーは「私の問題にはクィアであることが根本にあるとか、私が自分で本当に求めていることを正確に言い表せないでいると考える傾向がある」と述べています。

こうした場合、私たちのジェンダー・アイデンティティの複雑さへの理解が不足しているシスジェンダーの医師や、自分を正確に言い表す方法を持たない患者自身でさえも、トランスは「生まれつきの病」だという一般的な認識に（意識的か無意識かにかかわらず）影響されて、精神病の診断を求めてしまうかもしれませんが、それは究極的には患者にとって有害無益なのです。

　これらのことから私が強調したいのは、ジェンダークィアやノンバイナリーの患者をあらゆる面から考慮した、私たちのカルチャーに適切な治療が重要だということです。LGBTの健康と幸福（LGBT Health and Wellbeing）という団体では、スコットランドのLGBTの人たちに、優れたカウンセリングのサービスを、患者が支払える範囲で支払う方式によって提供しています。NHSの仕事をしているXさんは、スコットランドの一部の病院では、そうした団体の存在が、メンタルヘルスのサポートやカウンセリングを**提供しない**理由として使われたかもしれないと言っています。しかし、メンタルヘルスのサービスは、NHSの病院内ではなくて、サードセクター[*3]によって**行われるべき**だと言う人もいます。その方が、患者が自分のアイデンティティに関する疑問や恐れを安心してオープンにできるのではないかというのです。ジェンダーに関するメンタルヘルスのサポートを、クリニック**以外**で受けられれば、治療を断られることを恐れずに、患者は自分のアイデンティティの複雑さをより探求することができるでしょう。すぐにはジェンダークィアのアイデンティティが完全に尊重される環境はできないかもしれませんが、自分のアイデンティティが医療化されるのを恐れずに済む環境でメンタルヘルスの治療を受けられることは、効果的な治療へのアクセスを確実にするためや、サービス提供者と医療機関とジェンダークィア

＊3　日本でいう「第三セクター」は官民合同の事業体を指すことが多いが、欧米では主に非営利団体を意味する。

のコミュニティの間の断絶を修復するのに大いに役立つでしょう。

違和　dysphoria

私たちの多くがメンタルヘルス・サービスを受ける際にネガティブな経験をしたり、シスジェンダーのメンタルヘルス医療者がいとも簡単に心の病とジェンダー・アイデンティティとを結びつけてしまうということから、必然的に次のような疑問が起きます。それは、トランスとノンバイナリーの人たちに非常に心の病が多い根本的な理由が、アイデンティティ自体でなければ、一体**何なのか**ということです。リサーチによって、ジェンダー違和とマイノリティ・ストレスという二つの切り離せない原因が、患者に心の病の症状を引き起こすことが、はっきりわかっています。

ジェンダー違和はジェンダーに関する行動や期待について、強い不安感を引き起こします。特に自認するアイデンティティではなく、出生時に割り当てられた性別として行動したり表現したりすることが周囲から期待されていると、なおさらです。XX1さんは、違和についてこう答えています。

ジェンダー・アイデンティティが、私が自分の身体について感じる違和を増幅させていると思います。違和感が急に大きくなると、その日一日が台無しになったり、精神状態の悪い日が何日も続いたりします。それでも、ジェンダー・アイデンティティによってメンタルヘルスが侵されているのだとは思いません。それより、トランスフォビアの異性愛者をノーマルだとする世界で、シスジェンダーでない人間として生きていることの方がメンタルヘルスに影響を与えています。

XX2さんはこう言います。

　私にとって、ジェンダーとメンタルヘルスを密接に結びつけているのがジェンダー違和です。（バースコントロールピルを飲んでいないため毎月生理があるので）生理中やその前後に強く違和を感じます。それに今では、生理の症状自体も違和を起こすようになっています。私はHRT（ホルモン補充療法）のためのT〔テストステロン〕やその他のどんなホルモンも服用しなくて構わないのですが、生理になると自分のAFABの身体を意識し、生理になりたくない／でも生理になる／女性になりたくないし、女性と自認したくない、という矛盾した気持ちが直接起きるのです。

　過去には、ジェンダー違和とトランスジェンダーであることとが同一視されていました（たとえばDSMの古い版や、現在でもNHSのウェブサイト[註113]にもまだ、それが見られます）。「性同一性障害」や「性別不合（gender incongruence）」といった紛らわしい名称で呼ばれていて、患者の苦しみは自分自身の状態が原因であって、出生時から強要されてきた社会の不合理で厳しい期待感に対する反応ではないと暗にほのめかしているのです。ジェンダー違和は、絶望感や焦燥感、そして自分の体に対する深い違和感として現れます。HWさんは「ジェンダー違和がうつを引き起こしたと思います。自分の望むように他者から見てもらえない絶望感から来ているのだと思うのです」と述べています。
　医療的な移行によってジェンダー違和とそれに伴う精神の症状が緩和することは、数えきれないほどの研究によって証明されています[註114]。私が話を聞いたジェンダークィアやノンバイナリーの人の多くもそれを認めています。CMさんは、「2014年にうつ病と診

断されましたが、振り返って考えると、10代からうつの症状が断続的にあったのだと思います。抗うつ剤を数年間飲みましたが、2017年に飲むのを止めました。ホルモン療法によって心理状態が大きく改善し始めたからです」と言います。

　しかし、ノンバイナリーの人にとって違和をコントロールするのが難しい場合があります。私たちのアイデンティティの知識が不十分なゲートキーパー[*4]によって移行のための治療が制限されるから、そして、ジェンダー・アイデンティティが必ずしも確立されたカテゴリーに含まれない人にとって「目標」や「希望する結果」を決めるのが困難かもしれないからです。EB2さんが説明するように、「ジェンダー違和が私の不安感や、ときには、うつのひきがねになっています……違和感がひどくなったら、ひとりでいるようにしています。ジェンダーを誤解されるのは最悪ですが、**確固としたアイデンティティの確信がないので主張することもまた無意味だからです**（太字は著者による）」

　ジェンダークィアの人が違和を感じていても、医師や医療機関に対して、自分は「十分にトランスジェンダーであるから」性別適合治療を受ける資格があると立証するのは、とても難しいかもしれません。MGさんはこう言います。「ポルトガルでは、ほかの国と同様に、ジェンダー違和は未だにメンタルヘルスの問題だと見なされ、『正当なトランス』かどうかを見極めるために、患者はセラピストの診療をいくつも受けなくてはなりません。それからホルモン治療が認可されるかどうかが決まるのです」。違和を感じていても、はっきりと固定したジェンダー・アイデンティティやジェンダー表現をしない人で、医師が性別適合治療を受ける資格がないと判断した場合、メンタルヘルスを改善させるための最も重要な方法の一つが

＊4　公費や保険で支払われる二次医療を受けるための紹介が必要な患者に、プライマリ・ケアを提供する医療専門職。

否定されてしまいます。

　ここ数年でトランスのための医療やメンタルヘルスのケアが進歩したおかげで、社会的、医療的な移行によって、患者のジェンダーを尊重して適合させることが、ジェンダー違和の最良の治療だと一般的に受け入れられるようになりました。しかし、私にとって、そしてほかのノンバイナリーやジェンダークィアの人々にとって、事態はかなり厄介です。ノンバイナリーの人が体験する違和は移行によって治療することはできますが、移行の意味、特に医療的移行の意味がやや曖昧なのです。私たちにとって移行が何を意味するかについては、第7章で詳しく説明します。

　とはいえ、トランスやノンバイナリーの人すべてが、違和を感じる**わけではありません**。トランスジェンダーのコミュニティでこの問題はホットな議論になっています。バイナリーなトランスの一部の人々（普通、トランスメディカリストやトランス原理主義者や「トラスカム（truscum）」と呼ばれる人々）は、ジェンダー違和こそがトランスの前提条件であり、それを**感じない**人は、ただの「トランストレンダー（transtrender）」でしかない、つまり、注目されたくてアイデンティティを偽っていたり、トランスのカルチャーを私物化しようとしたりしているのだというのです。

　しかし、トランスなら誰でも違和を感じるはずであって、それを感じない人はトランスでは**あり得ない**という考えは、多くのノンバイナリーの人の体験を本質的に否定することです。それは、医師に自分を証明しなければならないことが、ジェンダークィアの人々のトランス医療へのアクセスを制限しているのとまったく同じ理由なのです。こうしたメンタリティが、（ありのままの自己受容や、非規範的なジェンダーの社会への受け入れの拡大ではなく）できるだけ**規範的な男女の理想**に近づける医療的な移行が、トランスの苦痛の唯一の治療だという考えを形作ってしまうのです。この考え方は、身体的

な**違和感がなく**、手術やホルモン治療を受ける必要性はないけれど、それでもジェンダー・アイデンティティを認めて祝福して法的にも承認してほしいと思う人、そしてジェンダー・アイデンティティをめぐる心の病を抱えているかもしれない非常に多くのジェンダークィアの人々にとって（そしてバイナリーなトランスの人々にさえも）有害だといえます。

マイノリティ・ストレス

LGBTの人はマイノリティ・ストレス〔少数派であることによる重圧〕を感じることが多いという研究結果があります[註115]。そのストレスは慢性的な高血圧や不安感として現れ、こうした症状が、虐待や、差別や偏見、内在化したスティグマ、社会的支援の不足、社会経済的な地位の低さなどを経験しているマイノリティの人々の、精神と身体の健康に悪影響を及ぼします。

ジェンダーとメンタルヘルスの関係について、SGさんはこう言っています。

> 私のメンタルヘルスの問題の現状は、主にトランスジェンダーであることや、それに関連した社会や環境からのストレスに根ざしています……もし私がシスジェンダーだったら、ストレス要因もなく、生活支援もより多く受けられて、ニューロ・ダイバーシティ〔脳の多様性〕をもって生きることがずっと楽だったのは間違いないでしょう。

CMさんは、ジェンダー・アイデンティティがメンタルヘルスに大きな影響を与えてきたといいます。

私は10代のはじめごろから、自分ではないふりを、とてもうまくしてきましたが、それが精神的に大きな負担になっていました。「普通」でないと誰にも気づかれないように自己制御したり、アウティングされるのを常に恐れたり、テレビや新聞で私のような人が嘲笑されているのを目にしたり、自分が巨大なジョークのネタにされているという考えにつきまとわれたり。こうしたことは頭の中に抱えるには多すぎました。

　XX1さんは違和や疎外感がメンタルヘルスに与える衝撃について、非常に微妙な意見を持っています（太字は著者によるもの）。

　シスジェンダーでない私は、常にこんなことを考えています。**ありのままの自分でいたら攻撃されるだろうか**（答えはいつもノーであると自分でもわかっているけれど）**？　ジェンダーを間違えられないような自己表現ができているだろうか？　今日、一体何人にカミングアウトしなければならないのだろう？**　今日は違和感が特に強くならないだろうか？　そのせいで楽しい予定が台無しにならないか？　ジェンダー違和によってこれから何日間か、最低の気分が続くだろうか？　友だちや家族を外で待たせて、私はまた公衆トイレで、違和を感じて泣いてしまうだろうか？……どの代名詞もしっくりこないのはなぜだろう？　**he/she/they/zher以外の代名詞を私が使ったら、人々にバカにされるだろうか？**

結論と提案と資料
· ·

　インタビューに答えてくれた人たちのメンタルヘルスの体験は、私がこれまでに見聞きした事例証拠や統計と顕著な類似性がありま

した。そこからはっきりわかるのは、ただ単にトランスの人たちの方がシスジェンダーより精神を病むことが多いというだけでなく、水面下に何かがあるのではないかということです。その文脈から言えば、ジェンダークィアの患者が不安障害やうつ病として「診断」されたのは（少なくとも私の場合）、不安やうつが症状ではなく病気であることを示唆しているので、不正確ですらあるのではないかと感じています。人を不安障害やうつ病と**診断する**ことは、特にその人が疎外化された集団の一員である場合は、診断が始まりではなく、終わりであることを示唆しています。私が述べてきたほとんどのケースにおいて、本来はデリケートなアプローチが必要な場合でも、ただ単に抗うつ薬や精神安定剤が応急処置として使われているのではないかと思います。

　このような考え方は、ジェンダーの多様性と苦痛や不幸とを結びつける有害なものであるだけでなく、逆効果でもあります。なぜなら、より多くの研究が示しているように、私たちのメンタルヘルスの問題の**原因**こそが、本当の意味での変化をもたらすことができるところだからです。ジェンダー違和を、マイノリティ・ストレスと**切り離して**、精神の病の原因とすることがよくあります。この章でも私は、ジェンダー違和とマイノリティ・ストレスを離して語ることができるのかということについて真剣に考えました。

　エビデンスからかなり明らかなように、ジェンダー違和は、単なる性格と身体の不一致より複雑なものです。私は研究を通して、ジェンダー違和とマイノリティ・ストレスは表裏一体だと考えるようになりました。社会が様々なジェンダー表現を正当化したり、逆に汚名を着せたりする方法が、ある人の中で内面化してしまうとジェンダー違和が起きるように思えるのです。言い換えれば、もし子どもたちが「女性」や「男性」の意味をより広くオープンに理解できるように育てられたら、乳房とペニスのようなものと男女カテゴ

リーが密接に結びつけられなければ、そして、アイデンティティや自己表現や身体が男性でも女性**でもない**人を尊重するように教えられれば、子どもたちは自分に一番心地よいジェンダー・カテゴリーやアイデンティティとして生きる権利を感じながら成長できるのではないかと思います。ノンバイナリーの人が自分のペニスや乳房を嫌悪するのは、それらが本質的にノンバイナリーに反するからでも、男性らしさや女性らしさを本質的に表すからでもありません。乳房は**ほかのアイデンティティではなく**、女性である状態**だけ**と結びついているものであり、ペニスは**ほかのどのアイデンティティとも相容れず**、ただ男性であること**としか**結びつかないのだと、生涯を通じて教えられてきたことが原因なのです。

これは私たちが生きている間に解決する問題だとは思いません。こうした憶測と関連づけの上に多くの人類の文化が築かれてきました。しかし、ジェンダークィアやノンバイナリーがより受け入れられるような社会にするために、こうした文化を破壊すべきだとは思いません。それよりは、ジェンダーとは何か、ジェンダーによってどう行動すべきかという考え方に、文化や歴史、最近の歴史ですらが影響を与えてきたことを認めれば、状況をよりよく把握できるようになるでしょう。解釈を広げ、人にどうあるべきと命じられるのではなく、安心してありのままのジェンダーを表現できるような環境を作ることができれば、トランスの人々のメンタルヘルスや生活の質や人生のチャンスを改善することができるでしょう。

しかしそうした環境ができるまでの間に、ジェンダークィアの人たちのメンタルヘルス医療の体験を向上させるためには、いくつか方法があります。トランスやジェンダークィアの読者の頭にすぐ浮かぶのは、医療的、そして社会的な移行をより容易にすることでしょう。2010年代のはじめに、米国精神医学会理事会によって特別委員会が設けられました。これは、性同一性障害と性別違和の治療

の有効性に関するエビデンスを調査するためのものでした[註116]。いくつかのほかの要因もありましたが、厳密な方法論の欠如と、サンプルサイズの不足によって、エビデンスの質は概して高いものではありませんでした。それでも委員会によって、性別適合治療が性別違和の治療に効果的だという幅広い専門医の総意を得ることができました。

　私はインタビューの協力者に、メンタルヘルスの専門家からどんな有効なサポートを受けることができたか、改善すべき点は何かという質問をしました。

　　CM「はじめにアセスメントを受けるときに、ジェンダー・アイデンティティを尋ねてくれたり、ノンバイナリーやジェンダークィアに対して偏見がないことを明確にしたりしてくれれば、助かると思います。私の場合、セクシュアリティと性的な活動について聞かれただけで、ジェンダー・アイデンティティは問われませんでした。……民間のカウンセリングは（役に立ったし協力的でした）質問票も、NHSのカウンセリングの練習問題のような書類とは違って、面倒でも大変でもありませんでした。民間のカウンセラーは共感をもって、熱心に向き合ってくれました。また聞きにくい質問も恐れずにしてくれました。民間の開業医と、トランスのための関連団体も、大変友好的でした」

　　SG（メンタルヘルスのサービスの改善点について）「たくさんありますよ。ジェンダーを憶測しないこと、トランスのための設備や書式を作ること（たとえばトイレ、それから書式にジェンダーの選択と代名詞の希望を加えるなど）、患者のジェンダーを受け入れる方針を取り入れていることを公表するのも、よい取り掛かりになるでしょう」

SG（よい点について）「LGBTスイッチボードというヘルプラインが、カウンセリングを提供してくれました。私に最も適したカウンセラーを見つけるために、私の好むジェンダーやクィアとしての生活や問題点についても尋ねてくれました」

KR「支援ワーカーは私を信じてくれて、ちゃんと尊重してくれました。それから、何人かのカウンセラーと、とても健全で治療に役立つ関係が築けました」

CM（CMさんはトランス当事者のメンタルヘルス・サービス従事者や、カウンセラーや、セラピストを訓練してもっと多く雇うことが重要だと主張しています）「2017年の終わりごろ、民間のプライベートのオンラインカウンセリングを6セッション受けました。トランスのテーマについての、とてもよいセッションでした。カウンセラーはトランスの女性で、私がデタラメなことを言うとしっかり訂正してくれて、とても役立つセッションでした。世界について、そして自分がそのどこに位置するのかが、ずっとよく理解できるようになりました」

XX1「ジェンダー・アイデンティティが私に苦しみを与える主な原因は、まさに私たちの住む社会にあるのです。まず社会を変えなくては話になりません。私にとって例外的だった医療者も、自分にはすべてがわかるわけではないと認めていました。当事者ではないので、私の真実を知ることはできません。でも、私の体験を理解したり共感したりできなくても、私が乗り越えるのを助けるのがかれらの仕事なのです」

CMさんはカミングアウトが、メンタルヘルスに大変ポジティブ

な影響を与えたと言っています。

　　（カミングアウトと移行が）大きな意味を持っていると思います。
　　2017年はじめにトランスでノンバイナリーだとカミングアウ
　　トするまでは、自殺念慮の発作がしょっちゅう起きました。でも1年経つ頃には、とても稀になりました。もう根の深い不幸
　　感ではなくなって、ただ状況によるもので、それもたやすく追
　　い払えるようになりました。

　しかし、多くのトランスジェンダーとノンバイナリーの人が陥る、
皮肉ともいえる難問があります。トランスの患者には、自分のケア
に関する意思決定をする能力がないと思われがちです。しかし実は、
こうした思い込みと反対に、概して私たちは**経験豊富な患者**です。
自分でリサーチをしなくてはならないことが多いので、医師やメン
タルヘルス従事者に何を求めているかが自分でわかっているのです。
ですから、カウンセラーやセラピストは、まず患者自身のジェン
ダーとメンタルヘルスについての考えに耳を傾けてほしいのです。
そうすることで、ジェンダークィアの患者は、自分は認められてサ
ポートが受けられたのだと感じ、ジェンダー・アイデンティティに
ついて安心してオープンに話せるようになり、最善のスタートとな
るでしょう。
　トランスジェンダーやノンバイナリーの人生体験を記したトレー
ニング資料が不足しています。私は、この問題を解決するためにより多くの資料ができるよう運動をしています。同時に私は、シスジェンダーのカウンセラーやセラピストがトランスの患者を知るための絶対的な最良の方法は、トランスの人たちと会って、話をして、その経験に耳を傾けることだと主張したいのです。ジェンダークィアやノンバイナリー当事者の作った資料を探して、患者に「何かお

かしい」と言われたら、しっかり話を聞いてほしいのです。そして
その解決のために、あなたから何を求めているかを尋ねてください。

関連情報と書籍

LGBT Health and Wellbeing Scotland では、心の病と向き合う
LGBTの人のための様々なオンライン情報やフィルム、またLGBT
の人にかかわるサービス提供者や組織のためのヘルプラインや情報
を提供しています。https://www.lgbthealth.org.uk/resources/からアク
セスできます。

Vic Parsons が「The Pool」に掲載した2018年の記事は、主な公共
のメンタルヘルス・サービスにアクセスしようとすると生じるトラ
ウマについて書かれています。こうしたサービスは、トランス・コ
ミュニティについての文化能力や認識が欠けていることが多く、利
用者はトラウマによって、必要なときであっても利用を避けるよう
になることがあると述べられています。

www.the-pool.com/health/mind/2018/20/vic-parsons-how-mental-
health-cuts-areaffecting-the-LGBTQ-community

この記事では、トランスジェンダーの人々に特化した代替的なセ
クシュアル・ヘルスと健康のための診療所CliniQについても言及
しています。

CliniQについての詳しい情報は：https://cliniq.org.uk/about

Trav Mamone が「Ravishly」に寄稿した記事では、ノンバイナ
リーの不可視性がメンタルヘルスにネガティブな影響を与え、どの
ように孤立感を作り出したり、支援が欠如していると感じさせたり
しているかを論じています。

https://ravishly.com/non-binary-invisibility-affects-mental-health

Mind Outは、LGBTに特化したメンタルヘルス・サービスを提供するサードセクターです。詳しい情報：www.mindout.org.uk

『トランスジェンダーの出現──ジェンダー・ヴァリエントの人々とその家族のための治療ガイドライン（Transgender Emergence: Therapeutic Guidelines for Working with Gender-Variant People and Their Families）』（Lev, A. I., 2004, Binghamton, NY: Haworth Press. ISBN: 9780789007087）この本は臨床医に愛されてきた本ですが、かなり古い版であり、少なくとも一人のトランスの読者によって、用語の中に時代遅れなものがあると指摘されています（トランスの読者がこうした書籍の正確さを評価するのに最も適した立場にいることは、言うまでもありません）。

『性別適合治療の臨床医のためのガイド──トランスジェンダーとジェンダー・ノンコンフォーミングの患者の診療（A Clinician's Guide to Gender-Affirming Care: Working with Transgender and Gender-Non-Conforming Clients）』（Chang, S. C., Singh, A. A. and dickey, l. m., 2019, Oakland, CA: New Harbinger Publications. ISBN: 9781684030521）この本は、「TGNCの患者の診療の際に役立つ用語、エチケット、適切なコミュニケーションと行動に関する最新の情報を提供しています。また医療の場でジェンダー・ダイバースな患者を診療する上で必要な歴史、文化的背景、倫理的、法的な問題についても論じられている」新しい本です。筆頭著者のSand C. Changはノンバイナリーと自認しています。

エクササイズと話し合いのポイント

ノンバイナリーやジェンダークィアの人たちが感じるストレスや

不安やうつの多くは、社会が明確にあるいは暗黙のうちに、私たち
のアイデンティティと体験を無効化したり正当化しなかったりする
ことによって起こるものです。

1. とても小さなことでも、日常こうしたことが起きていると思う
   のはどんなことですか？　毎日の出来事で、ジェンダークィア
   やノンバイナリーの人にとって異なる体験だと思うのは、どの
   ようなことでしょう？　毎日のすべての状況を考えてみましょ
   う。その違いはジェンダークィアとノンバイナリーの人にどん
   な影響を与えると思いますか？

2. ジェンダー分けされた更衣室や、「男」か「女」かしか選べない
   医療の問診票や、自分の希望する代名詞を使うのを拒まれると
   いった小さなことによって、無視されていると感じたり、無力
   感や絶望感を持ったりすると思いますか？

3. あなたがジェンダー違和を感じていないのなら、こうした要因
   によって違和感が悪化すると思いますか？　もしジェンダー違
   和を感じているなら、上に述べた日常の小さな無効化やマイク
   ロアグレッション〔自覚のない差別的な言動〕が、あなたの違
   和感にどのような影響を与えていると思いますか？

4. そうした状況を変えるために、日常、一人ひとりができること
   はなんでしょう？

5. あなたの生活に不安やストレスをもたらすものは何ですか？（状
   況、恐れ、状態、環境など）

6. あなたがトランスやジェンダークィアやノンバイナリーでない
   としても、こうした状況や要因とあなたのジェンダー・アイデ
   ンティティとの相互作用について、どう感じますか？　もしあ
   なたのジェンダー・アイデンティティが今と違っていたら、こ
   うした要因から異なる影響を受けると思いますか？

第 7 章

医　療

はじめに

本書の構成を考えていたときから、この章は絶対に入れなくてはならない章の一つだと**わかって**いました。医療制度に蔓延する男女のバイナリーや、私たちのアイデンティティの病理化は、ジェンダークィアの人——そしてトランスの枠に含まれる大勢の人たち——が、ジェンダー・アイデンティティ・クリニックや一般的なヘルスケアを求める際に直面する最も大きな障壁の一部となっています。さらに、医療制度からノンバイナリーの人たちが受ける困難は、いくつもの大きな問題を示しています。つまり、バイナリーな考え方が社会に植えつけられていることや、ノンバイナリーとトランスのニーズを政策やリソースに正しく反映するためには、私たちの実体験を認識し理解する方法が必要であることといった、多くの大きな問題の表れなのです。

この章で取り上げる重要な問題は、同時に警告でもあります。西洋（特にこの本で述べている英語圏の国々）には、トランスジェンダーとノンバイナリーのアイデンティティを病理化してきた長い邪悪な歴史があります。私が言おうとしているのは、ジェンダーに関連した医療を私たちが求めているかどうかに関係なく、アメリカとイギリスの医学界は、非規範的なジェンダーを病気や障害だと見なしがちだということです。長年の間、そして場合によっては今でも、医師たちは私たちのアイデンティティを治そうとするのです。

これは19世紀に遡る慣習です。あらゆる現象に科学的説明を求め、非規範的あるいは反体制的なすべての行動と、医学的・心理的な原因とを結びつけることに執着していた時代でした。こうしたメンタリティそのものが、西洋の啓蒙時代と科学革命に根ざしているのです。科学革命以前は第3章で述べたように、ジェンダーの概念は今日と大きく違っていたようです。当時の考えでは、男らしさや

女らしさの顕著な特徴は、その人の行動にあると考えられ、重要な
ことには、「反対の」性別のように行動すれば、そちらの性のよう
な身体的特徴が出現するというものでした。このモデルによってト
ランスの人々がより社会に受け入れられていただろうと考えるのは
甘すぎるかもしれませんが、少なくとも、毎日のように性器の状態
を詮索されることはなかったでしょう。話し方や行動の仕方から性
別が推測され、つまり、自認する性別が自分の性別だったのです。
　学術界ならびに医学界が、病理学的・心理学的な異常と見なした
先入観がもたらしたのは、ジェンダー異常を「治す」治療の強要と
いう不幸な結果でした。そして治療がトランスジェンダーの存在に
不可欠な前提だと考えられるようになって、「トランスジェンダー」
とは「手術」を受けた人や、ホルモン療法を受けている人だという
一般認識ができ上がっていきました。シスジェンダーの大多数から
受け入れられるためには、できるだけこうした治療を受ける努力を
すべきだというプレッシャーがトランスの人々に生じたのです。
　手術やホルモン治療への欲求が、**常にすべて**、外の社会からの圧
力のせいだとは思いませんし、ジェンダーに関連した治療を求める
人がみな性別違和だとも思いません。でも確かに言えることは、ト
ランスジェンダーの人が一般の暗黙の承認を得て安全にこの世界を
渡っていくためには、私たちの性別の外見や声や行動がこうあるべ
きと一般が考える許容範囲内に、できるだけ収まらなければならな
いということです。私たちがトランスや非規範的だと「気づかれれ
ば」嘲笑やハラスメントや暴力さえ受けることがあるのです。
　トランスの団体が大変なエネルギーを費やして、主流の見解とし
て確立しようとしているのは、性別適合治療が医療的に必要である
こと、そしてそれがすべてのトランスの人の法的権利として保証さ
れることです。この努力はかなりの成功をもたらしています。
NHS〔イギリスの国民保健サービス〕はこうした治療の多くをある程

度、無料で受けられるようにしました。それについては、この章で後ほど詳しく述べます。そして、アメリカの一部の保険会社でも、保険の対象として認めるようになりました。しかし、少なくともイギリスでますます顕著になっているのは、今の医療サービスやリソースが、ここ数年増加しているトランスの認識と受容に伴って着実に増大している需要に追いついていないことです。

　私たちの微妙な内面のアイデンティティではなく、身体と治療とだけに焦点を当てた制度は、トランスジェンダーのコミュニティ内で論争になっています。トランスジェンダーとして認められるためには、違和感だけでなく、身体的性の特徴を変える医療介入の切望が必要なのか、という論争です。私の個人的見解は、性別適合が医療的に必要なトランスの人は数多くいますが、それが、トランスとノンバイナリーのコミュニティの一員となるための必須条件ではないし、そうであってはならないというものです。私は、この考えがいずれ勝利を収めると思います。出生時に割り当てられたジェンダーと自認が一致していない人がトランスなのです[註117]。そこからどうするかは、その人次第です。性別適合治療とそれを望むことをトランスの傘の下のすべての人の定義とするのは、単純化であり、排他的にすぎます。

　もしこうした論争、ならびに治療をトランスの信憑性や「真正トランス」の同義語とすれば、さらなる疑問が沸き起こります。確かにトランスの多くの人が何らかの性別適合の治療を必要としていることは否めません。しかしトランスの中に、男性か女性かのバイナリーなアイデンティティではない人がいることも否定できません。そうした人が医療的な移行を望めば、どうなるのでしょうか？

　性別適合治療を行う専門家が使用するGRP（Gender Reassignment Protocol　性別適合実施要綱）[註118]や他の治療ガイドラインは、主にシスジェンダーの医師が書いたもので、移行として唯一受け入れられ

るモデルは、バイナリー・システムの片側からもう片側へと「性転換」することでした。こうした主な資料の中では、ノンバイナリーというアイデンティティの存在自体が排除されています。こうした言語のバイナリーによって、バイナリーな制度が生まれます。つまりノンバイナリーやジェンダークィアの人たちが正当化されず、標準的な診療行為以外の特別な扱いを必要とするアウトサイダーとして枠づけられる環境を作り出すのです。

　医療制度とは、社会の基礎となる考え方が様々な意味で、最もよく表れている例ですが、これはすべての制度にも当てはまります。医療制度をうまく切り抜けていこうとするときに、私たちの多くが直面する敵意や無知は、ただ単に、個々の医師や看護師の偏見や無知の累積ではありません。何千年とはいかなくても、何百年もの間、検証されてこなかった社会全体に広がる考え方がもたらした結果なのです。

　人類の大多数にとって、男女のバイナリー制度は問題にはなりません。しかし一方で、そうではない人々がかなりの数存在し、その数はますます増えています。私たちのような人にとって、自分の存在やアイデンティティの正当性をことあるごとに疑問視するシステムの中を切り抜けていくのは、疲れるだけでなく、身体に害すら及ぼします。患者と医師の間に不信感とコミュニケーション・ギャップを作り出したり、患者が医療制度をまったく避けようとしたりすることにもつながるかもしれません。それは患者を危険にさらすことです。

　CMさんはこう言います。

　　私がはじめてカウンセリングを受けたのは20代のはじめでしたが、そのときにはトランスであることを言いませんでした。カウンセラーに本当のことを言わなかったので、よいアドバイ

スが受けられませんでした。20年以上経って、私はまた同じ間違いをしました。自分がトランスであることを恥じ、否定していたため、今になって必要だと気づいた助けを求めなかったのです。

　医療的な移行に求める結果が、男女どちらかの性への「転換」のようなはっきりしたものではない人もたくさんいます。ノンバイナリーの性別適合治療問題への最善のアプローチを考える上では、次のようにいくつもの課題があります。

＊ジェンダークィア、ジェンダーフルイド、ノンバイナリーのすべての人が、医療的な移行を望んでいるのか？

＊ジェンダークィアやノンバイナリーが望むのはどんな治療なのか？

＊ノンバイナリーの医療的な移行の理想的な結果はどのようなものなのか？　ある一つの決まった結果が存在するのか？

＊臨床診断や治療の選択を、ジェンダーフルイドにより適した柔軟なものにするにはどうすればよいか？　性器や声や体形を男女バイナリーのどちらかのアイデンティティに単に合わせるのではなく、もっと違った、あるいはより多面的な方法はないだろうか？

＊ノンバイナリーの医療的移行については、別個の診療基準を設けるべきだろうか？　バイナリーなトランスの診療基準（というものが存在するのなら）と、どのように、どの程度変えるべきだろうか？

＊上記のように別個の特化された手順を確立するのがよいのか、あるいは個人に焦点を当てたインフォームド・コンセントを目指す方が、トランス医療の制度をよりインクルーシブで、患者のニーズに合ったものにすることができるだろうか？

＊ジェンダークィアの患者にとってどんな治療があるかが、当事者にわかるような最良の方法は何か？

＊かかりつけ医[*1]や専門医に、ノンバイナリーのアイデンティティの微妙さや、可能な治療についての認識を深めてもらうための、ベストな方法は何か？

＊ジェンダークィアやジェンダークエスチョニングの特に若い人や年配の人、ノンバイナリーのアンドロジナスの「典型」ではない人たちが、安心して治療を希望したり、医療機関で自分のアイデンティティを安心して探求したりできる環境は、どう作っていけばいいだろうか？

　こうした問題についても、この章で問いかけていこうと思いますが、すべての答えが明確に出るという保証はありません。この章では、医療的移行を望むノンバイナリーとジェンダークィアの人たちが、現在の制度下で、特に性別適合の治療を受けようとするときに直面するチャレンジの概略を述べ、医療専門家が私たちをサポートし受容するための最良の方法も探っていきます。

　ノンバイナリーやジェンダークィアのために提供できる治療を理解し、その人に最も合った治療を見つける手助けのできる専門医や医師と、私たちが、当然のこととしてつながれるような将来が近いことを願っています。しかしそれまでは、自分たちでやっていかなくてはなりません。この章が、かかりつけ医や内分泌専門医のような医療専門家にとって、何らかの手引きになればと思います。ノンバイナリーの患者のために、より安全で助けになる病院環境を作ろうとする医師たちの役に立つことを願っています。

＊1　GP（General Practitioner）　NHS制度下では、どのような症状でもまずは自分の登録したGPに予約の上受診し、必要とされた場合にGPの紹介によってほかの病院で専門的な治療を受ける。本書では、GPを「かかりつけ医」と訳した。

用語解説と頭字語

・・・・・・・・・・・・・・・・・・・・・・・・・・・・・・・・・・・・・・

　この章には、門外漢——それはまさに医師たち——には馴染みがないかもしれない用語や頭字語がいくつか出てきます。

AFAB/AMAB：出生時に割り当てられた性別によってトランスの人を説明する方法です。出生時に女性の性別を割り当てられた人は、通常膣を持ち、身体が自然に第一の性ホルモンとしてエストロゲンを作り出す人です。出生時に男性の性別を割り当てられた人には通常ペニスと睾丸があり、身体が主にテストステロンというホルモンを自然に作り出します。たいていの場合、トランスの人の性器や割り当てられた性別について話し合うのは、不必要でも不適切でもあり、プライバシーの侵害にもなりますが、特定の医療の文脈では重要かもしれません。ジェンダークィアやノンバイナリーの患者が、「トランス男性」「トランス女性」といったジェンダー分けされたラベルを使わずに、希望する性別適合治療について述べる場合にこの言葉は役立つかもしれません。

性別適合治療　gender-affirming medical treatment：性別再指定（gender reassignment）と呼ばれることもありますが[註119]、それは時代遅れでノンバイナリーのアイデンティティにとっては不正確かつ排他的な呼び名です。再指定という言葉には、ジェンダー・アイデンティティを変えるというニュアンスがありますが、実際に変わるのは性器の形態や体が出すホルモンだからです。手術やその他の治療は、トランスの人の外側の様子を、内側の自認に近づけるためのものです。この章では、性別適合治療という言葉をトランスやジェンダークィアの人が身体をよりかれらのアイデンティティに近づけるために受けるすべての治療を示すものとして使っていきます。

GIC：Gender Identity Clinic　ジェンダー・アイデンティティ・ク
リニック。移行に関する情報やカウンセリングが受けられ、外科手
術療法とホルモン療法だけでなく言語治療なども受けることができ
ます。イングランドにはNHSのGICが8か所（成人用7か所と、若者
用1か所）、スコットランドには2か所（現在使われていないクリニック
と断続的に開かれるサテライト・クリニックがそのほかに2か所）ありま
す^(註120)。ほかにもジェンダー・アイデンティティが専門のロンド
ンのジェンダーケア（GenderCare）のような民間のクリニックや、
リンジー・ミスコウ博士（Dr. Lindsey Myskow）のような医師もいて、
YourGPを通じてジェンダー診療が受けられます。民間の専門医の
診療費は、一般的に100 ～ 300ポンドです。

HRT：hormone replacement therapy　ホルモン補充療法。HRTは移
行関連の治療だけでなく、より広い分野でも行われていますが、こ
の文脈では二つのタイプの治療を指します（問題もありますが従来の
呼び方として、FtM（女性から男性へ）、MtF（男性から女性へ）の二つの
タイプの治療があります）。こうした治療は、体毛の生え方や体の脂
肪のつき方、声の高さの幅（FtMの場合）、乳房の大きさ（MtFの場
合）といった二次性徴を変えるために開発されたもので、テストス
テロンやエストロゲンやその他の、外因的な（体が作らない）ホル
モンが使われます。両タイプに使われるホルモンについての詳しい
情報は、C・A・ウンガー（C. A. Unger）の「トランスジェンダー患
者のホルモン療法」という論文で読むことができます^(註121)。

医療的移行　medical transition：トランスの人が性別適合治療を
受ける包括的なプロセス。治療だけでなく、専門医の受診や、治療
による身体の変化も指します。

思春期ブロッカー　puberty blockers：ホルモン・ブロッカー、または思春期（もしくはホルモン）抑制剤とも呼ばれています。トランスジェンダーの場合、これらの薬剤を思春期前の人に注射したり投与したりすることで、身体がホルモンの影響を受けないようにし、性別違和の原因になることの多い二次性徴（声変わり、体毛や乳房の発達）の発現を遅らせます。この治療はトランスやジェンダークエスチョニングの若い人に、ジェンダー・アイデンティティを模索するための追加の時間を与えるためのものです。

SALT：speech and language therapy　言語療法。WPATHケア基準では、声と伝達のセラピー（voice and communication therapy）と呼ばれています。自認するジェンダーにより近い声や話し方を求める一部のトランスの患者が行うセラピーです。

トップサージャリー／ボトムサージャリー　top or bottom surgery：トランスジェンダーの患者が治療の一部として選ぶことのある二つのタイプの外科手術です。トップサージャリーは多くの場合、AFABのトランスやノンバイナリーの患者のための乳房切除を指します。ボトムサージャリーは、たとえば陰茎形成術や膣形成術のような、トランスの人の外性器を変えるいくつかの方法を指します。

WPATH：World Professional Association for Transgender Health　世界トランスジェンダーヘルス専門家協会。WPATHは「国際的で学際的な専門職組織であり、その職務はトランスジェンダーの健康のエビデンスに基づく診療、教育、研究、権利擁護（アドボカシー）、公共政策を奨励し、またトランスジェンダーの健康を尊重するこ

＊2
と」です[(註122)]。WPATHは（北アメリカと西ヨーロッパの視点に基づいたものではありますが）最新の臨床研究と専門家の総意を基にケア基準（SOC: Standards of Care）を編纂し、現在のものは第7版となっています。これはトランスジェンダーの患者を治療する最良の方法を記した臨床ガイドラインです。本書執筆時には第8版の編纂が進んでおり、この新しい版には多くのトランスジェンダーとノンバイナリーの当事者が著者として加わっています。GRP（Gender Reassignment Protocol　性別適合実施要綱）のような国際的に使われているいくつかのガイドラインも、WPATHのSOCに基づいています。ジェンダークィアのアイデンティティはSOCの中で何度か言及されていますが、特に治療方法にかかわる文脈で述べられているわけではありません。このSOCは2012年に書かれたものなので、それ以後に認められるようになった用語もあるということを記しておきます。

私の体験と私自身について

　私は医師ではないし、私がかかわってきた医療制度は、すべてではありませんが、主にアメリカのものでした。そのためこの章では、数多くの、ストーンウォール（Stonewall）やSTA（Scottish Trans Alliance　スコットランド・トランス連合）や、UKトランス・インフォ（UK Trans Info）といったサードセクター団体が集めた統計を補足として使っています。病院や医師から受けた体験を私に話してくれた多くのノンバイナリー、ジェンダークィア、ジェンダーフルイドの人々の事例証拠も含まれています。

＊2　この部分の訳はSOC日本語版「トランスセクシュアル、トランスジェンダー、ジェンダーに非同調な人々のためのケア基準」より引用。https://www.wpath.org/media/cms/Documents/SOC%20v7/SOC%20V7_Japanese.pdf

また、この章で紹介した情報は、私がインタビューしたXさんのアドバイスによっても補充されています。本書を執筆していた時点では、Xさんはイギリス最大のLGBTチャリティ団体であるストーンウォールのスコットランド支部とNHSスコットランドと共に、トランスとノンバイナリーに寄り添った政策や診療の開発に携わっていました。Xさんは、NHSや、GICやかかりつけ医が当時ノンバイナリーの患者をどう扱っていたか、そしてそれを変えるために何をしたかを話してくれました。

　またこの章の要点がわかりやすくなるように、私個人の移行の例を使っていきます。私が受けた治療、その治療を受けるための試練、そして、アメリカとイギリスの両国でノンバイナリーの人間として、医師とどのようにかかわってきたかについてもお話しします。

　一言で言えば、私はアメリカに住んでいるときに処方されたホルモン治療を何年間も続けています。スコットランドに引っ越してからも、かかりつけ医と薬局にこの処方箋で出し続けてもらっています。私の移行は今のところ、この程度ですが、それは、私のジェンダー・アイデンティティによって、特に外科手術による結果や「理想的な」性器の形態を得ようとは思っておらず、現時点ではほかの治療を求めたいという希望も特にないためです。また、現在そうした治療の需要が大変大きいこともわかっているので、もっと必要としている人のためのリソースは使うまいと、意識的な決断をしたのです。

ノンバイナリーの人すべてが
性別適合治療を求めるわけではない

　先へ進む前に再び明確にしておきたい重要なことは、医療的な移行が、ノンバイナリーにとっても、トランスジェンダーのアイデン

ティティにとってさえも、必須の要素ではないということです。ジェンダークィアやノンバイナリーの人で性別適合治療を求める人も大変多くいて、この章を書いたのはそのためです。しかし、そういった治療をしなかったり、できなかったりする人も同じくらいいますが[註123]、治療をする人よりも、ジェンダークィアやノンバイナリーの度合いが低い、というわけでもありません。

　それを強調したかったのは、トランスの人が男女バイナリーの理想にできるだけ同調するために治療を受けるべきという社会の圧力のせいで、外科手術やホルモン治療を受けない多くのトランス、特にノンバイナリーの人たちが、そうした治療を受けている人と比べてどこか「トランス度が低い」とか、正真正銘のトランスではないとかと思われることがあるからです。同時に、私たちの医療システムは、二つの性がそれぞれ二つのジェンダーと密接に結びついていて、それは変わることがないという生物学至上主義を基盤とするヴィクトリア朝時代の理想に基づいて構築されているため、トランス医療は、男女バイナリーの枠外の人をうまく受け入れられないのです。こうして私たちは、二重に阻まれています。

　しかし、ジェンダー（それが男性でも女性でも、あるいはそれ以外でも）はこうあるべきだという規範的な考えに沿って身体を変えようと思わない、ノンバイナリーやジェンダークィアの人々も多くいます。

　XX2　「それが自分にとって絶対に重要だとは思わないし、近い将来追求したいことでもありません。ホルモン治療も決してやらないと思います」

　XX1　「私の場合は、外見が問題ではないので性別適合治療を求めてはいません。（ノンバイナリーと少年の間を行き来する）デ

ミボーイというアイデンティティに気持ちが傾いているので、性別に関する医療は多分、役立たないと思います。自分としては、（医学的には可能ではありませんが）いっそ外性器がない方がいいのです。それに髪を短くすると、男の子としてパスしていますし」

EB1「何も変えたくありません。耳にピアスをするだけでも大変でしたから。自分のありのままの身体を受け入れて楽しんでいます。それに、特に性差に基づいた行為としてのセックスに惹かれるわけではないので、自分を変えて、どんな経験をすべきかという規範に合わせる必要性はまったく感じていません」

ノンバイナリーの人は、ジェンダーと身体を切り離して考えるのかもしれませんし、ジェンダーを外見ではなく話し方や行動によって表現しているので、身体のどこかを変える意味などないと思うのかもしれません。また、自分のアイデンティティにより近いと思える身体は存在しないと考えるので、身体を変える必要がないと思う人もいるでしょう。また自己認識するだけでなく、自分の何らかの「ジェンダー」を公表しよう、と思わない人もいるかもしれません。どんな状況であっても身体を変えることには不安がつきまとうかもしれません。ノンバイナリーの人の中には、ジェンダー違和を感じない人もたくさんいて、社会からの期待がどうであれ、社会的な移行をするために、性的特徴を変える意味などないと思う人もいるのです。むしろそうした人々は、積極的に服装や話し方や行動の仕方を変えるかもしれません。また、カミングアウトしたことで、自分自身と自分のジェンダーに対する理解を新たに深めて、ただ単に、今まで通りにジェンダークィアとしてこれまで通りの生活を続けることもあります。

たとえば、流動的なアイデンティティの人や、身体以外の方法で
ジェンダー表現をする人のように、ジェンダーの特徴によっては、
医療的な移行ができない人もいます。インタビューに答えてくれた
VKさんはジェンダーフラックス^(註124)と自認していますが、VKさ
んのようなジェンダーフルイドの人にとっては、「移行後」の身体
が移行前と同じぐらい自分のアイデンティティに合っていなかった
り、違和感を引き起こしたりするかもしれないのです。アイデンティ
ティが二つかそれ以上のバイナリーで、明確なジェンダーの間を
揺れ動く場合、アンドロジナスや曖昧な身体は不適切かもしれませ
ん。そういう場合は、医療的な移行は的外れで、逆効果ですらあり
ます。

　さらに、治療の基準には、男女バイナリーな用語が使われている
だけでなく、患者が自分のジェンダーについて**持続した確固たる観
念**を持っていなくてはならないと述べられています。たとえば
WPATHのSOCには、性別適合手術を受ける資格として、「患者が
ジェンダー・アイデンティティに一致・調和した性役割で1年以上
継続した生活経験があること^{*3}」が求められています^(註125)。しかし、
ジェンダーフルイドの人にとって、常にどちらかのジェンダーでい
ることは、自分自身のアイデンティティに従って**生きることにはな
りません**。

　ジェンダークィアと自認するすべての人が、必要な治療を**受けら
れる**とは限りません。医療制度全般に不安を感じる人や、これまで
かかわった病院や医師が、男女の枠外のジェンダーについて敵意を
持っていたり、あまりにも不親切だったりしたため、治療を求める
ときに自分について正確に伝えられない場合もあるかもしれません。

＊3　この部分の訳はSOC日本語版「トランスセクシュアル、トランスジェンダー、
　　ジェンダーに非同調な人々のためのケア基準」より引用。https://www.wpath.org/
　　media/cms/Documents/SOC%20v7/SOC%20V7_Japanese.pdf

自分をバイナリーだと言うことを選択する人もたくさんいます。一方、ストレスや、自分と異なるジェンダーとして扱われる潜在的なトラウマを恐れて、治療そのものをあきらめてしまう人も多くいます。世界に向かって自分とは違う自己表現をするように強いられるのは、どんなことであっても不快かもしれませんし、ジェンダークィアとしてオープンにすることには大きな犠牲が伴う場合があることを考えると、それも理解できます。

　ここで言いたいのは、ジェンダークィアの人の医療的移行に様々な理由があるように、移行しない理由も様々だということです。本書にこの章を加えたのは、医療的移行そのものの重要性を主張したかったからではありません。それは大変多くのジェンダークィアの人々の人生にかかわる問題であり、バイナリーなシステムで私たちが直面する困難の例でもあります。それゆえ、私たちの医療制度における体験について議論する必要があるのです。

　しかし、だからといって、医療的な移行を求めないジェンダークィアの人なら、治療についての障壁に遭遇しないわけではありません。はっきりノンバイナリーであることを公言している人は、性別適合治療を受けていないとしても、病院での治療が必要です。病院は二つのジェンダーだけしか受け入れないようにできているため、ノンバイナリーの人が**移行に関係のない**治療を受けようとするときに、医療専門家の敵意や無知に遭遇することがあります。トランスのコミュニティでよく言われるのは、どんな症状であっても、たとえば不眠症や動悸や、ひどい発疹さえもが、ジェンダークィアであるせいにされることがよくあるということです。「トランスの腕骨折症候群（trans broken arm syndrome）」と呼ばれる現象です^{（註126）}。これは医師や医療従事者が、私たちのアイデンティティを超えて、人物像や、その症状に目を向けることができず、病気の原因をそれ以上探ろうとしないことを指しています。LEさんは病院での体験を

こう語っています^(註127)。

> 概して、私の医療制度における体験は、不安から非常に刺激的なものまで様々です。普段から事前に電話で、私の選んだ名前と代名詞を伝えるようにしていますが、しょっちゅう待合室で受付から出生時の名前で呼ばれてアウティングされたり、間違ったジェンダーで呼ばれたりしていました。**そのせいで、私は移行と関係のない治療でさえも、できる限り避けるようになりました。**

「トランスの腕骨折症候群」はトランスの人に危険を及ぼすことが実際によくあります。ノンバイナリーの体験についてのSTA報告書^(註128)の回答者は概して、NHSの一般的な医療を受けるときにも、ジェンダー・アイデンティティを明らかにするのが不安だと答えています。治療を求める理由がジェンダーに関係のない場合には特に気まずい思いをしたといい、それはNHSなどの医療従事者が概してノンバイナリーのジェンダー・アイデンティティを尊重していないことを表しています。

私の願いは、ノンバイナリーとジェンダークィアの人たちがバイナリー・システムにどう対応し、どう苦しんでいるかを、医師や、治療へのアクセスをコントロールするすべての人により理解してもらうことによって、医療制度を私たちにとって、もっと安全なものにしてほしいということです。

治療への道のり
. . . .
性別適合治療を受ける決心をしたジェンダークィアの人が辿らなければならない、ある特定の経路があります^(註129)。トランスの人

が治療を受けようとすると、複雑でわかりにくいお役所仕事から、ゲートキーパーの敵意まで、乗り越えなくてはならない障壁や障害がいくつもあります。ノンバイナリーの場合は、そうした障害がさらに多いのです。このセクションで取り上げるのは、私が見聞きした最も重大な問題ですが、ノンバイナリーに特化したものだけでなく、一般的なものもあります。ここでは、ある一人のノンバイナリーの架空患者を想定して、その人が医療的な移行を受けるプロセスを辿っていきましょう。まず治療が可能だと気づいたところから、ホルモン療法と外科手術を受けるところまで、どのように医療制度を乗り越えていくかを述べます(註130)。ここで述べる障害のいくつかは実際に私が体験したものです。また幸運にも私は回避できましたが、ノンバイナリーの友人や知り合いが対峙しなくてはならなかった障壁についても述べていきます。

ノンバイナリーの人の医療的な移行のほぼすべての段階で起きる障害は、社会の医療制度に根づいた二項対立論と生物学的本質主義から生じるものです。至るところで、敵意や不信感に出くわし、常に自分自身の証明や正当化が求められます。

この章の目的は、非難したり誰かに責任を負わせたりというのではありません。ただ、私たちの目から見た医療制度がどんなものかを理解してほしいのです。ここで私が警告を発した問題の多くは改善に向けて取り組むことのできるものだと思いますし、またこの章だけでなく本書全体が、今後ノンバイナリーがより認識され、医療面だけでなくすべての面で包摂的な社会になるという目標実現の話し合いの助けになればと願っています。

情報への限られたアクセス

現在のトランスのヘルスケア制度の仕組みの、第一の、そして最

も根本的な問題の一つが、治療についての正確な情報へのアクセスや、情報を得られる場所や方法が限られていることです。それによって、患者になる可能性のある人は、どこで誰に情報をもらえばよいのかがわからないし、医療者の側も、患者に何を伝え、どんな治療基準に従えばいいかがわかりにくいのです。

健康委員会（Health board）〔イギリスの地方自治体に設置された健康を増進するための組織〕のウェブサイトには、トランスに関する医療サービスの情報がほとんど掲載されていないことが多く、また全国に不均等に遍在しているクリニックの中からどこに行けばよいのかを決定するための最良の方法も確立されていません。そのため、どの地方のどのクリニックが患者を受け入れているかを判断するのも困難です。かかりつけ医ですら、たとえばスコットランドのファールカーク市のある一人の患者を、エディンバラのチャーマーズ・クリニックに紹介するのか、グラスゴーのサンディフォード・クリニックに紹介するのかがわからない場合があります。

また提供されるサービスに不一致やギャップがある場合も多く、多忙で人員不足のクリニックのスタッフは、患者や患者になるかもしれない人への情報提供や密接な連絡を一貫してできない場合もあるかもしれません。Xさんの情報では、アベーディーンズ・グランピアン・ジェンダー・クリニックの専門医は2014年に引退していて、その後、同クリックは個人的に、エディンバラ・チャーマーズ・クリニックの専門医のサービスを調達して臨時に診療していましたが、本書執筆時には、その医師も産休に入っており、グランピアン・クリニックの患者で治療継続のために遠くのクリニックまで行くことができない人のための対策も立てられていません。

別の例として、サンディフォード・クリニックは2度目の診療予約を取るのが非常に困難だという悪評があります。私が話をしたり聞いたりした人の中にも、初回の予約は取れても、次のフォローア

ップの予約が取れないという人がとてもたくさんいました。次回の予約を取るための情報がなかなか患者に与えられず、一貫性もないといわれています。

　概してトランスのヘルスケア制度は不安定で、サービスには様々な矛盾やギャップが生じがちです。こうした医療サービスにアクセスして見ている情報が、果たして最新で正確かどうかを知る方法もない場合が多く、患者が非常に努力して特定のサービスにアクセスしようとしても、結局、そのサービスやクリニックや組織がもうなくなっていたり、運営していなかったりということもよくあります。制度の不備の影響を一番先に受けて苦しむのは、このように限定的で古い情報に基づいた医療サービスを求める人々なのです。

　患者が得られる情報の多くは、チャリティやNGICNS（National Gender Identity Clinical Network for Scotland　スコットランド・ナショナル・ジェンダー・アイデンティティ・クリニック・ネットワーク）のようなサードセクター団体が提供しているものです。また専門家のサイトだけに隠されている情報や、いくつものリンクを経てやっと辿り着ける情報もあり、一般の人には、なかなか得ることができないものもあります。たとえば、ハイランド・セクシュアル・ヘルス・クリニックは、スコットランドでトランスの人が性別適合治療を受けられるクリニックの一つとしてNGICNSのウェブサイトにリストされていますが、その地域のインヴァネス・クリニックは断続的にしか開いていません。さらには、ハイランド・セクシュアル・ヘルス・クリニックのウェブサイトには、「トランスジェンダー」という言葉は一度しか出てきません。同クリニックのセクシュアル・ヘルスのページの、「クリニックが情報提供できる問題」リストの一部に「トランスセクシュアリティとトランスジェンダーの問題」と書かれているだけなのです。同クリニックで性別適合治療が受けられるかどうかも、どんな**特定**のサービスが受けられるかの情報も、

ウェブサイトのどこにも見当たりません。しかも、本書執筆時にはハイランド・クリニックのウェブサイトの検索機能がダウンしていたため、そのサイトのどこかに**隠されている**情報があったとしても、私には見つけることができませんでした。

　ジェンダークィアについていえば、患者と医療専門家の両方に開かれているリソースの多くは男性か女性かのバイナリーで説明されています。WPATHの治療基準でさえも、乳房切除の結果を「男性の胸」という言葉で述べているのです^(註131)。WPATHの治療基準の8ページ目の概要でも、「MtF」と「FtM」患者の満足度のレベルを説明するのに、すべてバイナリーな言葉が使われています。ジェンダーが男性でも女性でもない人のことには、まるで触れられていないのです。

　「ジェンダー移行」という言葉には、それが実際に辿る経過について、歪められた通俗的な想像が伴います。「性転換」の大改造や、手術の大失敗といった大げさなタブロイド記事を思い起こさせるのです。そのため、医療的な移行を願う多くのノンバイナリーの人たちがクリニックまで辿り着けなくなってしまうのです。性別適合治療というものに伴う恐怖やスティグマや誤った情報によって、治療を求めることをしなくなるかもしれません。ジェンダークィアの患者が治療を求めたとしても、かかりつけ医は、WPATHの治療基準を読んで、性別適合治療とは、ただ単にペニスと腟を入れ替えるだけだという考えを抱き、GIC（ジェンダー・アイデンティティ・クリニック）への紹介を拒否するかもしれません。

　正確な情報の不足は混乱を招きますが、より重視すべきなのは、それが多くのトランスの人に孤立感や絶望感を与え、ジェンダー・アイデンティティや移行に対するうつや不安の気持ちを増幅させるかもしれないということです。私は2014年の夏からホルモン治療を受けています。やっとホルモン治療を決心したことは、移行前の

私と、（未だに漠然とした）私のゴールとの間の長くて曲がりくねった道に踏み出した第一歩でしかありません。医師に相談する前に、私のような人間にも、ホルモン療法や医療的な移行の可能性があるということを、まず認識しなければなりませんでした。それまで、私の頭の中で**移行**という言葉は、乳房切除や、膣形成手術や、テストステロン注射や、豊胸手術などを意味していて、直観的にそれらは望んでいませんでした。私が医療的移行について、メディアや、記事や、（移行について知っているという）医療専門家から得た知識は、どれも相反するものばかりでした。

　私の治療期間にも混乱は続いていましたが、私はそれから免れる方法を身に着けていました。ホルモン治療によってどんな身体的結果が実際に得られるのか、それは（やっと！）心地よい身体を見つけるカギとなる穏やかで可逆のプロセスであることなどについて、どこで知識を得たのかは覚えていませんが、多分インターネット上の、ノンバイナリーの治療を受けた経験者のブログやフォーラムからだったのだと思います。

　大学を卒業する頃までには、十分な情報を集めることができました。トランスの友人やインターネットの情報や自分自身の体験を通して、自分が本当にノンバイナリーであるとわかったのです。また幸運なことに、ジェンダー・アイデンティティやジェンダー違和が専門のセラピストの診療も受けていました。ジェンダー・アイデンティティについて少し話しただけで、セラピストは性別適合治療ができるところへ紹介状を書いてくれました。そのとき、私は言葉にできないほど安堵しました。**やっと始まるんだ**、と思ったのです。

　でもそれほど簡単なことではありませんでした。それまでの医療専門家との経験は、かなり平凡なものでした。症状が何かあると、たいてい母と一緒に医師の診療を受け、医師が賢明な診断を下して治療をしてくれて、私は家に帰るといった具合でした。以前は、明

確な説明が困難なジェンダー違和の治療を必要としていたわけでもないし、どう説明していいかわからない症状もありませんでした。その頃は、何を頼んだらいいのかさえ定かではありませんでした。

　勇気を振り絞って「ホルモン治療を始めたいのです」と伝えたときの緊張感は今でもはっきり覚えています。そのときの医師の反応は、「ホルモン治療とは何ですか？」でした。

　私がそれにどう答えたのかはよく覚えていませんが、その後すぐに急いで診察室を出たことは覚えています。恥ずかしさ、失意、自信喪失といった気持ちで潰されそうでした。私の気分を改善してくれるはずの医者に拒絶されたのです。

　でもどうすればよかったというのでしょう？　病院で待つ間、医師に少しリサーチをしてほしいと主張すべきだったでしょうか？でもそんなことを言えるほどの自信はありませんでした。そこに留まる権利すら自分にはないと直感しました。私にはそんな資格がないとはっきり示した医療専門家に対して、どう自己主張すればよかったのでしょうか？　症状を訴えて病院に行き、まったく治療を施してもらえなかったことなど、それまでは、ありませんでした。ましてや具合が悪いことを否定されたこともありません。とても恥ずかしくて、自分自身や自分の感情の正当性を疑いました。まったく完全に孤立した気持ちになって病院を後にしました。その後、勇気を振り絞って、自分でそのプロセスを再開するまでには、長い時間がかかりました。

　この最初の経験がいかにひどいものだったか、説明できないほど困難でした。そのとき私が直面していたのは、人生の大変革でした。しかも、それまでにないほどの激しいうつに見舞われている最中でした。あの病院での挫折が、うつを悪化させたのは間違いありません。医師にどうしてほしいかを伝えて助けてくれるよう説得することすらできないなんて、自分には何か問題があるに違いない、とい

う思いで病院を出ました。私には助けてもらう価値すらないのではないかと思ったのです。

　このようなことは稀だとか、これは平均以下の経験だとかと言いたいところですが、実際はそうではありません。それからは何でも自分でやれたと言いたいけれど、それもできませんでした。移行のプロセスの間中、そして今でも支えてくれるネットワークの人たちにすっかり頼っています。母はその頃、医療保険会社で働いていて、私の保険のきく内分泌代謝の専門医を探す手助けをしてくれました（これはアメリカにいた頃のことです。これを書いている今でも、アメリカにはNHSのような国民保健サービスがなく、トランスの人がどこで治療を受けたらよいかを示すウェブサイトもヘルプラインも一切ありません）。セラピストもなくてはならない存在になり、私の人生で最悪の時期の一つを乗り越える手助けをしてくれました。トランスやアライ〔LGBTQ+の味方／理解者〕の友人たちも大変重要な存在で、特に治療の選択や体験の共有にとって欠かせないものでした（最後にトランスやアライ**ではない**人に会ったのがいつだったのか覚えていないくらい、私はそういう人たちに恵まれています）。

　私のようなリソースを持たないジェンダークィアやノンバイナリーの人も多くいます。保険の仕組みに詳しい家族がいないかもしれないし、頼れるコミュニティもなく、信頼できるセラピストもいないかもしれません（でもネットのおかげで、コミュニティ探しはますます容易になっています）。特にイギリスでは、ほとんどのメンタルヘルスのサービスはNHSの保険が適用されず、されたとしても、トランスに特化したサービスではありません。経験を分かち合えるトランスの友人もいないかもしれません。だからこそ、情報をもっと得やすくすることが大変重要なのです。移行は、そして特にジェンダークィアの人の移行は、明らかに自分でしなくてはならないDIYの体験なのです。ブログとYouTube動画は私にとっていつも役

立つ情報源でした。

　ノンバイナリーのアイデンティティを理解しないかもしれない医師や、トランスのアイデンティティの容認すらしないような医師に向かって、特定の治療を受けたいと自己主張をするのは、思い切った賭けですし、医師はその治療に反感すら持っているかもしれません。

　私たちは人生を通して、医療のことは医師が一番よく知っていると教えられてきました。ですから、自分で行ったリサーチに基づいて自己主張を医師に対して行うことには、いつも神経質になります。でも、ジェンダーに関するヘルスケアについては、自分自身が専門知識を持った患者になり、医師に会う前から十分なリサーチをしておかなくてはなりません。これは私だけでなく、話を聞いたほとんどのノンバイナリーの人たちも感じていることです。それなのに、いざ医療専門家に診てもらうと、そんな体験や専門知識には意味がないと言われることがよくあるのです。

　主治医に支えてもらえない、あるいはその努力もしてくれないと感じるのは、誰にとってもつらいことです。友人や家族にすらカミングアウトしていないジェンダークィアの人にとって、こうした経験は大きなショックとなるでしょう。もし、もっと情報があれば、そして、公的なリソースがノンバイナリーのアイデンティティを明確に認めていれば、私は助けを求めるための準備がもっとできて、自分には治療を受ける資格があると、自信が持てるでしょう。そして医師の方も、もっと私に歩み寄ってくれようとするかもしれません。

GIC（ジェンダー・アイデンティティ・クリニック）への紹介

　イギリスでは、トランスやジェンダークィアの人が、自分には性別違和感があり、それは何らかの医療処置で解決できるかもしれな

いと気づいたら、まずGIC（ジェンダー・アイデンティティ・クリニック）への紹介が必要になります。そこでアセスメントを受け、適切な性別適合治療を処方されます。かかりつけ医やカウンセラーなどがGICへ紹介してくれるほか、稀なケースとして[註132]オンラインで自己紹介書[註133]に書き込む方法もあります。

とはいうものの、実際にGICへ紹介してもらうプロセスが容易なことは、めったにありません。ご推察の通り、紹介するかどうかを決めるかかりつけ医やカウンセラーが、トランスジェンダーの文化を受容するトレーニングを受けていないかもしれないし、トランスの傘の下の様々なアイデンティティに精通していないかもしれません。また、個人的に男女の枠外のジェンダーという考え方を受容できないかもしれません。かかりつけ医やカウンセラーがトランスについて抱くイメージと患者の様子が一致していないと、紹介を拒否することもあるかもしれません[註134]。残念なことに、GICや性別適合サービスへの紹介は、結局一人のかかりつけ医やカウンセラーの個人的な意見に左右されることが大変多いのです。医師やカウンセラーは自分の認識以外の情報をほとんど持っていないため先へ進むことができず、その認識も個人的な偏見や、大衆メディアのトランスの描き方に非常に影響を受けているかもしれないのです。

医療施設による認識や教育の違いによって、患者がどれほど簡単にGICへの紹介を受けられるかが大きく変わってきます。地域によって、特に都市部では、わりと簡単かもしれません。エディンバラ大学キャンパスのヘルスセンターの私のかかりつけ医は、2度目か3度目の診療時にエディンバラ・クリニックへ紹介してくれました。この医師から受けていたのはジェンダー関連のケアではありませんでしたが、私が頼まなくても紹介してくれたのです[註135]。

しかし私のケースは典型的な例とはいえません。多くのバイナリーなトランスの人とジェンダークィアの人が、私と同じヘルスセ

ンターの医師からさえも、GICへの紹介を拒まれたことがあると聞いています。同じ施設内であっても医師の間に、紹介に関する基準がないのです。私のかかりつけ医も、事前に書類やマニュアルを見てから紹介してくれたわけではありません。ただ私に紹介してほしいかと尋ねてくれただけです。おそらく彼女にとっては、紹介状を書かない方が簡単だったのではないかと思います。そのとき、私に必要だったGICのサポートが受けられていなかったら、現在の私の将来への見通しはまったく異なっていたでしょう。こうした矛盾や実施基準の欠如を理由に、GICへの紹介を求めるジェンダークィアの患者が別のかかりつけ医などから、セカンドオピニオンを受けようとすることもあると耳にしました。しかし、辺鄙な場所に住む患者で別のかかりつけ医のところまで旅する費用がない人には、その選択肢はないでしょう。このような状況は、特に地域や社会経済的地位の違いによって、医療へのアクセスに不平等が生じる原因となります。

GICでの治療

さて、架空のノンバイナリー患者の治療への紹介が**認められた**と想定しましょう。次のステップは、現在、新規患者を受け入れている最も近いGICへ行くことです。スコットランドのハイランズのような、GICから何百マイルも離れた辺鄙なところに住んでいる場合もあるかもしれません。架空患者のGIC初診予約が取れたら（クリニックによっては何か月も待たなくてはならない場合もあります）、まず予診が行われます。予診では、アセスメントを受け、精神療法、言語療法、ホルモン療法、外科手術といった治療の選択肢について話し合われます（ホルモン療法と外科手術については2人の専門医の承認が必要です）。

そもそもGICの制度は、バイナリーの一方から、もう一方への移行へ患者を導くために構築されたものでしたが、多くのジェンダークィアの人の移行にとっても大きな役割を果たしています。GIC制度が設計された当時は（ここでは**設計**という言葉をできるだけ漠然とした意味で使っています）、まだ「トランスセクシュアル」が、出生時に割り当てられた性とジェンダーが反対で、ジェンダーに合わせて体を一致させたいと願う人、と定義されていました。

　それ以後、トランスジェンダーのコミュニティやトランスについて使われる用語は劇的に変化しました。トランスの人の定義も大きく拡大されたのです。ジェンダー自体も、最初に考えられていたよりもずっと複雑だということが理解されるようになりましたが、この広くなった定義をサポートする規定が、既存の施設にはまだほとんどありません。スコットランド公衆衛生ネットワーク（ScotPHN: The Scottish Public Health Network）の「ジェンダー・アイデンティティ・サービスにおけるヘルスケア・ニーズ・アセスメント（Health Care Needs Assessment of Gender Identity Services）」は、予想通り、ジェンダー違和のあるノンバイナリー・アイデンティティの人を診断する手引きはまだ存在しておらず[註136]、ノンバイナリーを自認する人のGICでの体験は概してさらにネガティブだと指摘しています。こうした人々の多くには、民間の治療を受ける経済的余裕がありません。したがって、ブラックマーケットで入手した治療法で自己治療するという非常に現実的なリスクを冒したくなければ、公的医療制度の範囲内で移行を求めるしか選択肢がありません。しかし、その制度によって、ノンバイナリーの人々は力を奪われ、多くの患者の一人としてしか見なされず、男女バイナリーのどちらかのジェンダーに同調させられることになるのです。

　また、これらのクリニックは、ジェンダー関連医療の需要の高まりに対応するための準備や資金が不足していることが多いのです。

私が主に調査をしたスコットランドには、二つの主要なGICがグラスゴーとエディンバラにあり、小さいクリニックがアバディーンとインヴァネスにあって、それぞれNHSグランピアンとハイランド地域から紹介された患者の対応をしています。二つの小さいクリニックは常時開設されているわけでもなく、スタッフがいないときもあって、グラスゴーとエディンバラの二つのクリニックが事実上、スコットランドのすべてのトランス患者を治療する重荷を負うことになります。この二つのクリニックは国境から北に100キロほどしか離れておらず、クリニック間の距離は75キロほどです。しかし、ほかの地域では状況がもっと悪いのです。北アイルランドにはGICが一つしかありませんし、ウェールズの患者は全員ロンドン・チャリング・クロスまで行かなくてはなりません。このクリニックは2016年の時点で、イギリスの患者全体のおよそ38％の治療を行っています。ほとんどのクリニックでは、初診患者として紹介される件数が10％以上増えていると報告しています^(註137)。

初診予約までの待ち時間と、次の予約までの間

　トランス医療の最大の困難の一つは、初診予約まで、または次の予約まで、とてつもなく長い時間がかかるということです。現在の待ち時間をウェブサイトに掲載しているクリニックも多いのですが、インタビューしたXさんや、ジェンダー・アイデンティティ・サービスを受けようとした知り合いによれば、クリニックから個人患者への予約状況や順番待ちについての連絡は、ほとんどないといいます。

　GICは統計や待ち時間の情報の発表を渋ることも多く、また、書類にクリニックの患者のジェンダー・アイデンティティと矛盾した記載をしていること（実際の患者のジェンダー・アイデンティティで

はなく、出生時に割り当てられた性別で記録や記述をすること）もよくあるといいます。

　ジェンダー・アイデンティティ・サービスを利用するスコットランド人のほとんどは、グラスゴーのサンディフォード・クリニックに行きますが、紹介されてから初診予約まで平均して12か月の待ち時間があります。エディンバラのチャーマーズ・セクシュアル・ヘルス・クリニックは、ここ1、2年の間に、待ち時間を3か月に短縮しており、これはサンディフォード・クリニックの待ち時間と比べると大変な進歩です。GICへの紹介数は、近年増加して横ばいに近づいています。近年の増加に関しては、以前よりトランスを自認する人の数が実際に増えたのではなく、多くのトランスの人が安心してカミングアウトできるようになったからだろうと、「ジェンダー・アイデンティティ・サービスにおけるヘルスケア・ニーズ・アセスメント」[註138]が推測していることも特記すべきかもしれません。

　いずれにしても、現在利用できるリソースでは、増加しているトランス人口に対応できないことは明白です。さらに困ったことには、NHSイングランド（NHS England）が、性別適合治療の紹介から治療が始まるまでの待ち時間（RTTと略されます。referral to treatment[註139]）のガイドラインを実際に示しているのにもかかわらず、私がインターネットで詳細に調べても、待ち時間の上限の規定を見つけ出すことができませんでした。性別適合治療の待ち時間ルールについてウェブ上で見つけたコメントの多くは、あくまでも患者のためだと制度の中をたらいまわしにされて、治療を何年も待たされているトランスジェンダーの人たちによるものです。待ち時間が名目上は改善されているとしても、実際に現場でそうした前進の証拠はほとんど見られません。

治療の拒否や保留

　現在のケア基準が具体性に欠けているため、一人ひとりの医師に大きな権限が委ねられ、判断が医師の個人的な偏見に大きく依存している場合があります。たとえば、WPATHのケア基準（SOC）には、メンタルヘルスの状態が「比較的コントロールできていること」^(註140)と書かれてありますが、それが何を意味するかは具体的に述べられていません。すると、専門医がどのような判断をするかは、個々の患者が自分のメンタルヘルスの問題をどれほどうまく隠せるかにかかってきます。一般的に、これらのガイドラインには、紹介を検討するかかりつけ医や、治療を検討する専門医が、それが自分の患者に適切かどうかを判断するための標準的な基準や指標が示されていません。

　GICへの紹介、あるいはトランス・ヘルスケアへのアクセスが、患者の精神状態が治療を受けられるほど安定していないという理由で拒否されることがよくあります。私がかかっているのと同じヘルスセンターで、私の知り合いにもそのようなことが起きました。この友人は、メンタルヘルスの状態が良好でないため性別適合治療を処方できないと言われたのです。

　私の場合は、ホルモン治療を始めたことと、（あえて言えば、それが**原因だったかもしれませんが**）アメリカの保険と医療制度を切り抜ける途方もない苦しみに終止符が打てたことが、私のメンタルヘルスが即座に飛躍的に改善したことに大きくかかわっていました。人生で最も長く続いた最悪のうつ状態が終わったのです。その友人の精神状態が治療を受けられなかったことに直接関連していたのか、あるいはほかにも複雑な問題がかかわっていたのかはわかりません。しかし**私に言えること**は、その治療を受けることこそが、そのとき、その友人のメンタルヘルスの改善につながっただろうということです。

英国王立精神科医学会実践ガイドライン（The Royal College of Psychiatrists Good Practice Guidelines）にはこのように書かれています。

　　　治療チームによるジェンダー治療の中止や中断は、患者の精神状態によってジェンダー違和の誤診が生じるような証拠がある場合、または患者の状態が適度にコントロールできるまで治療が不可能な場合だけに行うことができる。(註141)

　しかし、患者の治療が不可能というのは具体的にはどういうことでしょう？　患者の根底にあるメンタルヘルスの状態によって性別違和感が深刻化しているかどうかは、どう判断すればいいのでしょうか？　患者のメンタルヘルスの問題がコントロールできているというのは、どういうことでしょう？　患者は性別適合の医療を受けるために、どこまで自分のメンタルヘルスの状態を隠す危険を冒せばいいのでしょうか？　性別適合の医療サービスを受けられるかどうかは別にして、偽ることによって患者のメンタルヘルスの見通しにどんな影響が生じるのでしょう？　医師は患者が自分のメンタルヘルスの状態を隠しているかもしれないと気づいているのでしょうか？　ScotPHNの「ジェンダー・アイデンティティ・サービスにおけるヘルスケア・ニーズ・アセスメント」の調査によれば、「自分のメンタルヘルスの状態について精神的苦痛や不安感がある」と回答した人の54％が（n=136）、性別適合医療を拒否されるのを恐れて、専門医にメンタルヘルスについて相談することに抵抗があったと言っています(註142)。

　治療を許可するかしないかが、十分な情報の入手ができない、たった一人のかかりつけ医や専門医の考えによって決まるのを私たちは何度も繰り返し見てきました。多くのトランスの人にとって、心の病の根本的な原因はジェンダー違和です。ですから、かかりつけ

医がホルモン治療や外科手術といった医療的移行のオプションを患者と話し合おうとせずに、抗うつ剤や抗不安薬を処方するのは、傷口に絆創膏を貼るようなものです。ジェンダー違和ほどの深刻な問題は、ただ表面を覆っても、なくならないのです。しかし、シスジェンダーの医師たち、特にトランスのカルチャーを理解する訓練を受けていないためにトランスの患者の適切なサポートができないかかりつけ医は、患者の要求する治療に消極的になることがよくあります。それは、トランスの患者が不安定で情報不足であること、そして概して自分に最もよい治療が何なのかを決める力がないと思われているからです。

　これもまた、トランス当事者としての経験のない政策立案者や専門医がうっかり患者を傷つけてしまうことの一つなのです。そのため、私たちは自分の治療について大量のリサーチをすることを余儀なくされることが非常に多く、必然的に、専門知識を持ったベテラン患者になってしまいます。ガイドラインや治療の実施要綱を固守して、一人ひとりの患者の声を聞かずに、誠意とインフォームド・コンセントに基づく診療をしないことは、トランスの患者から力を奪ってしまうことなのです。

　私の友人のケースの皮肉な結果は、友人にも私にも直観的に理解できていましたが、友人のかかりつけ医には理解できなかったことだと思います。おそらくシスジェンダーであるその医師に、もしトランスとしての直接経験があったなら、治療の必要性がはっきり理解できたでしょう。精神状態を理由にして精神状態改善のための治療を拒否することは、トランスとノンバイナリーについてのシスジェンダーの医師の観点と、実際の微妙なニュアンスとがしばしば基本的に異なっていることを示す一つの例でしかありません。

　かかりつけ医が紹介状を書こうとしなかったり、専門医が治療を拒否したりするのは、患者のジェンダー・アイデンティティの複雑

さ、ひいては患者に適した治療を医師が誤解していることが一般的な理由といえます。まったく同じことが、ジェンダークィアやジェンダーフルイドやノンバイナリーの患者についてもいえます。

　Ｘさんによれば、トランスジェンダー患者に関する医師向けの研修資料の多くは、バイナリーの枠外のジェンダー・アイデンティティについてはまったく触れていません。ほとんどのかかりつけ医は、ノンバイナリーの人に会ったこともなく、会ったとしてもそれに気づかないでしょう。すると、研修資料や、テレビやニュースで目にするかもしれないトランスの人（多くの場合はバイナリーなトランス女性）が、医師の評価の第一基準となってしまいます。ほとんどの人気メディアは、「パスしている」トランス女性やトランス男性だけを画面に登場させるにふさわしいトランスのタイプと見なします。そのため、トランスに対する一般の認識が必然的に、バイナリー・モデルへと大きく歪められてしまいます（実際、シスジェンダーの基準に最も同調したトランスが最も好ましいと考えられるのです）。すると今度は、それがシスジェンダーの人々のジェンダー・ヴァリエントについての認識――許容できるもの、許容できないもの、あるいは何がジェンダー・ヴァリエントの規準なのか――に直接影響を与えるようになります。そしてイギリスの医師のための研修資料や実施要綱の設計にかかわったシスジェンダーや、バイナリーなトランスの人々でさえもが、間違いなく、ジェンダークィアの認知不足による影響を受けたことでしょう。

　そこでまた、話をノンバイナリーの架空患者へと戻しましょう。この患者がホルモン治療や外科手術や、ホルモン・ブロッカーのような思春期を遅らせる治療を望んでいて、かかりつけ医の診断を受けに行ったとしましょう。かかりつけ医は、患者のジェンダー表現が曖昧だったり一貫性に欠けていたりすると、この患者はバイナリーなトランスの人よりもどこかアイデンティティに「こだわって

いない」と解釈するかもしれません。そして真正なジェンダー違和としてではなく、ある種の精神疾患として、または「注意を引きたい」願望を表しているだけだと解釈するかもしれないのです。この患者は奇妙だとか、治療の範囲外だとさえ考えるかもしれません。

　かかりつけ医がジェンダー・アイデンティティに関連した治療を行ったり、治療へのアクセスを認めたりするのに「不快感を持った」ため、トランスの人、特にジェンダークィアやノンバイナリーの人が治療を拒否されたと聞いたことがあります。治療を受けた患者が後に「後悔して」、訴えられるのではないかと医師が恐れるのは仕方がないかもしれませんが、治療を否定された患者は再び振り出しに戻ってしまうのです（医療的移行の解除は、およそ1％ほどしか起きないと推測されています）^(註143)。

　さて、医師とあの架空患者の話し合いを見てみましょう。パワーバランスは、必要な治療を決めるゲートキーパーの役割をする医師の方へ大きく偏っています。医師は患者の人生を改善する治療へのアクセスをコントロールし、それによって患者の未来へのカギを握っています。特に西洋社会では、医師は絶対的な権威者としてあがめられますが、実際は医師も私たちと同じ人間であり、自分が受けた教育、先入観、恐れ、偏見といったものに影響されているのです。かかりつけ医がトランスの患者にとって最も良いと思うことが、実際には患者にとってはベストではないかもしれません。紹介を拒まれても万事休すではありませんが、傷つきやすい患者にとっては大きな後退を意味します。

ノンバイナリーによる自己偽装

　患者が専門医に、必要なサービスを許可してもらうためには、クリニックでいくつものハードルをクリアしなくてはなりません。明

確な診療ガイドラインの不足と、治療を受ける資格を専門医が判断する基準に一貫性がないため、患者自身も自分に何が求められているのかわからなくなってしまいます。特にジェンダークィアとノンバイナリーの人の多くは、専門医やその他のゲートキーパーに対して、自分のジェンダー表現を誇張しなくてはというプレッシャーを感じています。治療を受ける資格があると思われるために、十分に「トランス」だと見せたいのです。こうした自己偽装の必要性や、専門医がジェンダー表現をそれほど重視するかどうかは別として、このような認識が存在するという事実は、患者がクリニックで自己表現を変える十分な理由となるでしょう。

SGさんはこう言います。

> 私はノンバイナリーであることやジェンダー・ノンコンフォーミングであることを公表したことはありません。それによってトランスとして正当化されないかもしれないという恐れと、医療サービスの一般的なトランス問題についての理解不足がその理由です（たとえば、何度訂正しても、カウンセラーは私のノンバイナリーのパートナーのジェンダーを間違え続けました）。

2018年度のScotPHNの「ジェンダー・アイデンティティ・サービスにおけるヘルスケア・ニーズ・アセスメント」調査によれば、回答者の30％が専門医にウソをついたり、情報を伝えるのを控えたりしているといいます（n=186）[註144]。2015年のアメリカ合衆国トランスジェンダー調査の報告では、ノンバイナリーの回答者のうち、ジェンダー・アイデンティティを医療専門家やカウンセラーにオープンにしているのは52％にとどまりますが、一方、バイナリーなトランスの人では平均84％がオープンにしているといいます。2015年にアクション・フォア・トランス・ヘルス（Action for

Trans Health）が、イギリスの121人のノンバイナリーと自認する人を対象にした調査（註145）で、性別適合サービス利用の体験について尋ねました。回答者の大多数が、NHSの性別適合サービスでネガティブな経験をしたと答えています。民間の医療機関を利用した際の経験は多少ましだったようです。また、回答者の半数ほどが、治療を受けるために、自分はバイナリーなトランスだと伝えたと言っています。2015年にスコットランド・トランス連合が行ったノンバイナリーの人のGICでの経験に関する調査では（註146）、過去1年間にジェンダー・アイデンティティ・サービスを利用した221人の回答者のほぼ60％が、ほとんどの場合、ノンバイナリーのアイデンティティをオープンにするのに抵抗があったと述べています。

　こうした統計は、ノンバイナリーのコミュニティでよく聞かれる不安を裏づけています。自分のかかりつけ医が、ノンバイナリーというジェンダーの存在を知らなかったり信じていなかったりしたら、そしてアクセスできるすべてのリソースからノンバイナリーの記載が排除されているなら、あなたは、治療について医師をどう説得すればいいのでしょうか？　あなたは、病院に行くときは、トランスとしてもっともらしく見えるように、出生時に割り当てられた性と「反対の」ジェンダーの服装をし、それ以外のときには、いつものミックスあるいは曖昧なジェンダー表現に戻っていますか？　あなたがバイナリーだと自認していないことが専門医に知れたら、どうなると思いますか？　ソーシャルメディアと記録が常時行われている現代社会では、ノンバイナリーの人は、まるで全展望監視システムの下で見張られているようなものです。それを避けるために、惨めな思いをしても、バイナリーなトランス男性やトランス女性として日々過ごさなくてはならないのでしょうか？

　インタビューに答えてくれたXさんは、専門医が患者を評価する実際の基準は非常に簡略なものだと言います。トランスの患者に聞

く質問の基準もなければ、ジェンダー・アイデンティティの専門医になるための国際的な基準さえも存在していないのです。Xさんは、ほとんどの専門医がトランスの患者にする質問は、バイナリーなジェンダーの枠組みのものが多いと言います。そして患者の答えがバイナリーの概念を危うくしたり、疑問視したり、なんらかの曖昧さを認めるようなものよりは、むしろバイナリーなアイデンティティに同調する方が、よい反応を受けられるような印象があるといいます。患者は、「アイデンティティの何が不調和なのですか?」と尋ねられることはあっても、「あなたのアイデンティティと出生時に割り当てられた性との関係はどうですか、あるいは一致していますか?」と尋ねられることはめったにないのです。

　したがって、特にジェンダークィアの患者にとって、治療を受けることができるかどうかは、自己表現と専門医の視点の両方に大きく左右されます。患者は専門医が認めると思われる方法で自己表現をし、両者の間にオープンなコミュニケーションはほとんどありません。

　私が医療的移行を受けているときもまったくそうでした。まず私は、ジェンダー違和に関連した心の病を専門とする、思いやりのあるセラピストから、直接、(ホルモン治療をする)内分泌科医へ送られましたが、この内分泌科医はトランスジェンダーについての知識がほとんどありませんでした。正直言って、この医師は私が待合室にいるのを少し迷惑がっているようでしたし、私のアイデンティティやジェンダー違和についても何も尋ねてくれませんでした。

　もし私についての情報が医療データしかなければ、私はバイナリーなトランスだと思われるかもしれません。なぜなら(少なくとも私が見ることのできる)すべてのデータには「女性から男性へ」と記載されていたからです。完全な情報開示のために正直に言えば、私は治療を受けるためにウソ——相手に錯覚を起こさせるために重

要な部分を割愛する省略的なウソ——をつきました（私の医師のうちの誰かがこの本を読んだとしても、おそらく治療を取りやめられることはないでしょう）。私がノンバイナリーと自認しているとセラピストからの紹介状にはっきり書かれていたにもかかわらず、内分泌科医がそれを認めることは一度もありませんでした。

　この方法で、私はうまく切り抜けることができたのだと思います。内分泌科医は、（ホルモンを処方し副作用がないか確認するといった）なすべきことがよくわかっているようでした。保険が適用されて、適切な書類が認められている限り、彼は何も聞かずにホルモン治療をしました。

　イギリスへ引っ越す前に何度かこの医師の診察を受けましたが、彼がノンバイナリーというアイデンティティのことをまったく知らないという印象をはっきり受けました。私の知る限り、彼は「性」と「ジェンダー」の違いにすら気づいていなかったのかもしれません。しかし、彼をもっと評価すべきかもしれません。なぜなら、彼はトランスについては十分な知識を持っていて、私に何を処方すればよいかもわかっていましたから。そして、半量の服用量で治療を始めることを許可してくれました。私は今でも半量を保っています。服用量が少なすぎると何度か言われましたが、分量を増やすよう強制されることはありませんでした（医師は、バイナリーなトランス男性に推奨される服用量に達するまで、少しずつ増やせばよいと考えていたのだと思います。でも彼がそう主張する前に、私はイギリスへ引っ越してしまったのです）。

　正直なところ、ようやく移行を始められたことで安堵していたので、医師が私のアイデンティティの詳細を知っていようがいまいが、そんなことは、どうでもよかったのです。それに私は、あえて医師にはっきり言おうとは思いませんでした。初診の質問票に書かされたわけではありませんでしたが、「男性になりたくない」という気

持ちを明らかにすれば、これまでの努力が水の泡になってしまうと確信していました。そんな危険を冒す価値はありません。

　ですから医者の考えたいようにしておいたのです。ホルモンの処方を依頼し、彼はそれを処方し、これまでうまくやってこられました。しかしよく考えてみれば、このごまかしが私に別の問題を残したことに気づきました。それは制度の権威者とかかわるたびに、不義や罪悪感を感じたことでした。人口統計調査書や質問票に書き込むとき、たとえ自分の正しいジェンダーを書いたとしても、たとえノンバイナリーと関係のない場面であったとしても、ちょっとした不安感がありました。制度的な枠組みの中で不正直でいることに慣れてしまっていたからです。最近やっとこれを克服し始めました。自分のアイデンティティをもっと安心してオープンにできるようになりました。人にどう思われてもいいと思えるようになったし、ジェンダー・アイデンティティのせいで罰せられないこともわかっています。しかしこんな気持ちになれなくて、医療従事者に自分のアイデンティティをオープンにすることに**抵抗がある**人も多いのです。

　専門医は、特定の基準に沿って、私たちに必要なサービスの利用を調節したり許可したりする役割を担うゲートキーパーであるはずです。現在の制度のプロセスには、資源配分のために、ゲートキーパーの存在が必要なのです。しかし、私たちの最善の利益を念頭に置くべきガイドラインや規約が、逆に働くことが多いため、ゲートキーパーの存在が、トランスのコミュニティにおいて、私たちに敵意を持ちニーズにも気づかないシスジェンダー体制の象徴となっているのです。こうしたゲートキーパーとのかかわりによって、私たちは治療を受けるために不正直にならざるを得ません。ゲートキーパーという概念がまったく損なわれているのです。

　ほとんどの場合、それは大きな問題ではなく、私たちはできる限りのことをしていますが、ときにはトランスという立場が治療に密

接にかかわることもあり、特にホルモン治療の場合のように、医師と患者の間のミスコミュニケーションが命の危険につながることもあります。2015年のスコットランド・トランス連合の「イギリスにおけるノンバイナリーの人々の体験」[註147]についての報告書で一人の回答者がこう述べています。

　　（医療上の理由などで）書式に生物学上の性別を書かなくてはならない場合は、別途そのことについて尋ねるべきです。生物学上の性別を女性と書くのは構いませんが、ジェンダーを女性と書かされることによって性別を推測され治療の必要性を決められるのは嫌なのです。

　医療機関が性とジェンダーの違いを認めない限り、そして専門医と患者の間に、理解のズレがあったり、悪感情があると思われている限り、ジェンダークィアの人たちにとって医療の場は、安全でも快適でもありません。

性別適合治療の実際

　ナット・ティットマンの2014年のイギリスにおけるノンバイナリーの研究では、ノンバイナリーの人の31.6％が、「何らかの性別適合治療を考慮したり、現在行っていたり、過去に行ったことがある」[註148]と述べています。しかし従来の治療プロセスは、性別適合を望む大多数のジェンダークィアの人に適したものとはいえません。こうした治療の多くは、慣習的にバイナリー・スケールの一方の端から、もう一方の端へ移行する人を助けるためだけに使われてきたものだからです。ノンバイナリーの人の医療的移行は、おそらく人によって非常に異なっていることでしょう。そのため、どんな

治療が利用できて、それが身体にどういった影響を与えるかを理解することが、ノンバイナリーの患者にも、治療を施したり専門家に紹介したりする医師にとっても必要なのです。

　医療的移行を望む患者に専門医が求める条件が妥当かという問いに、LEさんはこう答えていました。「当時の私のパートナーのケースですが、医療的移行をするのに十分なジェンダー・アイデンティティであると、ようやく認められるまでに、1年間ホルモン治療なしで自認するジェンダーとして生活させられました」

　これは標準的な方法ですが、ノンバイナリーの患者は奇妙なジレンマに陥ります。ホルモン治療や手術を受けられればジェンダー表現をコントロールできるのですが、そういった治療を受けさせてもらえずに、本当のジェンダーをカミングアウトさせられれば、患者は嘲笑やハラスメントを受けるでしょう。こうしたトラウマは別としても、医療機関がノンバイナリーというジェンダーの存在すら認めていないのに、医療的移行を求めるノンバイナリーの患者が「自認するジェンダーで生活できた」ことを一体どう証明すればよいのでしょうか？

根拠の薄い社会的通念

　このセクションを書くために論文や資料を探していて気づいたのは、性別適合治療には、膨大な誤解と興味本位の通俗的な概念がつきまとうという事実です。性別適合についてグーグル検索して得られる情報を見ると、衝撃的で恐怖をあおるような新聞記事99本に対して科学論文はわずか1本にしかすぎません。トランスジェンダー関連のニュースに溢れているのは、「生々しい」写真や手術の「惨事」ばかりです。トランスジェンダーは科学的に奇妙な存在であり、良くても医学的奇跡、最悪の場合は、嘲笑や憐みに値する忌

まわしい存在と見なすべきであるという印象を与え、性別適合手術は危険で実験的で違法ですらあると思わせるのです。そこで、このセクションを書き進める前に、これらの誤解について述べたいと思います[註149]。

　トランスのヘルスケアはしばしば実験的で危険で極端なものだと思われ、それがトランスの人は社会から逸脱した異常なアウトサイダーだという考え方に結びついています。主流メディアのトランスの移行のニュースは、シスジェンダーの読者にとって刺激的なものが非常に多く、治療の成功や幸せになった大多数の患者ではなく、稀に見る手術の失敗や後悔や移行解除（detransition）といったものにスポットライトを当てています。しかし、性別適合手術の有効性と安全性を検証し、そうした治療が患者の生活の質の向上につながっていることをはっきり示す科学的・臨床的研究は数えきれないほどあります。たとえば、BAGIS（the British Association of Gender Identity Specialists　イギリス・ジェンダー・アイデンティティ専門家協会）はジェンダー違和とトランスジェンダーの健康について調べ、知識を普及させることを目的としています。

　もう一つ、特にトランスの若者やジェンダー・アイデンティティを迷っている人の治療について忘れてはならない重要なことは、思春期ブロッカーのような可逆的な治療の選択もある[註150]ということです。思春期ブロッカーは、思春期に望まない変化が起きる前に、ジェンダーを探求する自由を若い人に与えるものです。ホルモン治療の効果にも、部分的に元に戻せるものもあるのです。

　WPATHのケア基準に詳しく述べられているように[註151]、ほとんどの研究では、性別適合治療を受けた後に後悔を表明する患者は2％程度であり、移行解除——つまり、出生時に割り当てられた性別での生活や表現に戻ること——する患者はさらに少ないとされています。移行を逆戻りさせる理由が、患者のジェンダー自認の変化

や誤解であることは大変少なく、むしろ、移行後に社会から受ける圧力やトランスフォビアによる虐待が理由であることがずっと多いのです(註152)。

　特にAMABトランスの治療についてよくある思い込みは、トランスのヘルスケアはすべて美容目的だというものです。つまり豊胸手術や体毛除去が性別適合の始まりであり終わりでもあるというのです。シスジェンダーの人にある種の性別適合の治療が美容目的で施されることもありますが、忘れてはならない重要なことは、こうした治療はいかなる性器の手術とも同様に、トランスの人が自分のジェンダーを率直に表現できるために必要な性別適合の治療だということです。

　性別適合治療は必要で、正しく行われれば安全で有効だというのが真実なのです。私たちを医学的に奇異な存在だとする通俗的な認識は、私たちが疎外されてきたことの産物です。ニュースや人気の記事が、私たちを無抵抗の犠牲者としてではなく、意思を持った行為者やテーマとして描けば描くほど、真実が見えてくるはずです。

ノンバイナリーのヘルスケア

　ノンバイナリーの自己表現やジェンダー観が無数にあるように——患者自身にも医師にも十分な知識があれば——一人ひとりの患者の必要性に合わせた幅広い治療のオプションがあります。このセクションでは、ジェンダークィアやノンバイナリーの患者が求める可能性の高い性別適合の治療について述べていきます。ここでは詳細にわたる説明はしませんが、より詳しい情報は書物やオンラインから得られます。中でも最新で詳細な情報が得られるのが、ベン・ヴィンセント著の優れた本『トランスジェンダーの健康——バイナリーとノンバイナリーのトランス患者ケアの医師のためのガイ

ド（Transgender Health: A Practitioner's Guide to Binary and Non-Binary Trans Patients Care）』（註153）です。トランス患者の治療にあたるすべての医師にぜひ読んで吸収してほしいおすすめの本です。

ホルモンと思春期ブロッカー

　トランスジェンダーの若者の診断と治療をめぐる問題は、それだけでも一冊の本が書けるほどですが、こうした治療の安全性、そして未成年者に治療を受けさせることが倫理的であるか、という問題が主な議論の対象になっています。思春期ブロッカーは子どもの思春期を何らかの理由で遅らせたい場合の、安全で可逆性のある方法です。実際、この治療は長年、思春期早発症（註154）や子宮内膜症（註155）の治療としてシスジェンダーの子どもにも使われてきました。

　トランスの子どもは「手遅れになる前に」移行したいという、大きなプレッシャーを感じることがあります。すでに体が自然なホルモン分泌によって変わってしまったら、性別適合治療にあまり効果がなくなるのではという不安もあるかもしれません。思春期の体毛の増加、声変わり、乳房増大といった体の変化を抑えたり遅らせたりするために、思春期ブロッカーを使うことができます。それによって、ジェンダー違和の兆候のある子どもが、差し迫る性徴のプレッシャーを感じることなく、自分のアイデンティティをゆっくり探求することができます。ノンバイナリーやジェンダークィアとして自認するようになる子どもにとって、ホルモン剤は、自分の曖昧だったり変わりやすかったりするジェンダー表現をコントロールするのに役立ちます。

　GnRH〔アゴニスト製剤〕やその他のホルモン・ブロッカーの処方を多くの医師が躊躇する主な理由は（単なるトランスフォビア以外の理由では）、投与による骨密度の低下などの長期的な影響が懸念されるからです。これらの治療が使われるようになったのは、ここ数十

年のことなので、長期的な影響についてはまだよくわかっていません。しかし、非常に長く投与し続けない限り、そして骨の健康や身長の発達といった兆候をしっかりモニターし続ける限り、これらの治療は概して安全だというエビデンスがあります[註156,157]。通常、この治療はセラピーと共に行い、子どものメンタルヘルスもモニターしていきます。一般的にブロッカーは、子どもが違和を感じなくなったり、移行を決心したりするまでの間だけに使われます。その後は、子どものジェンダー・アイデンティティに合致するホルモン剤が使われます。この方法は、思春期が始まってしまってからホルモン治療を行うよりも効果を示すようです。

　思春期ブロッカーは、ジェンダー・アイデンティティがはっきりしない若い人にとっての当座しのぎの手段になります。主要メディアが「子どものセックスドラッグ」と呼ぶ汚名を早く払拭できれば、子どもたちは試す自由を得ることができて、自分の体を安心して受け止められるようになるでしょう（この汚名ということについて話し始めたらきりがありません）。出生時に割り当てられた性ではないジェンダーとして生きたいと望む子どものために、親や小児科医にできる、絶対的に良いことは、子どもの言葉を真剣に受け止めて、いろいろな選択肢があると伝えてあげることです。

ホルモン療法

　性別適合治療を受けるジェンダークィアとノンバイナリーの成人の大多数は、HRT、すなわちホルモン補充療法を受けています。AMABの患者にはエストロゲンを、AFABの患者にはテストステロンを使うのが一般的です。ホルモン療法への身体反応は、人によってみな違いますが、概してこの治療によって二次性徴に変化が現れます。出生時に女性の性を割り当てられた患者が、テストステロン治療を受けると、声が低くなり（思春期に見られるような「声変わ

り」)、筋肉と体毛が増加し、顔の骨格が角ばったり男性的になったり、生理が止まったりします。患者によっては、特に禿げる家系の人は、髪も薄くなります。エストロゲンの投与を受ける患者は、乳房が大きくなったり、すべすべした脂っこくない皮膚になったり、体毛が薄くなったり、顔の形が柔らかく「より女性らしく」なったりします。

　AMABとAFABの両方に体脂肪分布の変化（エストロゲンは胸と腰に、テストステロンは腹回りに体脂肪を蓄積させます）が見られます。また気分や性欲やセクシュアリティの変化も起きますが、治療を続けていくにつれて安定します。それから生殖能力が減少しますので、治療を始める前に医師と話し合っておいた方がよいかもしれません。

　私は4年にわたってテストステロン療法を受けていますが、その間もずっと自分が（男性ではなく）ノンバイナリーであることがわかっています。私にとってホルモン療法は「多義的」あるいは「混合された」ジェンダー表現を実現するための、簡単で最も非侵略的な方法に思えました。治療のどの段階でも自分のいわゆるゴールというものが明確にはわかっていませんでしたが、治療が私の身体に与えた影響に満足しています。

　HRTを始めてすぐに、トランスのコミュニティで言うところの「二番目の思春期」が訪れました。気分の浮き沈みや、ときには激しい怒りが起きましたが、どちらもわずか数か月後には収まりました。確かに顔が骨ばって筋肉量も増えたようでした（もっとも、HRTを始めた頃よりずっと活動的になったためかもしれませんが）。私のHRTの効果の中で最も顕著だったのは、（不満に思うこともありましたが）体毛の増加と、劇的に声が低くなったことでした（こちらは嬉しい変化でした）。社会にジェンダーづけされることは、いつまでも避けられそうにありませんが、この治療と服装と髪型を変えたおかげで、推測されるジェンダーが男女半々になりました。

ホルモン療法は、ジェンダーを曖昧に、あるいは可変的に表現したいジェンダークィアやノンバイナリーの人に、より大きな自由とコントロールを与えてくれる治療なのです。最大の問題は、こうした治療はバイナリーなトランス患者に処方されることが最も多いので、私たちにとっては処方量が多すぎるかもしれないということです。私は、トランス男性に勧められる服用量の半量で、結果にとても満足しています。服用量のコントロールができている唯一の理由は、私が自分の治療を管理しているからです。それでも、この章で前にも述べたように、カリフォルニア州の内分泌医にかかっていた頃は、私のテストステロン値が低すぎると内分泌医が懸念していました（私にとっては理想的なレベルでした）。

　一方で、ホルモン療法をしている人の中には、定期的にGICに通わなかったり、ホルモン剤をブラックマーケットで入手したりして、ほとんど医師の監修を受けていない人が多いという事実もあります。私は2か月ごとに処方薬を受け取り、それ以外のときは自分の責任で管理しています。副作用の可能性についてかかりつけ医と話し合うのは私の責任ですし、そのためにリサーチもしました。患者本人も医師も──特に専門医ではない、ジェンダークィアの患者の定期診療をするような医師は──潜在的な副作用や長期的な影響を認識し、どんな長期的な治療にも求められるように、副作用を防ぐ対策を講じることが非常に重要です。

外科手術

　性別適合手術（gender-reassignment surgery　略してGRSと呼ばれることもあります）は、患者の乳房や性器の外観を変える手術です。これには豊胸術や造膣術、ペニスのあるAMAB患者の陰茎細胞からの膣形成、AFAB患者の乳房切除術や陰茎形成術（ペニスの形成）などが含まれます。

ノンバイナリーの患者が手術を受けたいと思う理由や、反対にホルモン療法を**受けたくない**理由には様々なものがあります。たとえば、優れたオペラ歌手でジェンダークィアの活動家でもあるCN・レスターが乳房切除術を選んだのは、ホルモン療法によって声がコントロールできないほど劇的に変わることを嫌ったからだといいます。ホルモン療法をしていたら、CN・レスターはキャリアを失うか、あるいは最初からトレーニングをし直さなくてはならなかったでしょう。胸の手術によって、歌うことをあきらめることなく、自分のアイデンティティに合った自己表現ができたのです。CN・レスターはその素晴らしい著書『トランスの私（Trans Like Me）』で、オペラ歌手であることはジェンダークィアであることと同等のアイデンティティでありパーソナリティであると述べています。

　また、何らかの基礎疾患によって身体が思ったようにホルモンに反応しない人もいます。HRTがほとんど効果を示さなかったジェンダークィアの人を、私は少なくとも一人知っています。声も体毛や髭の量も特に変化しなかったため、その人の医療による移行の唯一の選択肢は胸の手術でした。

　ノンバイナリーの人が手術を受けたいと言っても医者に真剣に受け取ってもらえなかったり、ジェンダー表現が曖昧だったり変化するため、手術の影響について真面目に考えていないのではないかと思われることがあります。また、手術という「思い切った」ステップを踏むには「十分にトランスではない」と思われることもあるでしょう。しかし、10人のうち9人は、医者を訪ねる前に、すでに手術とホルモンの選択肢について莫大なリサーチをしているので、クリニックに足を踏み入れた時点には、自分にとって何が正しいかがもうわかっています。ノンバイナリーの人が医者に手術を受けさせてほしいと言うときは、多分、手術のリスクや結果についてすでに、理解できているのです。

手術が医療的な移行の暗黙の最後段階だと考えられることがよくあります。しかし、バイナリーかノンバイナリーかにかかわらず、手術を希望しないトランスの人も多くいます。それなのに、専門医のこうした思い込みによって、自分に適していない治療を受けるよう迫られることもあります。どちらの場合でも厄介なのは、ノンバイナリーの患者自身の知識と自覚が正当化されないことです。

そのほかの「美的な」治療や補足治療

　ほかにも、トランスのヘルスケアの選択肢として、髭や体毛の除去や、SALT（言語療法）のようなものがいくつかあります。これらは移行プロセスにおいて、些細なものに思われるかもしれませんが、違和感を軽減するためにはホルモン療法や手術と同じぐらい必要かもしれないのです。また、こうしたセラピーは、ホルモン療法や手術を認めてもらえない患者や、待ち時間の長い患者のための暫定的なオプションでもあります。

　ノンバイナリー患者のSALTや体毛除去についてのデータを見たことはありませんが、こうした療法が不適切だと考える理由はまったくありません。私たちがいつも、こうした治療の選択肢について知らされているわけではないことについても考える必要があるでしょう。実際、こうした治療はノンバイナリーの患者がより多義的なジェンダー表現を獲得するのに不可欠かもしれないし、周囲から特定のジェンダーと見られるような特徴を取り除くことにもなります。それに、患者自身が日常的に自分でコントロールできるものでもあります。SALTは、特にジェンダーフルイドの人が声や話し方などをコントロールして、変化するアイデンティティに合わせる方法として有効です。専門医はジェンダーフルイドの患者に、こうしたサービスがあることを知らせるとよいでしょう。

結論と提案と資料

　プロセス全般を見れば、ジェンダークィアの医療的移行に関する標準化された実践方法が、トランスのヘルスケア制度の中で、大きく不足していることが明らかになります。このことは、バイナリーなジェンダー枠外のアイデンティティの存在が頭から否定されていることをも特徴づけています。全体の制度は——設計というものがなされているとしたら——社会が容認する男女の典型に同調するアイデンティティと、具体的にはバイナリーな自己表現のトランスだけを受け入れるように設計されています。ジェンダークィアの人たちは、一般社会の中で、ことあるごとに男女どちらかのバイナリーへ引っ張ろうとする制度を切り抜けながら生きていかなくてはなりません。

　この根本的なバイナリー制度のほかにも、この国にはトランスのヘルスケア制度にかかわる問題がいくつもあって、ノンバイナリーやジェンダークィアやジェンダーフルイドの患者のニーズに正しく応えるために、取り組んでいかなくてはなりません。中でも最も顕著なのは、リソースの不足、社会や専門医のノンバイナリーのアイデンティティへの理解の不足、患者自身の知識を尊重する患者中心のケアの欠如などです。こうした問題が、ノンバイナリーのアイデンティティが医療機関の内でも外でも見えなくなっている原因なのです。

　ノンバイナリーの認知度の低さが、私たちのアイデンティティがバイナリーより正当性が低く、注目するに値しないという認識へとつながり、それによって医療機関や制度のゲートキーパーが、訪れるノンバイナリーやジェンダークィアの人たちを認めたり、受け入れたり、支援したりしなくなってしまいます。利用可能なリソースと、それを必要とする人の数との不均衡も第1章で述べたように、ノンバイナリー人口の統計が不足していることに関係しています。

そのため、クリニックやサードセクター団体の資金要求を正当化することが困難になっているのです。同時に、トランスの人々と医療施設の間に信頼感がないため、こうしたデータを集めることも難しいのです。

　私たちの実体験の現実と、それについての専門医や医療従事者の考え方との隔たりも、ジェンダークィアやノンバイナリーの人が性別適合に関するリソースを利用しようとする際の、主な障壁の一つとなっています。トランス人口全体の中で私たちは確かに比較的、稀な存在といえますが、多くのジェンダークィアの人が医者に率直にジェンダー・アイデンティティを告げられないために、専門医も私たちがどれほど多く存在しているかについて偏った認識を持つ傾向があるのです。そればかりか、ノンバイナリーの患者は単にGICを利用しようとしないのだと思う専門医も多いのです。

　ノンバイナリーの患者がこのように寡黙なのは、長年の医療機関への不信感によるもので、不信感がさらに私たちを寡黙にしています。ノンバイナリーに特化されたリソースが不足しているため、移行を求める場合は自分でリソースを得るよう強いられることがよくあります。リソース不足のため専門医も、患者の実際のアイデンティティに応じた治療や、患者への質問や、患者に与えることのできるリソースやサービスについての情報を得ることが困難になります。同時に、患者のアイデンティティを額面通りに受け取れない、あるいは受け取ろうとしない姿勢は、患者の医療機関に対する不信感をさらに助長し、不可視化と無効化の悪循環を生み出します。

　ジェンダークィア、ジェンダーフルイド、ノンバイナリーの当事者たちが作成するリソースや教育資料を増やすことは、シスジェンダーの医師や制度のゲートキーパーが、増加する私たちのニーズを満たすために不可欠です。しかしそれ以上に、トランスの患者を治療する専門医がトランスについての理解を深めることが、とても重

要です。インタビューに答えてくれたTPさんは、このように雄弁に語っています。

　　トランスへの偏見を捨てて、ノンバイナリーやトランスの場所で私たちと一緒に時間を過ごしてほしいのです。今ある多様なジェンダーの定義について読んだとしても、実際には何もわからないのですから。包摂性と感受性を高める訓練を求めてほしいのです。

　SGさんは医療制度を切り抜けるときの疎外感について述べています。「真剣に受け取ってもらえないし、全般的にスタッフは親切でも親身でもありません。快く情報を与えてくれることもありません。つまり、私はいつも不快な『他者』と見なされ、丁重に扱うことはないと思われるのです」
　実際問題として、現在のトランスのヘルスケアに関して、利用できるサービスやリソースと、それを必要としている人数との間にとても大きな格差があるのです。ここ数年で、GICに紹介される人の数は劇的に増えています。客観的に見ればこれはよいことです。性別適合治療は、それを必要とする人にとって命を救うほどの意味があります。今ではより多くの人が安心して名乗り出るようになりました。しかし、それに伴って、サービスの数やクリニックの有資格者の数が増えていないことは残念です。
　社会の偏見や無知や資金不足はすぐには解決できないかもしれませんが、有望な代替案となるクリニックのモデルがいくつかあります。たとえば、オーストラリアのジェンダー・ヴァリエントの子どものためのロイヤル・チルドレンズ・ホスピタル・ジェンダー・サービス（Royal Children's Hospital Gender Service）[註158]では、看護師主導のシングルセッションのモデルによって、予約と予約の間の待

ち時間が大きく減少したことが実証されています。エディンバラの
チャーマーズ・クリニックでも同じような、看護師による制度が試
行されています。このシステムでは、担当看護師が、必要に応じて
様々なサービスへ患者を紹介することができ、予約が取れるまでの
コンタクト先になります。今のところ、特定の治療に許可を出す完
全な権限はありませんが、ホルモン剤やその他のいくつかの治療を
処方することができます。患者と最初にコンタクトをとったときか
ら、効率的にタスクを行って、患者に必要なリソースを与えられる
このシステムは、全体的に機能向上につながるものといえます。

　もっと基本的なレベルの話をすると、WPATHのケア基準に述べ
られているトランスのヘルスケア・システムは、症状のチェックリ
ストと標準的で直線的な実施要綱に基づいて作られており、ほとん
どの場合、患者に合わせて変わることはありません。柔軟であるべ
きこのシステムは、紙の上で定義されたため弾力性に欠け、従来の
移行の方法を望まない患者が増えているにもかかわらず、個々の患
者のニーズに対応できるものではありません。スコットランド公衆
衛生ネットワーク（Scottish Public Health Network）のようないくつも
の団体が強く推奨しているように、トランス患者の構成の変化にヘ
ルスケア制度を順応させる最善の方法は、**患者中心のインフォーム
ド・コンセント・モデル**を取り入れることです。

　インフォームド・コンセントは新しい考え方ではありません。西
洋の様々な医療現場で百年ほど前から実践されてきました。これは、
必要に迫られて自身のヘルスケアのニーズに詳しくならざるを得な
いトランスの人々に特に適した方法です。インフォームド・コンセ
ントは、患者が受ける治療について知る権利に基づく診療モデルで
す(註159)。より具体的な実施要綱やさらに細かいガイドラインをも
ってトランスの傘下の激増する多様なアイデンティティに対応しよ
うとするよりも、トランス患者がすでに得た専門知識を認めて、性

274

別適合治療の各要素を義務としてではなく選択肢として示すことによって、完全に情報を与えられた患者が選択肢の中から自分に適した治療を選べるようにするのが、最良の解決策だと考えられています。専門医が患者を完全にコントロールするのではなく、支えて指導することが望まれます。エディンバラのチャーマーズのような一部のクリニックでは、表向きは個々の患者のニーズによって柔軟に治療を変えています^(註160)が、専門医自体は、まだゲートキーパーとしての責任を担っているため、WPATHのケア基準を使って、患者に治療プロセスを勧めることが一般的に義務と考えられているようです。

　インフォームド・コンセントのモデルと、それぞれのタイプの治療の実際とリスクを十分に知ることが、ノンバイナリーの（そして実際に、すべてのトランスの）患者にとって、自分の治療方法を決める最良の装備となります。患者は義務的な治療を強いられるのではなくて、自分のアイデンティティに合った治療が受けられると確信できるので、患者の健康度も幸福度も向上するでしょう。さらに、このモデルでは患者が自分のアイデンティティの微妙さについて専門医にオープンに伝えることが推奨されているので、専門医と患者の間に信頼感を構築するのにも大いに役立ちます。専門医と患者が対等な立場で治療に望むことができるシステムは、すべてのトランス患者にとって、さらに効率的で安全で効果のあるものになるでしょう。

　インフォームド・コンセント・モデルを使用するクリニックは世界にいくつかあります。たとえば、ボストンのフェンウェイ・ヘルス・クリニック^(註161)は「アクセスしやすく、多専門的に、性別適合のためのホリスティックなケアを提供しており、性別適合をメンタルヘルス問題としてではなく通常の総合医療の一端として考えている」と、スコットランド公衆衛生ネットワークは述べています。このようなクリニックは患者に良好な結果をもたらし、患者数も最

近大変増えていると報告しています。

個々の専門医への実践的提案

　日常的な運営レベルでは、医療機関におけるノンバイナリー患者の状態の改善は、個々の専門医や医療従事者から始まるものです。患者の多様なジェンダー・アイデンティティの尊重を実践し、医療サービスを管理する側のサポートが強化されれば、ノンバイナリーの患者の健康と医療機関への信頼が確実に向上するでしょう。

　私たちは生まれたときから、医者を信頼するように教えられてきました。医者は私たちの利益を第一に考えて、どこか悪いところがあると言えば治療してくれるし、専門家へ紹介してくれたりすると習ってきました。しかし、トランスのヘルスケア制度の専門医の中に、トランスジェンダーの実体験や知識のある人は少ないのです。LEさんは、専門医が医学部で受ける訓練に問題があると言います。

　　私のパートナーは医学生ですが、人口の0.1％以下が罹患するとても珍しい症状について何千もの質問に答えなくてはなりません。しかしこうした質問は、どれ一つをとっても、男性あるいは女性についてのケースです。練習問題や講義に、トランスやノンバイナリーの患者を少しでも加えることができれば（そしてその問題に対する答えがジェンダー・アイデンティティと関係ないなら特に）、私たちの認知度が高まってみんなと同じ人間であることが、医学生にもよくわかるようになるでしょう。そして、インフルエンザや骨折のような病気でさえもすべて移行のせいにする「トランスの腕骨折症候群」も減少することでしょう。

　人が病院へ行くときは、大体傷ついているときです。トランスの

人は、認めたくても認めたくなくても、常に傷つきやすい状態にあり、それが医者のところへ行くだけで悪化するのです。専門医へ紹介したり、処方箋を書いたり、患者が自分のアイデンティティを安心して正直に述べられるようにする（あるいは、安心して診察を受られる）といったことに関して、専門医にはかなり自由に決める裁量があるといえます。こうした権限は、提供するサービスの決定権を持つゲートキーパーである個々の医師にあります。かれらの多くは悪意があるわけでなく、単に無知だったり、最悪の場合でも自分で学ぼうとしないだけです。しかし、それは実際に、ノンバイナリーの患者が自分のアイデンティティを完全に実現するために必要なサービスへのアクセスが限定されることを頻繁に意味しているのです。そうであってはなりません。

　まず、知識をつけてほしいのです。あなたが医師でこの本をここまで読んでくれたのなら、あなたは多くのジェンダー・アイデンティティ専門医よりもずっと進歩しています。でもこの本は医療ガイドではないし、私のエビデンスは主に聞き取りから得た事例証拠でしかありません。ノンバイナリーやジェンダークィアの多様なニーズと体験を理解する最も良い方法は、患者と言葉を交わして先入観を持たずに患者自身の説明を聞くことです。患者のアイデンティティと希望を尋ねる用紙や質問票がクリニックにあるなら、患者のアイデンティティの複雑さについても書けるような欄を加えてください。トランス当事者の患者からより良い方法を提案してもらうといいでしょう。忘れないでいただきたいのは、ノンバイナリーの患者の多くが、100％男女のどちらかだと言わなければ治療が保留されるのではないかという不安を抱いている可能性が高いということです。患者の性器や身体について尋ねるときは、自分が聞かれたらどんな気持ちになるか考えてみてほしいのです。私たちの多くは強烈な違和を感じていて、医療機関に行くと、こうした感情が増大する

ことが非常に多いのです。なぜなら、心や個性や個人的な目標よりも、身体の様子に過度に関心が持たれるからです。

治療の選択肢について柔軟になってください。どのような治療や臨床にもいえることですが、患者のニーズがそれぞれ違います。また、ホルモン治療や思春期ブロッカーのように部分的、あるいは完全に元に戻せる治療があるということも忘れずに患者に伝えてください。ジェンダークィアの患者の治療の道のりは単純明快ではありません。患者が目指すものが、必ずしも性徴を特定の典型に「合致」させようというのではないため、試行錯誤が必要でしょう。トランスの患者自身が、専門知識を持った患者にならざるを得ないのも、他の医療と異なる点です。患者が治療や他の医療サービスを望む場合は、すでに前もって十分なリサーチをしていることが多いのです。治療の結果について率直に話してください。でも治療を受けたくなくなるほど怖がらせないでほしいのです。さらには、煩雑な「お役所仕事」や長い待ち時間というような、現在のシステムの不備についても正直に話してください。HWさんはこう提案しています。「患者に、妥当な待ち時間の目安や、待っている間に何をしたらよいかといった、情報を与えてほしい」と。

移行について医師に相談するのはとても勇気がいることです。医師が受け入れてくれないかもしれないと思うと、なおさらです。ですから医師には受け入れる姿勢を持ってほしいのです。患者の心身の健康を第一に考えるべきだということを、いつも思い出してください。それは具体的には、患者のジェンダー・アイデンティティについての医師の考えに基づいた「ベスト」が、患者自身が考える「ベスト」とは同じではなくても、患者と協力することで解決できるということです。

私がインタビューした人たちの多くは、専門医や医師や医療機関がどう改善されるべきか、非常に明確な意見を持っていました。

LE：わかってほしいのは、私がクリニックの受付にわざわざ事前に連絡して、自分の選んだ名前と代名詞を伝えるのは、それが私にとって重要だからです。トランスのことはよくわからないから無視してもいい、というようなことはありません。患者にとっての真実を信用して、身体の状態について話すときは、たとえ医学用語であってもジェンダー分けされた言葉を使ってほしくありません。患者自身の身体の話ですから、どんな言葉を使ってほしいか、患者に尋ねてもらいたいのです。

SG：現状のシステムの不適切さが、患者の健康を日常的に害していることを理解すべきです。そして、思いやりと積極的治療で患者の窮状に対応し、できる限り力を尽くして、傷つきやすい患者の状況を癒し擁護しようとするべきです。

SG（役立ったことについて）：役立ったのは、医師が話をしっかり聞いてくれたことです。こちらから治療を主張しなくても、医師がサポートできるのはどういう部分なのかということを教えてくれました。それから必要に応じてリサーチもしてくれたし、思いやりのある人間味のある対応をしていました。

XX1：私にとって例外的といえた医療専門家は、すべてを理解しているわけではないと認めていました。かれらは私ではないので、私の真実を知ることはできないと。でも私の体験への理解や共感がなくても、私を助けるのがかれらの仕事です。正しいとか間違っているとか、ノーマルかクレイジーかとかという問題ではありません。サバイバルや生きることだけの問題でもありません。呼吸したり泣いたり以上のことができるようになるためなのです。どんな形やライフスタイルになったとしても、

自分自身を愛することなのです（私が突然、悪意をもって人を傷つけ始めない限り）。

HW（専門医に支えられたことについて）：私がノーマルだと感じられるように自信を持たせてくれて、支えてくれました。

CM：まだまだノンバイナリーやノンコンフォーミングの人のための治療よりは、性転換の治療が中心になっていると思います。はじめて自分からGICに行ったのは、手術による移行に頼らない経験豊富なカウンセラーを見つけたかったからでした。でもGICには対応できませんでしたし、今でもまだできないと思います。

　ジェンダー関連のことは、言ってみれば「帯に短し、たすきに長し」だと思います。ジェンダー問題のある人がいつも移行を求めているとは限りません。けれどもジェンダー・クリニックはそうした人のために素早く対応したり、十分なリソースを持っていたりするとはいえません。最初の心理学的評価を得るまでに1年、ときには2年も待たなくてはならないのは、アイデンティティの問題を抱える人にとって、ひどく長い時間なのです。それに精神疾患ではないので、地域社会のメンタルヘルス・サービスを受けるのも適切ではないのです。

関連情報
・・・
　カリフォルニア大学サンフランシスコ校のトランスジェンダーの最良の健康のためのセンター（Center for Excellence for Transgender Health）が、トランスの患者の診療に役立つ医師向けのリソースを

作りました。「トランスジェンダーとジェンダー・ノンバイナリー
の人の初期診療と性別適合ケアのガイドライン（Guidelines for the
Primary and Gender-Affirming Care of Transgender and Gender Nonbinary
People）」というものです。このガイドラインは、WPATHのケア基
準を補足するもので、相反するものではありません。トランスの人
の性別適合治療と初期診療の両方においてインフォームド・コンセ
ントのアプローチをとる人間中心の治療を推奨するガイドラインで
す。http://transhealth.ucsf.edu/protocols

　ベン・ヴィンセント博士の『トランスジェンダーの健康（Transgender
Health）』（2018年、Jessica Kingsley Publishers刊）という優れた本には、
正しい用語を使うことからトランスの患者がインフォームド・コンセ
ントによって自身の性別適合治療の方法を決められるよう手助けする
ことまで、トランスのヘルスケアのすべての面が網羅されています。

　スコットランド公衆衛生ネットワークの「ジェンダー・アイデン
ティティ・サービスにおけるヘルスケア・ニーズ・アセスメント」
調査には医師への提案が細かく書かれています。www.scotphn.net/
wp-content/uploads/2017/04/2018_05_16-HCNA-of-Gender-
Identity-Services-1.pdf

　イングランドのトランスとノンバイナリーの患者のための、最寄
りのGIC検索：www.nhs.uk/live-well/healthy-body/how-to-find-an-
nhs-gender-identity-clinic

　スコットランドではナショナル・ジェンダー・アイデンティテ
ィ・クリニック・マネージド・ネットワーク（National Gender
Identity Clinic Managed Network）という団体がかかりつけ医と直接多

くの作業をしています。 www.ngicns.scot.nhs.uk/services/gender-identity-clinics

STA（Scottish Trans Alliance　スコットランド・トランス連合）も性別適合治療と、受けられる場所についての豊富な情報を提供しています。www.scottishtrans.org/trans-rights/practice/gender-reassignment/gender-specialists

本書執筆時には、ウェールズ・ジェンダー・チーム（Welsh Gender Team）がウェールズ初の性別適合医療サービスをカーディフで2019年4月から開始することになっています。同クリニックとスタッフの情報は www.genderdysphoria.wales.nhs.uk/ gipg-updates

WPATHのケア基準以外にも、性別適合治療の選択肢についての情報源が提供されていますが、多くはトランスの視点で作られたものです。

NHSのウェブサイトにも、治療の種類や内容や、推測される治療結果についての概観がかなり簡潔に記載されています。このサイトでは古い用語（性転換　transsexual）が使われていて、ノンバイナリーの人々のことは述べられていません。www.nhs.uk/conditions/gender-dysphoria/treatment

アメリカのソーシャルワーカーでセラピストのダーリーン・タンドは、ジェンダーとトランスの日常をブログで述べています。彼女の性別適合治療の選択肢についての情報は大変役立ちます。
https://darlenetandogenderblog.com/2012/05/04/physical-transition-options-for-the-transgender-individual

治療のそれぞれの種類についてのさらなる情報は、次のサイトで見ることができます。

　エストロゲン療法：https://transcare.ucsf.edu/article/information-estrogen-hormone-therapy

　陰茎形成術：www.savaperovic.com/ftm-srs-metoidioplasty-total-phalloplasty.htm

　胸の手術：www.ftmguide.org/chest.html

　MtFの外科手術の選択肢：www.uptodate.com/contents/transgender-surgery-male-to-female

　または、

Heijer, M., Bakker, A. and Gooren, L. (2017). Long term hormonal treatment for transgender people. *BMJ* 2017(359), j5027.

Hembree, W. C. *et al.* (2017). Endocrine treatment of gender-dysphoric/gender-incongruent persons: An endocrine society clinical practice guideline. *The Journal of Clinical Endocrinology & Metabolism*, 102(11), 869-3903.

エクササイズと話し合いのポイント

1. あなたが、はじめてトランスやノンバイナリーの人について聞いたり、直接会ったりしたときのことを思い出してください。友だちや家族にトランスやジェンダークィアの人がいたり、友人との会話に出てきたり、映画や本やニュース記事の中で描か

れていたりしたかもしれません。そのとき、医療について、はっきりと、あるいは暗黙に述べられていましたか？ （もし述べられていたとしたら）トランスやノンバイナリーの人の身体について、どのように語られていたでしょう？ その人の移行についてや、「手術前」とか「外科手術」という言葉が会話の中で使われましたか？

2. （あなたがトランスやジェンダークィアの当事者でないとして）医療や身体のことについて話されることや、そうした体験は当事者にどんな影響を与えたと思いますか？ 自分のような人が描かれたり議論されたりすることで、当事者は対象化されたり人間性が失われたと感じたでしょうか？

3. 医療機関が、男女の枠外のジェンダーの存在を、明示的にも暗黙的にも否定する方法には、どんなものがありますか？ 本人の望む名前や代名詞の使用を拒んだり、性器の説明にジェンダー化された用語を使ったりといったことがありますか？ 今度あなたが医療機関を訪ねるときは、医療機関のポリシーや実践に目を向けてみましょう。

4. シスジェンダーであってもなくても、多くの人が、医療機関（診療室、待合室、用紙に記入するときなど）に身を置くときに不安やストレスを感じます。あなたもそうであれば、ノンバイナリーであるなしにかかわらず、医療機関でストレスを感じるのはどういう部分ですか？ それはなぜでしょう？

5. それは、あなたのジェンダー・アイデンティティとどんな関係がありますか？ もしあなたのジェンダー・アイデンティティが違っていたら、どうでしょう？

6. 医療機関の問題を解決するには具体的にどんな変化が必要だと思いますか？ 機会があれば、どのように変化を起こしたいと思いますか？

第 8 章

・・・・・・・・・・・・・・・・・・・・・・・・・・・・・

法　律

はじめに

ノンバイナリーの人々をめぐる現在の主な二つの法的問題は、公式文書上でのノンバイナリー・ジェンダーの表記を法的に認めることと、ジェンダー・アイデンティティによる差別からノンバイナリーとジェンダークィアの人々を保護することです。この二つの目標には密接な関係があり、共に達成へ向けて進めていくべきです。つまり、身分証明書のような公的な書類に男性や女性以外のジェンダーを明記できるようになれば、ジェンダークィアの人は正しく自分を表現できるようになりますが、同時にジェンダークィアであることが公になり、潜在的な差別を受ける可能性が出てきます。

承認と保護という二つの目標は、少し条文を追加したり文言を変えたりすればいいといった単純なことでは達成できません。法律による完全な保護を得るためには、まず法のジェンダーの概念を変えなくてはなりません。私たちのジェンダーが正式に認められ、法的に保護されるべきであることに疑問の余地はありませんが、実際にその方法を見つけるためには、私たちは新しい領域を開拓しなくてはならないのです。

多くの国の法律では、男女の枠外のジェンダーの存在がまだほとんど認識されていません。トランスジェンダーに関する法律の多くは、たとえば、性別適合治療を受けている人だけを保護の対象とするというように、トランス・コミュニティの大部分の人々を排除するような表現になっています。すると、多くのジェンダークィアやノンバイナリーの人を含む、自分に合ったジェンダーで生きるためには医療的な移行を必要としないトランスの人々を除外することになります。こうした法律の対象となるのは、出生時に割り当てられた性別の「反対の」性別を自認する人だけとなり、男女バイナリー以外のアイデンティティの人はすべて対象外となります。法律が、

286

出生時に割り当てられた性別「以外の」性別としてフルに生活している人だけに適用されるということは、慣習的な性別の枠外の自己表現を認めないということです。さらには、ジェンダーが流動的な人や、自認するアイデンティティに合った自己表現が社会的にできない人も、認められないかもしれません。

　イギリスの主な法律のうち、変更が必要なものが二つあります。一つは、トランスの人が出生時に割り当てられた性別ではなくて自分のアイデンティティに合った公式文書を獲得することに関する、2004年のジェンダー承認法（GRA: Gender Recognition Act）です。もう一つは、2010年の平等法（Equality Act）の中のトランス・アイデンティティに関する箇所で、「性別移行中であることを理由にした差別からトランスの人を守る」とされている部分です。

　これらの法律は、──イギリスのほとんどどの法律にもいえることですが──二つの性別しか信じていない人によって書かれたものなのです。こうした法律の大多数は、ノンバイナリーの人々が、バイナリーなトランスのコミュニティとは別のものとして自己定義をし始める前に書かれたものです。そのため、隙間や、不明瞭もしくは排除的な文言があって、多くの人が見過ごされてしまうことがよく起こります。組織や企業は意図的な差別をしないかもしれませんが、個人レベルでの差別がまだ実際に頻繁に起きるのはこのような隙間があるためなのです。法的な問題にもならないし起訴されることもないからなのです。

　ノンバイナリーとジェンダークィアの人たちが認識され保護されるように法律を変えるということは、バイナリーな制度の限界を認めて法律として成文化することです。しかし、バイナリーなシステムは、民主主義や税金の概念と同様に、社会の法律や制度にしっかりと根づいています。この章ではGRAと平等法について、どのような変更が可能か、どう提案すればよいかを述べていきます。また

イギリスの立法者のお手本になるような、男性と女性の枠外のジェンダーを認めて保護している諸外国の法律についても述べていきます。さらに、ノンバイナリーのアイデンティティを認める、デリケートで包摂的でかつ有効な法律を求める際に生じる困難についても述べていきましょう。

　過去10年ほどの間に、トランスの人々は公式に認められ、法的にも保護されるようになりましたが、依然として頻繁に差別や暴力の対象となっています。ほかの人々と比較して、トランスの人ではヘイトクライム、ハラスメント、性的虐待、家庭内暴力を受けるリスクが高くなっています。また統計的に比較的目立たないとはいえ、ノンバイナリーの人々も、決してこうした虐待と無縁ではありません。トランスやノンバイナリーの若者の虐待や迫害の経験についての2017年の調査[註162]では、ノンバイナリーの回答者の経験はトランスの人々の経験と類似しており、それは決してよいこととはいえません[註163]。たとえば、ノンバイナリーの回答者でAFABの46％とAMABの25％の人たちが、身近な人から虐待や暴力をこれまでに受けたことがあると答えています。また、ノンバイナリーのAMABの83％とAFABの76％の回答者は、見知らぬ人から言葉の暴力を受けたことがあり、身体的な暴力を経験した人もAMABで47％、AFABでも28％に上っています。統計が必ずしも、AMABとAFABの間、あるいはバイナリーとノンバイナリーの回答者の間に、顕著な差が明確にあると示しているわけではありませんが、数字そのものは深刻な事態を表しているといえます。

　2017年のストーンウォール・トランス・レポートのジェンダークィアの回答者の31％は、過去1年間にヘイトクライムや事件の被害に遭っていました。イギリスにおけるノンバイナリーの経験に関するSTA（スコットランド・トランス連合）調査の回答者の35％が、ノンバイナリーであることを理由にセクハラを受け、11％が身体

的な暴力を受け、13％が性的暴行を受けたと言っています。また、32％が脅されたり暴力的に威嚇されたりしたことがあると回答しました。この結果からわかるのは、多くのノンバイナリーの人は医療的な移行によって法的に「正式な」トランスになろうとしていないにもかかわらず、トランスの人たちと同じように身体的、性的暴力の対象となっているということです。

　もっと心配なのは、2017年のストーンウォール・トランス・レポートによれば、ヘイトクライムのおよそ80％の被害者が警察に通報していないということです。さらには、ストーンウォールの統計や事例証拠から受ける印象は、警察は概してトランスの人々に対する犯罪を真剣に受け止めていないのではないかということです。ノンバイナリーの人の公共サービスの場での体験についてのSTAの報告によれば、回答者の69％が警察官にジェンダー・アイデンティティを告げることに常に抵抗を感じているといいます(註164)。ストーンウォール調査の回答者は、公共サービスを受ける際には、大体、ジェンダーを間違えられたり、嘲笑されたり、立ち入った検査や質問を受けたりすることが非常に多いと述べています。

　このパターンは、痛ましいほど増えている大きな問題を示しています。それは、私たちが指導と支援を求めるように教わってきた医師やカウンセラーや警察官といった権威者や、シスジェンダーのマジョリティの代表者たちが、ジェンダークィアやノンバイナリーのアイデンティティを尊重していないということです。私たちは病やケガやトラウマを受けて、最も傷つきやすい状態にあるときに、嘲笑され、卑下され、プライバシーを侵害されています。

　ジェンダークィアとノンバイナリーへのリスペクトの欠如が、家庭や身近な社会の中にも現れることがあります。具体的な被害体験は別としても、男女以外のジェンダーは存在しないという根強い考えによって、家族や親しい友人でさえもが、いとも簡単に、ジェン

ダークィアの人たちを無価値化し、その人間性を奪っているのです。

　ノンバイナリーのアイデンティティの認識は世代によって大きく異なることがあります。ジェンダークィアのアイデンティティを否定する可能性が最も高いのは、年長の親戚や、両親ですらあるかもしれません。

　家族のサポートが得られない原因や影響は、マイノリティ・ストレスや差別の、原因や影響と密接に絡み合っています。ジェンダークィアの人の多くは、家庭内からも外からも敵意を持たれたり無視されたりするため、孤立感や無力感を覚えたり、裏切られたと思ったりすることがあります。TPさんはノンバイナリーのアイデンティティを家族から日常的に「忘れられる」ことが多く、自分の状況の微妙さを次のようにとらえています。

　　　私は子どもの頃に、心理的、身体的な虐待を受けたサバイバーです。私の精神的な特徴の多くは、アメリカで、混血、クィア、ノンバイナリー、デミセクシュアルとして生きなくてはならなかったことだけでなく、家族がナルシシスティックだったことにも起因しています。

　こうした虐待の経験が、世界とのかかわり方に影響を与えているといいます。

　　　私はいつも身の危険を感じていて、自分だけが取り残されているような気がします。そのため、家族から遠ざけられているように、周囲の社会からも疎外されていると感じます。私の権利と存在は、常に議論され、疑問視され、分析され、嘲笑され、無効化され、忘れ去られ……こうした気持ちは積み重なっていくものです。自分の周りの世界にも、自分のために作った小さ

な世界（友人、家族、同僚、街）にも常に理解してもらえないこと、そしてきっと一生理解されないと思うと……敗北感を感じて、うつの発作を引き起こすようになります……

公共サービスの担い手であれ家族であれ、頼れるはずの人たちから軽蔑されたり無視されたりすると、私たちのメンタルヘルスに悪影響が直接出ます。すると、それがきっかけになって、自分のコミュニティに引きこもり、コミュニティのサポートネットワークにますます頼るようになります。公共医療サービスを使うトラウマと、サービスを受けないこととの選択を迫られると、私たちの多くが、サービスを受けないという危険な選択をしてしまうのです。

2017年のストーンウォール・トランス・レポートは、家庭と日常生活でトランスの人々を守るために次のような提言をしています[註165]。

英国内務省への提言：
＊法の下で、ジェンダー・アイデンティティ、性的指向、障害に
　基づくヘイトクライムを、人種や信仰に基づくヘイトクライム
　と同等に扱い、加重罪とすることによって、安心して犯罪を通
　報できるようにする

英国とスコットランドの検察当局と司法組織への提言：
＊すべての検察官と裁判官が、トランスフォビアによるオンライ
　ンとオフラインのヘイトクライム対応のトレーニングを受け、
　トランスの人々のアイデンティティとプライバシーを尊重し、
　被害者に的を絞ったサポートを提供する

警察への提言：
＊すべての警察官と第一線のスタッフが、トランスフォビアによ

るヘイトクライムを特定して報告することができ、被害者をよりサポートし、加害者を罰することができるようにする

家庭内暴力のセクションでは、次のような提言がされています。

英国政府は、
＊トランスとノンバイナリーの団体と協議して、家庭内暴力と虐待に関するプログラムと法律が、トランスの人々のニーズを含むことを保証する
＊家庭内暴力とホームレスの支援サービスが、トランスの人々を含む需要に応えるために、十分な持続可能な資金を確保すること

スコットランド政府は、
＊家庭内暴力対策に、トランスとノンバイナリーの人々とそのニーズが含まれていることを確認する

家庭内暴力とホームレスの支援サービスへの提言：
＊トランスの人々を含むほかの優秀なサービスの実践を参考にして、トランスとノンバイナリーの人々を包摂するサービスを開発して宣伝する
＊トランスのためのサービスの利用者の特定のニーズが満たされるように、全スタッフをトレーニングする

　総体的に、公共サービスや政策に最も必要なのは、教育と尊重、そして包摂的であることです。政策によってトランスの人々をより明確に保護する必要があり、すべてのサービスの担当者にもっと教育を施すべきです。私たちの言葉を信じて、政策やトレーニング資

料の開発に私たちを参加させれば、ジェンダークィアの認知度を高め、現在の法律から見過ごされている人々に、より適切な保護を提供することができるでしょう。私たちの認知度を上げ、公式に尊重されるよう要求することは、ジェンダークィアとノンバイナリーの人々を無効化し虐待を加えるような文化に対抗するために大きな役割を果たします。

法的承認と2004年ジェンダー承認法

　ジェンダー・アイデンティティによる差別や暴力をなくす第一歩は、可視性を高めることです。そのために必要なステップが、私たちのジェンダーを法的に承認することです。イギリスにおけるノンバイナリーとジェンダークィアの人々の経験についての2015年のSTA調査には、法的承認についての私たちの観点が論じられていました。調査の回答者の78％が、男女以外のジェンダーが反映されるように、すべてあるいは一部の公的な書類を改変したいと言っています[註166]。調査のこのセクションから得られた事例証拠は、ノンバイナリーのジェンダーを公的な書類に記すことと、ノンバイナリーの可視化との間に直接的な関係があることを示しています。

　STAのノンバイナリー体験調査の目的の一つに挙げられているのは、ノンバイナリーのジェンダーが法的に認められていないために、ノンバイナリーの人々が「特定の不利益」を受けている証拠を明確に示すことです。この調査には、ジェンダークィアの人たちが、そのジェンダーを認めない機関──社会サービスや雇用の場など──で直面する、暴力を含む様々な困難を示す統計と事例証拠が表されています。

　2004年に制定されたジェンダー承認法（GRA: Gender Recognition Act 2004）は、バイナリーなトランスの人が自分に合うジェンダー

でいることを法的に認め、出生証明書のような公的文書に自認する
ジェンダーを記すことを可能にした、イギリスではじめての法律で
す。「ジェンダー変化のための、そしてそれに関連した条項」[註167]
なのです。しかし、GRAの様々な箇所の文言や、トランスの人が
自分の性別適合に沿った文書を取得する権利を法的に「証明」する
ための証明書であるジェンダー承認証明書（GRC : Gender Recognition
Certificate）の付与基準によって、皮肉なことにGRAはイギリスに
おける**ノンバイナリー**の完全な平等の障壁となっているのです。

　ジェンダークィアの視点から見たGRA2004の第一の問題は、そ
もそもGRAが男女の枠外のジェンダー選択の可能性すら認めてい
ないということです。制度にする以前からノンバイナリーは除外さ
れているのです。

　ここで厄介なのは、GRAの仕組みが、トランスの人が自認する
性別と同じ性別のシスジェンダーの人の公的書類と、あらゆる点で
似通った公的書類を得るためのものとして設計されていることです。
そこでもジェンダーの選択肢は、すでにイギリスに存在している性
別、すなわちバイナリーな男性と女性だけなのです。問題の一部は、
バイナリーなトランスの人とノンバイナリーなトランスの人とでは、
公的書類を必要とする意図や目的が異なっていることです。社会で
は、トランスの人が自認する性別のシスジェンダーとしてパスする
ことが非常に重視されています。そのため、バイナリーなトランス
の人には、トランスジェンダーであることを可能な限り**隠さなくて
は**、という大きなプレッシャーがかかります。しかし、バイナリー
なトランスの人のすべてがシスジェンダーとしてパスしたい、ある
いはパスするとは限りませんし、GRCや、ジェンダー変更された
書類を希望する理由は、トランスの人の数だけあるのです。それな
のに、GRCが本質的に行っているのは、トランスの人の「トラン
スジェンダー履歴」を隠すことなのです。

一方、ジェンダークィアの人がパスポートや新しい出生証明書の上で、自分のアイデンティティを公式に発表することは、自分がトランスだと宣言することです。さらに、もしGRAをジェンダークィアの人が使えるように改正したとしても、別の性別を選べるようにするだけでは不十分です。**新たなジェンダーの表し方を作り出さなくてはならないのです。**

　そこで問題となるのは、ノンバイナリーやジェンダークィアの人が公的な書類上で自分を正確に表すためには、どのような方法が最適なのかということです。ジェンダー・アイデンティティごとに異なるマーカーを設けるべきでしょうか？　男性でも女性でもない、「X」のマーカーをただ用意すればよいのでしょうか？　それとも、パスポートや出生証明書には一切ジェンダーを記載しないようにするべきでしょうか？

　このコミュニティの用語はまだ標準化されていませんから、すべての個別のジェンダー・アイデンティティに異なるマーカーを設けるのは明らかに現実的ではありません。「ノンバイナリー」「ジェンダーフルイド」「ジェンダークィア」の標準的な略語はまだありませんし、「M」や「F」が、それぞれ男性、女性であると、簡単に解釈できる唯一の理由は、人口の大半がこのバイナリーがデフォルトであると理解しているからです。

　しかし、公式文書にジェンダー記載をなくしてしまうのは意味がないことだと私は思います。一部の人口統計用紙に見られる「記載を希望しない」というオプションは、私個人は「男」「女」しか選択肢がない場合にだけ使っています。身分証明書やパスポートからジェンダー欄を一切なくすことは、ジェンダーの概念を完全に否定するアジェンダーの人には有効かもしれませんが、男性か女性ではなくても、何らかのジェンダーとして自認する人にとっては快適なオプションとはいえないかもしれません。

ジェンダー欄をすっかり削除してしまうことは、男性とも女性とも自認しない人に、ジェンダーを持つ資格さえないと言っているようなものだと思います。「ノンバイナリー」よりも「ジェンダークィア」という表現を好む人がいるのと同じ理由で、「男女どちらかのジェンダー vs まったくジェンダーを持たない」という筋書きは、ある意味で新しいバイナリーを作り出してしまいます。ジェンダーを持つ人（主流派、デフォルト、バイナリーなジェンダーの人）と、持たない人（その他、ノンバイナリーと自認する人々）との新たなバイナリーとなってしまうのです。

　私が、最良の、そして立法者が採用する可能性が最も高いと思う選択肢は、「男性でも女性でもない」ステータスを「X」やその他のマーカーで示すことです。ジェンダークィアやノンバイナリーのコミュニティは決して一枚岩ではありませんが、現在の制度下では、これが最良の選択肢だと思います。これによってジェンダークィアの人にはジェンダーがあり、それがバイナリーなものではないと宣言することができます。また、女性や男性と並ぶ第三の平等な選択肢として「どちらでもない」「X」を加えることで、私たちの「その他」という立場を解消するのに大いに役立つと思います。

　GRAは画期的な法律で、2004年の時点では最良のものでしたが、今では時代遅れで目的に適さないものだと広く考えられています。それは、男性と女性以外のジェンダーを認めていないからだけではありません。ジェンダー承認証明書を発行する機関、ジェンダー承認委員会（GRP: Gender Recognition Panel）が、申請者に要求する条件の多くは不当であり、証明書の発行にも多くの官僚的なお役所仕事が含まれていて、バイナリーであるなしにかかわらず、すべての申請者に不利益をもたらしています。

　GRCの申請は骨の折れる作業です。証明書の発行を受ける資格を得るためには、医師や精神科医の診断書、申請者がトランスであ

ると医学的に述べた書類、性別違和であることの証拠、そして「自認するジェンダーとしてフルタイムで生活する」誓約書を提出することが要求されます。多くのトランスの人にとって、こうした書類の多くは入手が大変困難です。まず、移行に十分に「コミット」していることを証明するために必要な、ホルモン療法や手術といった性別適合治療にかかる待ち時間と費用の問題により、特に貧しい人や若い人や遠隔地に住む人や、何らかの理由でGICを利用できない人は、最初から除外されてしまうことになります。

　申請者にジェンダー・アイデンティティの「証明」の提出を求めることは、申請者のジェンダー表現が極めて狭い範囲に制限されることを意味します。つまり、「中間的」や一貫性のないジェンダー表現をするトランスの人は、「本物のトランス」であると証明するために、よりバイナリー化された自己表現をするように、GICの診断で勧められることがよくあるのです。法的な書類を得るために「ふりをする」ことは自分をごまかすことになります。さらには、ノンバイナリーの人の専門医に対する信頼が失われ、医師に悪意があるのではないかと思わせることにもなるかもしれません。自分のアイデンティティに合わせて生きることの困難さから、あえてそうした立場に身を置こうとしないトランスの人も多いのです。

　申請に140ポンドの費用がかかることも問題です。トランスの人口は統計的に最も貧しい層の一つであり、私たちの多くにとって、この費用は高額です。けれども回避策もあります。イングランドでは低所得の申請者は、さらに多くの書類に記入し、さらに遅延に耐えることによって、手数料の免除を受けることができます。私の場合、本書執筆時に最低賃金でフルタイムで働いていましたが、費用補助の対象となる月収リミットをわずか1ポンド上回っていたため、補助を受ける資格がありませんでした（それに私の住むスコットランドでは手数料免除の条件が異なっていて、より一層複雑でした）。

法的、官僚的な制度を切り抜ける際の混乱はさておき、ジェンダー・アイデンティティという繊細で個人的なことを、顔の見えない裁判官の審査委員会に伝えるのは侵略的で屈辱的でもあります。たとえばGRPでは、性行為や生殖器手術の計画の詳細が要求されることが頻繁にあります。すると申請者は、自分にとっても定義が困難で流動的な一面について断定的で一義的な説明を強いられるのです。こうして人間性を喪失させられることが、多くのトランスジェンダーの人が手続きをしない主な理由だと思います。つまり、自分をほとんど人間として見ていない制度の承認を得るために、しかも申請が通らないかもしれないのに、ひれ伏す必要などあるのでしょうか？

　ノンバイナリーにより特化した問題は、GRAとその仕組みには、男女の枠外のジェンダーを積極的に排除している点が多くあり、その修正は単純な文言の変更よりも複雑だということです。たとえばGRAの最初の行^(註168)でジェンダー認証の申請者を「もう一方の性」で生活する人と定義しています。すでにここに、バイナリーなモデルが潜在していることが明確になっています。つまり、「**もう一方の**」とは一つの個別の選択肢から、もう一方の個別の選択肢へと渡ることを暗示していて、そこにはグラデーションもニュアンスの余地もありません。

　GRAは二つの状況によって（18歳以上の）自認するジェンダーを法的に認めています。それは、自認するジェンダーとして2年間生活していることをGRPが納得できるように証明すること、または、イギリス以外の国で自認するジェンダーとして法的に認められていると証明することのいずれかです。

　外国におけるジェンダー・アイデンティティの証明を持たない人がGRCを取得するには、次のいくつかの厳しい基準が満たされていることを委員会に納得させなくてはなりません。

＊申請者が性別違和を現在持っている、あるいはこれまでに持っ
ていたこと

＊申請前に、申請者が自認するジェンダーで丸2年生活してきた
こと

＊申請者が、死ぬまでそのジェンダーで生き続けるつもりである
こと

＊申請者が、性別違和の医療診断と治療計画を含む一連の公式な
書類をまとめて、ジェンダー承認委員会に提出したこと

　こうしたそれぞれの点が、ノンバイナリーの人を根本的に除外す
るものであることが、すでにおわかりかと思います。第一に、医療
とメンタルヘルスの章で述べたように、ジェンダークィアの人のす
べてが性別違和を体験するわけではありません。そして、すべての
バイナリーなトランスの人が性別違和を体験するわけでもなく、こ
うした人々もまたジェンダーの法的な承認から除外されるリスクが
あります。様々な理由で、医療的な移行を選ばない申請者もまた、
手術やホルモン療法の治療計画を提出できないために不適格となり
ますが、これは多くのジェンダークィアの人に当てはまるケースで
す。
　この2年間の「生活体験」という条件は、ジェンダーが時によっ
て変化する人、曖昧で一貫性のないジェンダー表現であることを専
門医が納得しない人、あらゆる状況でジェンダーを公にできない状
態にある人を当然のこととして排除するものです。この基準を満た
すために必要な資格証明書のほとんどは、男女の枠外のアイデンティ
ティを認めていません。2017年のストーンウォールのレポートの、
ノンバイナリーの回答者の半数は、差別を恐れて職場でノンバイナ
リーであることを隠したり隠蔽したりしているといいます。同じ理
由で、ノンバイナリーの半数は、公共の場では服装を変えていると

いいます。ジェンダークィアの回答者の4分の1は家族にジェンダー・アイデンティティを明かしていません。このように、多くの人にとって「自認するジェンダーで生活をする」という条件は、単に選択肢にはなり得ないのです。

死ぬまでずっと自認するジェンダーで生きる意思表明を委員会に提出しなくてはならないことも、ジェンダー・アイデンティティが流動的な人や、一生のうちでジェンダーが変化する人が自動的に除外されるという点で問題があります。ジェンダーは微妙で、非常に個人的なものです。環境や人間関係や、その他の様々な内的要因によって、人のジェンダー・アイデンティティが変化することは、考えられないことではありません。ジェンダークィアの人たちは、大きなトランス・コミュニティの中の重要なグループですが、十分な研究がまだなされていません。ジェンダーは一枚岩のような静的なものだというとらえ方は、ジェンダークィアの人々を消去し、無効化することに直接つながります。

2018年7月、英国政府は、女性・機会均等担当相の助言に基づいて、イングランドとウェールズ[註170]におけるGRAの改革に関する問題点と提言をまとめた文書[註169]を発表しました。同文書には、ノンバイナリーのジェンダー・アイデンティティに関するセクションが含まれており、たとえば公的年金受給年齢や男女分けされた病棟のようにジェンダー（男性か女性か）によって、法的資格や、置かれる環境が異なる場合がいくつも指摘されています。ノンバイナリーの人々が完全に法的に認められるようになれば、全国規模のITシステムにも影響が出るでしょう。

英国政府のLGBTアクションプランの一環として、2018年7月に「コール・フォア・エビデンス（call for evidence）」の実施が発表されました。これは、ノンバイナリーとジェンダークィアの人々のニーズや経験をより理解するために、私たちにフィードバックを求

めようというものです。2018年の諮問文書は、ノンバイナリーの人々は、GICが提供する性別違和の治療やサービスを受けることが統計的に少ないため、「生活体験」の証明を提出するのが困難であることを認めています。

　また同文書では、法律の多くの分野、特に結婚や市民パートナーシップ、妊娠や出産などに関する規定が、出生時に割り当てられた性別に応じて設けられていることが多いことも認めています。2015年のSTAのノンバイナリー調査では、多くの回答者が、公式文書にノンバイナリーのジェンダーを記載することが、出生時に割り当てられた性別を医療現場で医師に隠していたという意味になるのであれば、それは不安だと述べています。我が国の法律が、性とジェンダーの違いを認めない事実は、この二つが一致していない多くの人々が危険にさらされる可能性があることを意味しています。性とジェンダーの違いを法律に導入することは、トランスとジェンダークィアの人々の平等の前進につながるでしょう。しかし、代替的なジェンダー承認を実行するための解決策を導き出すには、多大な努力と実験と、コミュニティからのフィードバックが必要となるでしょう。

　2017年のストーンウォールのトランス調査は、英国政府とスコットランド政府に下記のようなGRA改革の提言をいくつか行っています。

＊GRA2004を改正して、法的なジェンダー承認の取得が、**医学的証拠**を必要とせずに、**自己宣言**（self-declaration）に基づいた**簡単な手続き**によって行えるようにすること
＊改正されたGRAに**ノンバイナリー**のアイデンティティを認める特定の規定が設けられていることを確認すること

自己宣言はノンバイナリーにとって重要な考え方です。ノンバイナリー・ジェンダーをGRAの新しい版で承認するのであれば、ノンバイナリー・ジェンダーと認める条件を無数の法的・医学的なものにするより、本人による宣言とする方がはるかに好ましいのです。自分の実体験を最も理解している患者自身がインフォームド・コンセント・モデルに基づいた治療を受けられるようにすることで、トランスのヘルスケアがより包摂的になるのと同じように、自己宣言が、ノンバイナリーとジェンダークィアを含むトランス・コミュニティ全体のニーズに応えるジェンダー承認の法律を作るカギとなるかもしれません。

　医学的診断の提出条件を撤廃すれば、より多様なアイデンティティの人もGRCを取得する資格が得られるようになるでしょう。医学的な移行と法的な移行のプロセスとを切り離すことで、医学的な移行の状態にかかわらず、規範的でないジェンダー・アイデンティティを正当化し、ジェンダー・アイデンティティの医療化に対抗することができます。そしてこのプロセスに伴うストレスも大幅に軽減されるでしょう。

法的保護と2010年平等法

　2015年にSTAが行ったノンバイナリー体験についての調査で、もしノンバイナリーであることを公的な書類上で宣言することが**義務づけられたら**、特に医療機関において、より差別を受けることにならないかと多くの回答者が懸念しています。このような観点から、ノンバイナリーの可視性と法的な認識を高めるための動きには、それに見合った法的保護の強化が必要となります。現在のイギリスでは、トランスの人々を差別やハラスメントから明確に守る法律は、2010年平等法だけです[註171]。

（1）**性適合**という保護特性を持つ者とは、性の生理学的その他の特質を変更し自己の性を再適合する目的で、ある処置（または処置の一部）の実行を計画し、実行中であり、または実行した者をいう。[*1]

　この法律は長く、非常に複雑で、様々な方法で差別を定義しています。概して「**性適合**（gender reassignment）」の文脈では、トランスの人だけにしか言及されておらず（しかも時代遅れの「トランスセクシュアル〔性転換者〕」という言葉が使われています）、GRAの例からもわかるように、法律に使われる表現が問題なのです。平等法は、医学的な移行を行っている人、あるいは行っていると**思われる**人を保護しています。なぜこれが、ジェンダークィアやノンバイナリーの人にとって問題なのかはすでに明らかですね。

　この法律が制定されたわずか10年前には、特に医学的な移行がトランスにとっての究極の目的であり、人をトランスと**認識**するための主な基準でもあるという考えが主流でした。当時はまだ、ノンバイナリーのコミュニティは、少なくともまとまった人口としては、発達の初期段階であって、私たちはほとんど目に見えない存在でした。もちろんそれに伴う困難がありました。最も目に見える差別を受けていたのは、シスジェンダーとしてパスするように努力しているトランスの人や、パスすると見なされなかった人でした。この法律は大体、ジェンダークィアの存在が人口統計としてやっと広く認められるようになった以前に書かれたものです。そのため、私たちが特定のグループとして保護されるべきだということや、性別適合の状態とは異なる基準で差別を受けていることを、当時の政治家たちに納得させるのは大変困難であったでしょう。

＊1　この部分の訳は日本内閣府ウェブサイトの2010年イギリス平等法のページから引用した。https://www8.cao.go.jp/shougai/suishin/tyosa/h23kokusai/12-eng1.html

しかし今日では、ジェンダーに対する一般的な理解は、よりニュアンスに富んだ包摂的なものとなっています。移行を行うかどうかは、トランスであることの前提条件や、最終目標だとはもはや見なされなくなりました。そして私たちが、必ずしも**移行**の状態によってではなく、ジェンダーによって、様々な差別に直面していることも、一般に理解されるようになりました。つまり、GRAと同じように、トランスの人々の保護を規定した平等法のセクションも、もはや目的にかなっていないということです。

　ウェブサイト「プラクティカル・アンドロジニー（Practical Androgyny）」(註172)でナット・ティットマンは、「2010年平等法の『性適合』のセクションで保護特性があると認められた人のわずか12％しかバイナリーの枠外の自認をしておらず、ノンバイナリーの65％は、この法律のジェンダー・マイノリティの保護に該当していない」と述べています。

　現在の平等法では、ジェンダー表現が規範的でなく曖昧や一貫性のない人や、トランスであっても法律の観点からは医学的や社会的に移行できないと見なされる人には、法的な保護が与えられていません。いずれにしても、この法律では、男女の枠外のいかなるジェンダーの人も、明らかに認識も保護もされないのです。ノンバイナリーと自認する人が保護を受けられるのは、攻撃者にバイナリーなトランスと見なされたり、男性から女性へあるいはその逆の移行を行っている最中や、それを検討していると見なされたりしたことが原因で、差別やハラスメントを受ける場合に限られます。

ノンバイナリーなジェンダーに関する各国の法律

　世界のいくつもの国が、男性や女性以外のジェンダーの存在を法的に認めていますが、これらの国におけるジェンダークィアの人々

の法的や社会的な現実や、実際にこれらの国の人々の持つジェンダー概念は、国によってまだ大きな違いがあるかもしれません。それでも、こうした国々の実践的なモデルや実例は、イギリスの立法者が利用できるものかもしれません。公文書の中立的な選択肢、学校教育の代替的なモデルや、移行の状態にかかわらずトランスの人々をはっきり保護していることなどが、実行可能で現実的であることを示す証拠となっています。

　トランスジェンダー人口が1万2000人と推定されるアルゼンチンでは、2012年に、医師や精神科医の診断証明の提出を必要とせずに、トランスジェンダーの人が公文書でジェンダー自認を宣言する権利やその他の権利を認める、ジェンダー・アイデンティティの法律が成立しました。また、デンマークやマルタでも自己決定を認める法律が制定されました。アルゼンチンのLey de Identidad de Géneroや同様の法律は、医学的に移行できない、あるいはしたくないトランスの人々にとって恩恵といえますし、そういったトランスのグループはジェンダークィアとノンバイナリーのコミュニティと大きく重複しています。しかし、医学的な条件が免除されるようになっても、公的書類のジェンダー変更を望む人に「男性」か「女性」の選択肢か与えられていない国がまだ多いのです。

　デンマークのトランスジェンダー法では、トランスの人が、すべての公的書類のジェンダーを、中立的なジェンダーである「X」に変更することを許可しています。カナダ、ネパール、パキスタン、インド、オーストラリア、ニュージーランド、アメリカの一部の州でも、パスポートやその他の身分証明書に、通常は「X」ときには「O」という代替のジェンダー・マーカーが用意されています。

　いずれの法律も完璧ではなく、ノンバイナリーの完全な平等と承認の完璧なモデルになっているとはいえないようです。たとえばデンマークのトランスジェンダー法では、書類を更新する前に、申請

者が6か月間のかなり押しつけがましい「考察期間」を経なくては
なりません。世界各地のトランスに関する法律の多くは、私たちす
べてに当てはまる基準に基づいているわけではありません。

　しかし、こうした法律は、否定派が好んで引き合いに出すような
行政上の混乱を引き起こすことなく、男女の枠外のジェンダー・ア
イデンティティを完全に認めることができることの強い証明となっ
ています。これらの法律の存在は、インフォームド・コンセントと
自己宣言のモデルに取り組むことが、法律をより包摂的にするプロ
セスを合理化する最善の方法であるだけでなく、本質的に二極化さ
れない環境を作り出すことにもなると証明しています。

　2009年、英国統計局は、広範なデータを調査して、トランスジェ
ンダーの平等についての「方針説明書（position paper）」を作成し
ました(註173)。この説明書の目的は、トランスジェンダーの平等を
制限している、または影響を与えている方法論的問題点を究明し、
トランスジェンダー人口のデータを収集するための新しい方法論な
らびに創造的なアプローチを導き出し、トランスのコミュニティに
根づく権威への不信感に対抗することでした。この文書は、トラン
ス支援の増進を政府機関に対して提案や提言している数多い文書の
うちの一つでしかありません。こうした文書は、最近ではLGBT
やトランスジェンダー団体との協力によって作成されることが非常
に多くなり、トランスジェンダーの完全な平等への運動に不可欠な
ものです。しかし残念なことに、こうした団体による提言は、あく
までも提言でしかありません。差別が続く余地はまだ大いにあり、
政治家が歩み寄ろうとしない限り、提言をさらに進めることは大変
困難です。

　GRAと平等法の両方を改正しようという試みが、様々なサード
セクターや政府機関によって行われてきました。具体的にどのよう
に改正すべきかを全国的に協議するところまで至ったものもありま

す。しかし多くの場合、ノンバイナリーやジェンダークィアの可視性が低いため、一般の人々は自分に関係のない法律だと思い、特にそれを変えようとは思わないのかもしれません。

　完全な平等への道は、可視性の向上、積極的な活動、ロビー活動、公衆関与が必要となる複雑なサイクルです。政治が激変すれば、後退が起こることもあるし、それがしばしば回避できない人生の現実でもあります。トランスとノンバイナリーの認知度が高まってきたことは、コミュニティにとって大きな意味を持っています。ジェンダークィアの可視性が高まらなければ、因習的な「性転換」の物語に当てはまらない移行をする人をカバーするために法律を拡張する推進力にはなりません。サイクルの一つの分野に進歩がなければ、ほかの分野の進歩には意味がありません。メディアやアートの分野における認知度の向上から、より広い法的保護や法律による承認の要求まで、すべての点で取り組むことによって、はじめて私たちは前進できるのです。

エクササイズと話し合いのポイント

　ジェンダーのように制度化され定着したものを法制化するのは、一筋縄ではいきません。世界各地には男女以外のジェンダーを認めて権利を拡張する様々な法律があります。そのうちのいくつかについて、どのように書かれているかを考えてみましょう。

1. 具体的にどのような権利や保護が、対象となる人々に与えられているでしょうか？

2. これらの法律の対象となるのは、正確には誰ですか？　かれらが権利と保護を受ける資格を得るための文書化された法的基準は何でしょう？　官僚的なお役所仕事がそのプロセスに影響を与えていますか？

3. これらの法律には、特定の人々が見過ごされてしまうような、潜在的な落とし穴や排除や隙間はありませんか？

4. その問題の解決法は何でしょう？　その法律をより具体的に、そして包摂的にするために、文言をどう変えればよいと思いますか？

5. これらの法律を制定した人々や組織について考えてみましょう。法律の文言に、社会の態度、偏見、認識の変化が見られますか？　その法律が5年以上前に制定されたものなら、それは現状に合ったもので、対象となる人々を保護し権利を拡張することができるものですか？

6. その法律が時代遅れだと思ったら、何を変更すべきか、そしてそれはどのように実行すればよいでしょうか？

第9章

将来へ向けて

ジェンダークィアの人たちが公にコミュニティとして、ジェンダー表現の従来の枠を押し広げるようになって、古いカテゴリーや慣習が疑問視され、破壊され、再構築されるようになりました。シスジェンダーの人にとってもトランスの人にとっても同じように、男らしさ、女らしさ、さらにはジェンダーそのものの定義が流動的になっています。ある意味、ジェンダークィアの人の存在は、私たちがこれまで、別個なバイナリーとして固定され、疑いの余地のないものとして教えられてきた事柄の多くが、実際には流動的で細かく曖昧だということを証明しています。ジェンダー・アイデンティティの急増は、ポスト構造主義やインターセクショナリティのような知的運動や、一般の人たちが異なる多様な経験をこれまでになく受け入れるようになったことなどと同調して起きています。シスジェンダーであれトランスであれ、すべての人々が、かつてないほど、他者の実体験を知ることができるようになり、自分自身で知識をつけることも当たり前になりました。私たちは授業を受けたり、ビデオを観たり、本を読んだり、自分と違う人たちと共に働いたり親しくなったりします。私たちはこれまでにないほど、グローバル化し、多くの情報を得、お互いに結びついています。

　この本が小さなきっかけとなって、より大きな対話が始まることを願っています。多くのノンバイナリーやジェンダークィアの人たちが、文章やブログや動画や公のスピーチで現在の体験を語っています。私の声はその一つでしかありません。私たちの認知度が高まれば高まるほど、私たちのコミュニティの多様性がより明らかになるでしょう。

　ノンバイナリーやジェンダークィアのコミュニティの次なる展開は何でしょうか？　それがまだわからないことにも、また胸が躍ります。私たちのコミュニティのすべてが日々成長し、変化しています。変化に伴って、私たちが世間に受け入れられ、法的に認められ、

差別から保護され、文学や学術論文や大衆メディアに描写される可能性が高まっていくでしょう。私たちは、バイナリーの外側でオープンに生きるということ、そしてそれがどんな意味を持つにせよ、完全な平等であることを、模索し始めたばかりです。不可能だと思われた平等と解放という夢を、人類の歴史が始まって以来、一つのマイノリティそしてまた一つのマイノリティが獲得してきました。今度は私たちの番なのです。

第 10 章

参考文献

本書で主に参考にした調査と研究。私が本書で述べた事柄は、現在入手可能な
データのほんの一部でしかないので、下記の研究の概要を閲覧することを勧める。

Valentine, V. (2015b). *Non-binary people's experiences in the UK*. Scottish Trans Alliance.
www.scottishtrans.org/wp-content/uploads/2016/11/Non-binary-report.pdf

Bachmann, C. L. and Gooch, B. (2017). *LGBT in Britain – Trans report*. Stonewall.
www.stonewall.org.uk/sites/default/files/lgbt-in-britaintrans.pdf

Thomson, R., Baker, J. and Arnot, J. (2018). *Health care needs assessment of gender identity services*. Scottish Public Health Network. ScotPHN. www.scotphn.net/wp-content/
uploads/2017/04/2018_05_16-HCNA-of-Gender-Identity-Services-1.pdf

James, S. E., Herman, J. L., Rankin, S., Keisling, M., Mottet, L. and Anafi, M. (2016).
The report of the 2015 U.S. Transgender Survey. Washington, DC: National Center for
Transgender Equality. https://transequality.org/sites/default/files/docs/usts/USTS-
Full-Report-Dec17.pdf

Grant, J. M., Mottet, L. A., Tanis, J., Harrison, J., Herman, J. L. and Keisling, M. (2011).
Injustice at every turn: A report of the National Transgender Discrimination Survey.
Washington: National Center for Transgender Equality and National Gay and Lesbian
Task Force. https://www.thetaskforce.org/injustice-every-turn-report-national-
transgender-discrimination-survey/

トランス、ジェンダークィア、
ノンバイナリーの人のためのリソース

Lambda Legal の 'a national organization committed to achieving full recognition of the
civil rights of lesbians, gay men, bisexuals, transgender people and everyone living with
HIV' には、トランスの法的権利について数多くのリソースが記されている。
ウェブサイトのツールキットで「トランスジェンダーの人々と活動家が人生を
乗りきるための多くの質問への答えを見つけることができるだろう」。www.
lambdalegal. org/publications/trans-toolkit

The Terrence Higgins Trust（THT）は「イギリスの主要な HIV とセクシュアルヘ
ルスのチャリティ団体」で、トランス男性とトランス女性それぞれに特化した
セクシュアルヘルスのページを設けている（www.tht.org.uk/hiv-and-sexual-
health/sexual-health/improving-your-sexual-health/sex-trans-man）（www.tht.org.uk/
hiv-and-sexual-health/sexual-health/ improving-your-sexual-health/sex-trans-woman）。

特記すべきは、ここに記された情報は概して、出生時に割り当てられた性によって整理されていて、ノンバイナリーの自認の人々に特化した情報は記されていないことだ。ただし、これらの情報がノンバイナリーの人にも役立つかもしれないという記述もある。

Mind Outはサードセクターの団体で、LGBTに特化したメンタルヘルスサービスを提供している。詳しい情報：www.mindout.org.uk

LGBT Health and Wellbeing Scotlandは、心の病を抱えるLGBTの人たちのための幅広いリソースをオンラインで提供している。様々な動画、ヘルプライン、LGBTの人々と働くサービス提供者と団体のためのリソースも用意されている。https://www.lgbthealth.org.uk/resources/

CliniQはトランスジェンダーとジェンダー・ノンコンフォーミングの人々のセクシュアルヘルスと心身の健康のための代替的なクリニック。毎週ロンドンでトランスのためのクリニックを開催している。https://cliniq.org.uk/about

ノンバイナリーの人々による一般読者向けのリソース

Meg-John Barker, CN Lester, Dean Spade and Jack/Judith Halberstramは非常におすすめ。

Ash Mardellはクィアのユーチューバーで、ジェンダーとクィアネスについての体験を語っている。著書：*The ABCs of LGBT+* (Miami, FL; Mango Media), 'for questioning teens, teachers or parents looking for advice, or anyone who wants to learn how to talk about gender identity and sexual identity'. ISBN 9781633534094

My Genderationは人気の二人組Fox and Owl（両者ともノンバイナリー）をはじめとして多くのトランスのアーティストやフィルムメーカーの動画シリーズを掲載しているYouTubeのチャンネル。www.youtube.com/user/MyGenderation

Beyond the Binary UKは、ノンバイナリーの視点による幅広いテーマの記事を掲載している優れたオンライン・マガジン。http://beyondthebinary.co.uk

Practical AndrogynyはNat Titman編集。Titmanの研究のうち、本書の序文で大いに参考にしたのは「バイナリーなジェンダーの社会における曖昧なジェンダー表現の実際に特化した」リソース。https://practicalandrogyny.com

学者で理論家のMeg-John Barkerは、ジェンダー、クィアネス、セクシュアリ

ティ、ノンバイナリー体験の多様性などを探究する多くの利用可能なリソース
を作成している。その多くは無料で利用できる。www.rewriting-the-rules.com

Savage, S. and Fisher, F. (2015). *Are You a Boy or Are You a Girl?* London: Jessica Kingsley Publishers. ノンバイナリーとジェンダー多様性について幼い子どもと話し合うのに役立つ良書。

Sojwal, S. (2015). What does 'agender' mean? 6 things to know about people with non-binary identities. *Bustle*. www.bustle.com/ articles/109255-what-does-agender-mean-6-things-to-know-aboutpeople-with-non-binary-identities

Girshick, L. B. (2008). *Transgender Voices: Beyond Women and Men*. Hanover: University Press of New England.

Scout, Ph.D. (2013). (A) Male, (B) Female, (C) Both, (D) Neither. *The Huffington Post*. www.huffingtonpost.com/scout-phd/a-male-b-femalec-both-d-neither_b_2887462.html

Parsons, V. (2018). I am non-binary. And this is how mental-health services are failing people like me. *The Pool*. www.the-pool.com/health/mind/2018/20/vic-parsons-how-mental-health-cuts-are-affecting-theLGBTQ-community

Mamone, T. (2018). We need to talk about how non-binary invisibility affects mental health. *Ravishly*. https://ravishly.com/ non-binary-invisibility-affects-mental-health

The All About Trans Non-Binary Gender Factsheetは、ノンバイナリーやジェンダークィアの人々が日常的に直面する恐れや不安について述べ、ノンバイナリーの体験も引用されている。www.allabouttrans.org.uk/wp-content/uploads/2014/05/non-binary-gender-factsheet.pdf

All About Trans Non-Binary Gender Factsheetの2ページ目には、下記の本や記事の紹介が記されている。これらの文献は本書のために使用しなかったが、研究者、機関、一般読者にとって有益かもしれない。

Richards, C., Bouman, W. and Barker, M. J. (eds.) (2016). *Genderqueer and Non-Binary Genders*. Basingstoke: Palgrave Macmillan.

Barker, M. J. and Richards, C. (2015). Further genders. In C. Richards and M. J. Barker (eds.) *Handbook of the Psychology of Sexuality and Gender*. pp.166-182. Basingstoke: Palgrave Macmillan.

Harrison, J., Grant, J. and Herman, J. L. (2012). A gender not listed here: Genderqueers, gender rebels, and otherwise in the National Transgender Discrimination Survey. Los Angeles, CA: eScholarship, University of California.

Joel, D., Tarrasch, R., Berman, Z., Mukamel, M. and Ziv, E. (2013). Queering gender: Studying gender identity in 'normative' individuals. *Psychology & Sexuality,* 5(4), 291-321.

Richards, C., Bouman, W. P., Seal, L., Barker, M. J., Nieder, T. O. and T'Sjoen, G. (2016). Non-binary or genderqueer genders. *International Review of Psychiatry,* 28(1), 95-102.

Trans Media Watch. (2014). Understanding non-binary people: A guide for the media. www.transmediawatch.org/Documents/non_binary.pdf

雇用主、サービス提供者、研究者、医師のためのリソース

Lev, A. I. (2004). *Transgender Emergence: Therapeutic Guidelines for Working With Gender-Variant People and Their Families.* Philadelphia, PA: Haworth Press.

Chang, S. C., Singh, A. A. and dickey, l. m. (2019). *A Clinician's Guide to Gender-Affirming Care: Working with Transgender and GenderNonconforming Clients.* Oakland, CA: New Harbinger Publications.

Valentine, V. (2015a). *Including non-binary people: guidance for service providers and employers.* Scottish Trans Alliance. www.scottishtrans.org/wp-content/uploads/2016/11/Non-binary-guidance.pdf

Vincent, B. (2018). *Transgender Health: A Practitioner's Guide to Binary and Non-Binary Trans Patient Care.* London: Jessica Kingsley Publishers.

East Sussex County Council. (2014). Trans* inclusion schools toolkit. Mermaids UK. www.mermaidsuk.org.uk/assets/media/East%20Sussex%20schools%20transgender%20toolkit.pdf

Gender Identity Research and Education Society. (2010). Guidance on combating transphobic bullying in schools. GIRES. www.gires.org.uk/wp-content/uploads/2017/04/TransphobicBullying-print.pdf

Gay, Lesbian & Straight Education Network. (2017). How to support non-binary students. GLSEN. www.youtube.com/ watch?v=KQUQI0BrKnA

World Professional Association for Transgender Health. (2012). Standards of Care, 7th Version. www.wpath.org/publications/soc（日本語版「トランスセクシュアル、トランスジェンダー、ジェンダーに非同調な人々のためのケア基準」: https://www.wpath.org/media/cms/Documents/SOC%20v7/SOC%20V7_Japanese.pdf）

The UCSF CFE for transgender health primary care guidelines for trans patients: http://transhealth.ucsf.edu/protocols

本書で参考にした文献

Abby Jean. (2009). Ableist word profile: Hysterical. Disabled Feminists. http://disabledfeminists.com/2009/10/13/ ableist-word-profile-hysterical

ATH Team. (2015). *Non binary survey: Preliminary results.* Action for Trans Health. http://actionfortranshealth.org.uk/2015/02/22/non-binary-survey-preliminary-results

ADDitude Editors. Dexedrine: ADHD medication FAQ. *ADDitude.* www.additudemag.com/dexedrine-adhd-medication-faq

American Psychiatric Association. (2013). *Diagnostic and Statistical Manual of Mental Disorders,* 5th Edition. Washington, DC: APA. （高橋三郎・大野裕監訳（2014）『DSM-5　精神疾患の診断・統計マニュアル』医学書院）

Amherst, M. (2018). *Go the Way Your Blood Beats.* London: Repeater Press.

Bachmann, C. L. and Gooch, B. (2017). *LGBT in Britain – Trans report.* Stonewall. www.stonewall.org.uk/sites/default/files/lgbt-in-britaintrans.pdf

Barker, M. J. (2016). Gender Continuum. www.rewriting-the-rules.com/gender-continuum

Baron, D. (1981). The epicene pronoun: The word that failed. *American Speech*, 56(2), 83-97.

Beecher, D. (2005). Concerning sex changes: The cultural significance of a renaissance medical polemic. *The Sixteenth Century Journal*, 36(4), 991-1016.

Berenbaum, S. A. and Beltz, A. M. (2016). How early hormones shape gender development. *Current Opinion in Behavioral Sciences*, 7, 53-60.

Byne, W., Bradley, S.J., Coleman, E. *et al.* (2012). Report of the American Psychiatric Association task force on treatment of gender identity disorder. *Archives of Sexual Behaviour*, 41, 759-796.

Center for Young Women's Health. (2016). Health guides. Endometriosis: Hormonal treatment overview. https://youngwomens health.org/2014/08/01/endometriosis-hormonal-treatment-overview

Chak, A. (2015). Beyond 'he' and 'she': The rise of non-binary pronouns. *BBC*. https://www.bbc.co.uk/news/magazine-34901704

Clark, T., Lucassen, M., Bullen, P., Denny, S., Fleming, T., Robinson, E. and Rossen, F. (2014). The health and well-being of transgender high school students: Results from the New Zealand Adolescent Health Survey (Youth'12). *Journal of Adolescent Health*, 55(1), 93-99.

Colizzi, M., Costa, R. and Todarello, O. (2014). Transsexual patients' psychiatric comorbidity and positive effect of cross-sex hormonal treatment on mental health: Results from a longitudinal study. Department of Medical Basic Sciences, Neuroscience and Sense Organs, University of Bari.

Connolly, M. D., Zervos, M. J., Barone, C. J., Johnson, C. C. and Joseph, C. L. (2016). The mental health of transgender youth: Advances in understanding. *Journal of Adolescent Health*, 59(5), 489-495.

Crouch, E. (2017). What happens if you're genderqueer – but your native language is gendered? *Medium*. https://medium.com/theestablishment/what-happens-if-youre-genderqueer-but-your-nativelanguage-is-gendered-d1c009dc5fcb

Davies, S. G. (2006). *Challenging Gender Norms: Five Genders Among Bugis in Indonesia (Case Studies in Cultural Anthropology)*. Belmont, CA: Cengage Learning.

Davies, S. G. (2002). Sex, gender, and priests in South Sulawesi, Indonesia. *International Institute for Asian Studies. IIAS Newsletter* 29, 27.

Drescher, J. (2015). Out of DSM: Depathologizing homosexuality. *Behavioral Sciences*, 5(4), 565-575.

Van der Drift, M., Lall, N. and Raha, N. Radical Transfeminism Zine. https://radicaltransfeminismzine.tumblr.com

Drydakis, N. (2017). Trans employees, transitioning, and job satisfaction. *Journal of Vocational Behavior*, 98, 1-16.

Eade, D. M., Telfer, M. M. and Tollit M. A. (2018). Implementing a single-session nurse-led assessment clinic into a gender service. *Transgender Health*, 3(1), 43-46.

Eagly, A. H. and Wood, W. (1999). The origins of sex differences in human behavior: Evolved dispositions versus social roles. *American Psychologist*, 54(6), 408-423.

East Sussex County Council. (2014). Trans* inclusion schools toolkit. *Mermaids UK*. www.mermaidsuk.org.uk/assets/media/East%20 Sussex%20schools%20transgender%20toolkit.pdf

Effrig, J. C., Bieschke, K. J. and Locke, B. D. (2011). Examining victimization and psychological distress in transgender college students. *Journal of College Counseling*, 14, 143-157.

Ehrhardt, A. and Meyer-Bahlburg, H. F. (1981). Effects of prenatal sex hormones on gender-related behavior. *Science*, 211(4488), 1312-1318.

Eliana. (2014). Definitions of bisexuality, pansexuality and polysexuality. *Beyond the 'Talk'*. http://beyondthetalk.ca/definitions-bisexuality-pansexuality-polysexuality-eliana

Elliott, I. (2016). *Poverty and Mental Health: A Review to Inform the Joseph Rowntree Foundation's Anti-Poverty Strategy*. London: Mental Health Foundation.

Emory Health Sciences. (2014). Having a Y chromosome doesn't affect women's response to sexual images, brain study shows. *Science Daily*. www.sciencedaily.com/releases/2014/11/141105165209.htm

Equality Act. (2010). C. 15. www.legislation.gov.uk/ukpga/2010/15/pdfs/ukpga_20100015_en.pdf

Fang, J. (2015). Indo-European languages originated 6,000 years ago in Russian grasslands. *IFL Science*. www.iflscience.com/plants-and-animals/indo-european-languages-may-have-originated-6000-years-ago-russian-grasslands

Gay, Lesbian & Straight Education Network. (2017). How to support non-binary students. *GLSEN*. www.youtube.com/ watch?v=KQUQI0BrKnA

Gender Identity Research and Education Society. (2010). Guidance on combating transphobic bullying in schools. *GIRES*. www.gires.org.uk/wp-content/uploads/2017/04/TransphobicBullying-print.pdf

Gender Recognition Act. (2004). C. 7. www.legislation.gov.uk/ ukpga/2004/7/pdfs/ukpga_20040007_en.pdf

Gender Wiki – 'boi'. http://gender.wikia.com/wiki/Boi

GLAAD. (n.d.) GLAAD media reference guide: Glossary of terms – Transgender. www.glaad.org/reference/transgender

Grant, J. M., Mottet, L. A., Tanis, J., Harrison, J., Herman, J. L. and Keisling, M. (2011). Injustice at Every Turn: A Report of the National Transgender Discrimination Survey. Washington: National Center for Transgender Equality and National Gay and Lesbian Task Force.

Hall, D. E., Prochazka A. V. and Fink A. S. (2012). Informed consent for clinical treatment. *Canadian Medical Association Journal*, 184(5), 533-540.

Heijer, M., Bakker, A. and Gooren, L. (2017). Long term hormonal treatment for transgender people. *BMJ*, 2017(359), j5027.

Hembree, W. C. *et al*. (2017). Endocrine treatment of gender-dysphoric/ gender-incongruent persons: An endocrine society clinical practice guideline. *The Journal of Clinical Endocrinology & Metabolism*, 102(11), 869-3903.

Herdt, G. (1993). *Third Sex, Third Gender: Beyond Sexual Dimorphism in Culture and History*. New York: Zone Books.

Herman, J. L. (2013). Gendered restrooms and minority stress: The public regulation of gender and its impact on transgender people's lives. *Journal of Public Management and Social Policy*, Spring, 65-80.

Hiller, V. and Baudin, T. (2016). Cultural transmission and the evolution of gender roles. *Mathematical Social Sciences*, 84(C), 8-23.

Hines, M. (2011). Prenatal endocrine influences on sexual orientation and on sexually differentiated childhood behavior. *Frontiers in Neuroendocrinology*, 32(2), 170-182.

Intersex Society of North America. How common is intersex? Rohnert Park, CA: *ISNA*. www.isna.org/faq/frequency

Intersex Society of North America. What is intersex? Rohnert Park, CA: *ISNA*. www. isna.org/faq/what_is_intersex

James, S. E., Herman, J. L., Rankin, S., Keisling, M., Mottet, L., and Anafi, M. (2016). The report of the 2015 U.S. Transgender Survey. Washington, DC: National Center for Transgender Equality.

Jeffreys, S. (1997). Transgender activism. *Journal of Lesbian Studies,* 1(3-4), 55-74.

Jellestad, L. *et al.* (2018). Quality of life in transitioned trans persons: A retrospective cross-sectional cohort study. *BioMed Research International*, 2018(3), 1-10.

Jin, Z. W., Jin, Y., Li, X. W., Murakami, G., Rodríguez-Vázquez, J. F. and Wilting, J. (2016). Perineal raphe with special reference to its extension to the anus: a histological study using human fetuses. *Anatomy & Cell Biology,* 49(2), 116-124.

Kagan, R. L. and Dyer, A. (2004). *Inquisitorial inquiries: Brief lives of secret Jews and other heretics*. Baltimore, MD: Johns Hopkins University Press. Cited by Rolker, C. (2016) at https://intersex.hypotheses.org/2720

Keuroghlian, A. S., Reisner, S. L., White, J. M. and Weiss, R. D. (2015). Substance use and treatment of substance use disorders in a community sample of transgender adults. *Drug and Alcohol Dependence*, 152, 139-146.

Kibirige, H. (2018). *Creating a trans-inclusive school environment – response to Transgender Trend*. Stonewall. https://www.stonewall.org.uk/our-work/blog/education-youth/ creating-trans-inclusive-school-environment-response-transgender-trend

Kim, E. Y. (2015). Long-term effects of gonadotropin-releasing hormone analogs in girls with central precocious puberty. *Korean Journal of Pediatrics*, 58(1), 1-7.

Krege, S., Bex, A., Lümmen, G. and Rübben, H. (2001). Male-to-female transsexualism: A technique, results and long-term follow-up in 66 patients. *BJU International*, 88(4), 396-402.

Lamb, K. (2015). Indonesia's transgender priests face uncertain future. *AlJazeera America*. http://america.aljazeera.com/articles/2015/5/12/ indonesias-transgender-priests-face-uncertain-future.html

Laquer, T. (1990). *Making Sex: Body and Gender from the Greeks to Freud*. Cambridge, MA: Harvard University Press.（トマス・ラカー 著、高井宏子、細谷等 訳 (1998)『セックスの発明──性差の観念史と解剖学のアポリア』工作舎）

Lehavot, K. and Simoni, J. M. (2011). The impact of minority stress on mental health and substance use among sexual minority women. *Journal of Consulting and Clinical Psychology*, 79(2), 159-170.

MacLellan, L. (2017). Sweden's gender-neutral preschools produce kids who are more likely to succeed. *QZ*. https://qz.com/1006928/swedensgender-neutral-preschools-produce-kids-who-are-more-likely-tosucceed

McNeil, J., Bailey, L., Ellis, S., Morton, J. and Regan, M. (2012). *Trans mental health study 2012*. Scottish Transgender Alliance.

Marshall, W. (1789). Provincialisms of the Vale of Gloucester. *Gloucestershire Notes and Queries*.

Mayo Clinic Staff. (2017). Precocious puberty: Diagnosis and treatment. *Mayo Clinic*. www.mayoclinic.org/diseases-conditions/ precocious-puberty/diagnosis-treatment/drc-20351817

Mesoudi, A. (2011). *Cultural Evolution: How Darwinian theory can explain human culture and synthesize the social sciences*. Chicago, IL: University of Chicago Press.

Meyer, I. H. (1995). Minority stress and mental health in gay men. *Journal of Health and Social Behavior* 36(1), 38-56.

Meyer, I. H. (2003). Prejudice, social stress, and mental health in lesbian, gay, and bisexual populations: Conceptual issues and research evidence. *Psychological Bulletin*, 129(5), 674-697.

Morales, E. (2018). Why I embrace the term Latinx. *The Guardian*. www.theguardian.com/commentisfree/2018/jan/08/ why-i-embrace-the-term-latinx

Mordaunt, P. (2018). *Reform of the Gender Recognition Act – Government Consultation*. Ministry for Women and Equalities. https://assets.publishing.service.gov.uk/government/uploads/system/uploads/attachment_data/file/721725/GRA-Consultationdocument.pdf

Murad, M. H., Elamin, M. B., Garcia, M. Z., Mullan, R. J., Murad, A., Erwin, P. J. and Montori, V. M. (2010). Hormonal therapy and sex reassignment: A systematic review and meta-analysis of quality of life and psychosocial outcomes. *Clinical Endocrinology*, 72(2), 214-231.

Newfield, E., Hart, S., Dibble, S. and Kohler, L. (2006). Female-to-male transgender quality of life. *Quality of Life Research*, 15(9), 1447-1457.

NHS England. (2015). Recording and reporting referral to treatment (RTT) waiting times for consultant-led elective care: Frequently Asked Questions. www.england.nhs.uk/statistics/wp-content/uploads/ sites/2/2013/04/Accompanying-FAQs-v7.2.pdf

O'Hara, M. E. (2015). 'Trans Broken Arm Syndrome' and the way our healthcare system fails trans people. *The Daily Dot*. www.dailydot.com/irl/trans-broken-arm-syndrome-healthcare

Office for National Statistics. (2009). Trans data position paper. *ONS*. www.ons.gov.uk/ons/guide-method/measuring-equality/equality/ equality-data-review/trans-data-position-paper.pdf

Olson, J., Schrager, S., Belzer, M., Simons, L. and Clark, L. (2015). Baseline physiologic and psychosocial characteristics of transgender youth seeking care for gender dysphoria. *Journal of Adolescent Health*, 57(4), 374-380.

Padilla, Y. (2016). What does 'Latinx' mean? A look at the term that's challenging gender norms. *Complex*. www.complex.com/life/2016/04/latinx/rise-latinx

Payton, N. (2015). Feature: The dangers of trans broken arm syndrome. *Pink News*. www. pinknews.co.uk/2015/07/09/feature-the-dangers-of-trans-broken-arm-syndrome

Pfafflin, F. (1993). Regrets After Sex Reassignment Surgery. *Journal of Psychology & Human Sexuality,* 5(4), 69-85.

Psychology Today. (2018). Paraphilias. www.psychologytoday.com/us/conditions/paraphilias

Rehman, J., Lazer, S., Benet, A.E. *et al.* (1999) The Reported Sex and Surgery Satisfactions of 28 Postoperative Male-to-Female Transsexual Patients. *Archives of Sexual Behavior,* 28(1), 71-89.

Rimes, K. A., Goodship, N., Ussher, G., Baker, D. and West, E. (2017). Non-binary and binary transgender youth: Comparison of mental health, self-harm, suicidality, substance use and victimization experiences. *International Journal of Transgenderism,* 18 September, 1-11.

Roberts, A. (2015). Dispelling the myths around trans people detransitioning. *VICE.* www.vice.com/en_uk/article/kwxkwz/dispelling-the-myths-around-detransitioning

Rolker, C. (2016). I am and have been a hermaphrodite: Elena/Eleno de Céspedes and the Spanish Inquisition. Männlich-weiblich-zwischen. https://intersex.hypotheses.org/2720

Royal College of Psychiatrists. (2013). Good practice guidelines for the assessment and treatment of adults with gender dysphoria. *RCPsych.* https://www.rcpsych.ac.uk/docs/default-source/improving-care/better-mh-policy/college-reports/cr181-good-practice-guidelines-for-the-assessment-and-treatment-of-adults-with-gender-dysphoria.pdf

Rude, M. (2014). It's time for people to stop using the social construct of 'biological sex' to defend their transmisogyny. *Autostraddle.* www.autostraddle.com/its-time-for-people-to-stop-using-the-social-construct-of-biological-sex-to-defend-their-transmisogyny-240284

Saner, E. (2014). RBS: the bank that likes to say Mx. *The Guardian.* www.theguardian.com/world/shortcuts/2014/nov/17/rbs-bank-that-likes-to-say-mx

Savic, I., Garcia-Falgueras, A. and Swaab, D. F. (2010). Sexual differentiation of the human brain in relation to gender identity and sexual orientation. *Progress in Brain Research,* 186, 41-62.

Sayers, W. (2005). The Etymology of Queer. *ANQ: A Quarterly Journal of Short Articles, Notes and Reviews,* 18(2), 17-19.

Scott, G. Gender differences in modern Japanese. *Lingualift.* www.lingualift.com/blog/gender-differences-in-japanese

Scottish Government. (2012). Gender Reassignment Protocol. www.sehd.scot.nhs.uk/mels/CEL2012_26.pdf

Seelman, K. L. (2016). Transgender Adults' Access to college bathrooms and housing and the relationship to suicidality. *Journal of Homosexuality,* 63(10), 1378-1399.

Segal, C. (2014). OkCupid expands gender and sexuality options. *PBS NewsHour*. www. pbs.org/newshour/nation/ okcupid-expands-gender-sexuality-options

Senden, M. G., Back, E. A. and Lindqvist, E. (2015). Introducing a gender-neutral pronoun in a natural gender language: The influence of time on attitudes and behavior. *Frontiers in Psychology*, 6, 893.

Smith, S. E. (2010). Psychiatrisation: A Great Way To Silence Troublesome Women. *Meloukhia*. http://meloukhia.net/2010/08/psychiatrisation_a_great_way_to_ silence_troublesome_women.html

Smith, S. E. (2011). We're all mad here: Race, gender, and mental illness in pop culture. *Bitch Media*. www.bitchmedia.org/post /were-all-mad-here-race-gender-and-mental-illness-in- pop-culture

Spack, N. P., Edwards-Leeper, L. and Feldman, H. A. (2012). Children and adolescents with gender identity disorder referred to a pediatric medical center. *Pediatrics*, 129(3), 418-425.

Surrey, E. S. and Hornstein, M. D. (2002). Prolonged GnRH agonist and add-back therapy for symptomatic endometriosis: Long-term followup. *Obstetrics and Gynecology*, 99(5), 709-719.

Thaler, C. Putting transgender health care myths on trial. *Lambda Legal*. www. lambdalegal.org/publications/ putting-transgender-health-care-myths-on-trial

Thomson, R., Baker, J. and Arnot, J. (2018). *Health care needs assessment of gender identity services*. Scottish Public Health Network. ScotPHN. www.scotphn.net/ wp-content/uploads/2017/04/2018_05_16-HCNA-of-Gender-Identity-Services-1.pdf

Titman, N. (2014). How many people in the United Kingdom are nonbinary? *Practical Androgyny*. https://practicalandrogyny. com/2014/12/16/how-many-people-in-the-uk-are-nonbinary

Tyrer, P. (2014). A comparison of DSM and ICD classifications of mental disorder. *Advances in Psychiatric Treatment*, 20(4), 280-285.

Unger, C. A. (2016). Hormone therapy for transgender patients. *Translational Andrology and Urology*, 5(6), 877-884.

Valentine, V. (2015a). *Including non-binary people: Guidance for service providers and employers*. Scottish Trans Alliance. www.scottishtrans.org/wp-content/ uploads/2016/11/Non-binary-guidance.pdf

Valentine, V. (2015b). *Non-binary people's experiences in the UK*. Scottish Trans Alliance. www.scottishtrans.org/wp-content/uploads/2016/11/Non-binary-report.pdf

Valentine, V. (2015c). *Non-binary people's experiences of using UK gender identity clinics*. Scottish Trans Alliance. www.scottishtrans.org/wp-content/uploads/2016/11/ Non-binary-GIC-mini-report.pdf

Veale, J. F., Watson, R. J., Peter, T. and Saewyc, E. M. (2017). Mental health disparities among Canadian transgender youth. *Journal of Adolescent Health*, 60(1), 44-49.

Vincent, B. (2018). *Transgender Health: A Practitioner's Guide to Binary and Non-Binary Trans Patient Care*. London: Jessica Kingsley Publishers.

Wade, N. (2012). Family tree of languages has roots in Anatolia, biologists say. *The New York Times*. www.nytimes.com/2012/08/24/science/indo-european-languages-originated-in-anatolia-analysis-suggests.html

Waters, E. (2016). Lesbian, gay, bisexual, transgender, queer, and HIV-affected hate violence in 2016. New York: National Coalition of Anti-Violence Programs (NCAVP).

Williams, C. (2016). Radical inclusion: Recounting the trans inclusive history of radical feminism. *Transgender Studies Quarterly* 3(1-2), 254-258.

Wong, C. F., Schrager, S. M., Holloway, I. W., Meyer, I. H. and Kipke, M. D. (2014). Minority stress experiences and psychological well-being: The impact of support from and connection to social networks within the Los Angeles House and Ball communities. *Prevention Science*, 15(1), 44-55.

Wood, W. and Eagly, A. H. (2012). Biosocial construction of sex differences and similarities in behavior. *Advances in Experimental Social Psychology*, 46, 55-123.

World Professional Association for Transgender Health. (2012). *Standards of Care*, 7th Version. www.wpath.org/publications/soc（日本語版「トランスセクシュアル、トランスジェンダー、ジェンダーに非同調な人々のためのケア基準」: https://www.wpath.org/media/cms/Documents/SOC%20v7/SOC%20V7_Japanese.pdf）

Wyndzen, M. H. (2008) DSM-IV. All Mixed Up. www.genderpsychology.org/transsexual/dsm_iv.html

註

1 「クィア」という言葉を本書中の様々な文脈で使っている。「クィア」を侮蔑的な言葉としてしか認識していない読者もいると思うが、私が自分のことを「クィア」というときは、反体制的で多義的なすべてを網羅した、啓蒙的な意味で使っている。私のジェンダーや魅力の感じ方は、「男性」「女性」「ゲイ」「ストレート」といった言葉で簡単に定義することはできない。そこで「クィア」という言葉を、広い LGBT コミュニティの一員として、そして、主流の外の微妙なアイデンティティとして、簡潔に述べる表現として使っている。

2 Herman, J. L. (2013). Gendered restrooms and minority stress: The public regulation of gender and its impact on transgender people's lives. *Journal of Public Management and Social Policy*, Spring, 65-80.

3 インターセックスの状態と、同意のない性適合処置をめぐる問題のさらなる議論：the Intersex Society of North America's page, 'What is intersex?'.

4 ジェンダーの異なる逆の特徴の概念化について：Dr. Meg-John Baker のウェブサイトの Gender Continuum を参照。

5 文化的進化のより詳しい説明：Mesoudi, A. (2011). *Cultural Evolution: How Darwinian theory can explain human culture and synthesize the social sciences*. Chicago, IL: University of Chicago Press.（アレックス・メスーディ著、野中香方子訳（2016）『文化進化論——ダーウィン進化論は文化を説明できるか』NTT 出版）Alex Mesoudi のウェブサイト alexmesoudi.com/research でも優れたビジュアルとインタラクティブなリソースが見られる。

6 Hiller, V. and Baudin, T. (2016). Cultural transmission and the evolution of gender roles. *Mathematical Social Sciences*, 84(C), 8-23.

7 詳しくは：Eagly, A. H. and Wood, W. (1999). The origins of sex differences in human behavior: Evolved dispositions versus social roles. *American Psychologist*, 54(6), 408-423.; Wood, W. and Eagly, A. H. (2012). Biosocial construction of sex differences and similarities in behavior. *Advances in Experimental Social Psychology*, 46, 55-123.

8 Savic, I., Garcia-Falgueras, A. and Swaab, D. F. (2010). Sexual differentiation of the human brain in relation to gender identity and sexual orientation. *Progress in Brain Research*, 186, 41-62.

9 Hines, M. (2011). Prenatal endocrine influences on sexual orientation and on sexually differentiated childhood behavior. *Frontiers in Neuroendocrinology*, 32(2), 170-182.

10 生物学的な女性という用語の問題点については Mey Rude の論文を参照：'It's time for people to stop using the social construct of "biological sex" to defend their transmisogyny' on autostraddle.com.

11 Waters, E. (2016). *Lesbian, gay, bisexual, transgender, queer, and HIV-affected hate violence in 2016*. New York: National Coalition of Anti-Violence Programs (NCAVP).

12 Sayers, W. (2005). The Etymology of Queer. *ANQ: A Quarterly Journal of Short Articles, Notes and Reviews*, 18(2), 17-19.

13 悪化（pejoration）：ある言葉の意味がより限定的になり、よりネガティブになる言語学的な現象。

14 James, S. E., Herman, J. L., Rankin, S., Keisling, M., Mottet, L. and Anafi, M. (2016). *The Report of the 2015 U.S. Transgender Survey*. Washington, DC: National Center for Transgender Equality. 結論の概略は次のウェブサイトで文章または動画で見ることができる。www.ustranssurvey.org

15 Grant, J. M., Mottet, L. A., Tanis, J., Harrison, J., Herman, J. L. and Keisling, M. (2011). *Injustice at Every Turn: A Report of the National Transgender Discrimination Survey*. Washington, DC: National Center for Transgender Equality and National Gay and Lesbian Task Force.

16 Titman, N. (2014). How many people in the United Kingdom are nonbinary? *Practical Androgyny*.

17 McNeil, J., Bailey, L., Ellis, S., Morton, J. and Regan, M. (2012). *Trans mental health study 2012*. Scottish Transgender Alliance. 13.

18 トランスの人々が性別適合治療を受けられるクリニックについては、第7章で詳しく述べる。

19 Bachmann, C. L. and Gooch, B. (2017). *LGBT in Britain – Trans report*. Stonewall.

20 言語についての文脈ではジェンダーと性を区別して使っていないことに注意。

21 この結論については議論もある。より詳しい情報は、Janet Fang の論文 'Indo-European languages originated 6,000 years ago in Russian grasslands' (iflscience.com) ならびに Nicholas Wade の論文 'Family tree of languages has roots in Anatolia, biologists say' (nytimes.com) で見ることができる。

22 これは比較的、論争を招く説で証明が困難である。詳しい情報：Cyril Babaev Linguistic Studies archive: http:// babaev.tripod.com/archive/article11. html

23 日本語口語のジェンダーに関する慣習と、どう変化を遂げてきたか（言語の変化のよい例でもある！）についての詳しい議論：Greg Scott の論文 'Gender differences in modern Japanese' (lingualift.com).

24 私の知るスペイン語におけるニュートラルな代名詞や接尾辞の使用に関する議論のほとんどは、シスジェンダーのネイティブスピーカーが、代替的な使い方を不適切でばかげていると批判するものだが、Reddit のサイトでノンバイナリーと自認するスペイン語の話者たちによる興味深い議論を見つけることができた。www.reddit.com/r/genderqueer/comments/4sv30p/how_do_i_talk_about_myself_in_spanish

25　Latinx ならびに Chicanx の起源と意味については、下記の記事を参照：Ed Morales. 'Why I embrace the term Latinx' (*The Guardian*).; Yesenia Padilla. 'What does "Latinx" mean? A look at the term that's challenging gender norms' (Complex).

26　Medium.com に Erin Crouch がフィンランド語、エストニア語、ロシア語を含む様々な言語のジェンダー化された代名詞とジェンダークィアの代名詞の使い方についての優れた文章を掲載している：'What happens if you're genderqueer – but your native language is gendered?'.

27　この研究についての論文：Lila MacLellan. 'Sweden's gender-neutral preschools produce kids who are more likely to succeed' (qz.com). この研究は概してサンプルサイズが小さいので、結果が正しいかどうかを判断するには、より多くの証拠を集める必要がある。また、「成功する可能性が高い」というのは、いずれにしてもかなり曖昧な概念である。

28　Senden, M. G., Back, E. A. and Lindqvist, E. (2015). Introducing a gender- neutral pronoun in a natural gender language: The influence of time on attitudes and behavior. *Frontiers in Psychology*, 6, 893.

29　これは言語学で、ある言語の一時期についての観点を意味する「共時的観点」と呼ばれ、その対義語が言語が時間の流れによって変化する「通時的観点」である。

30　およそエリザベス朝やジェイムズ一世時代に使われていた。

31　実際、これらの代名詞の使い方は、社会的文脈や礼儀と強く結びついていたもので、たとえばクェーカー教のコミュニティでは今でも、様々な文脈で thee, thou が使われている。

32　この一節については、「they」の代わりに男性名詞である「he」を使用しているバージョンもあり、原著でどちらが使用されていたかを知るのは困難だが、どちらも正当と考えられており、編集者の地域や方言の違いによって異なる場合がある。チョーサーの時代には、ジェンダー・ニュートラルな三人称単数の「they」の使い方を問題視しない作家もいた。

33　これらの代名詞についての詳しい情報：'The Words that Failed' と題された Dennis Baron の論文の初出は Baron, D. (1981). The epicene pronoun: The word that failed. *American Speech* 56, 83-97, アップデート版は www.english.illinois. edu/-people-/faculty/debaron/essays/epicene.htm

34　Marshall, W. (1789). Provincialisms of the Vale of Gloucester. *Gloucestershire Notes and Queries*.

35　スピヴァック代名詞は、数学者のマイケル・スピヴァックが使用していたことで知られており、代名詞の性別を決定する部分（sh/h, ers/is など）を除去または組み合わせることで形成された包括的な代名詞。19 世紀後半以降、様々な場面で自然発生的に考案されており、おそらく they/them/their 以外では最も確立された包摂的な代名詞である。

36　Chak, A. (2015). Beyond 'he' and 'she': The rise of non-binary pronouns. *BBC*.

www.bbc.com/news/magazine-34901704. この記事には活用を含めた便利な拡張「代名詞カード」も含まれている。

37　必ずしも完全に真実とはいえないが、多くの学者がラカーのワン・セックス／ツー・セックスモデルに異議を唱え、異なる社会的文脈に結びついた、より不均一なモデルを提唱している。歴史資料の研究の際や、ジェンダーのように、曖昧、本質的、可変的で、議論の余地のあるものを古代の人々がどう理解していたかを推測する際には、ある程度の不確実性がつきまとうものだ。

38　Laquer, T. (1990). *Making Sex: Body and Gender from the Greeks to Freud.* Cambridge, MA: Harvard University Press.（トマス・ラカー著、高井宏子、細谷等訳（1998）『セックスの発明──性差の観念史と解剖学のアポリア』工作舎）

39　Herdt, G. (1993). *Third Sex, Third Gender: Beyond Sexual Dimorphism in Culture and History.* New York: Zone Books.

40　Beecher, D. (2005). Concerning sex changes: The cultural significance of a Renaissance medical polemic. *The Sixteenth Century Journal*, 36(4), 991-1016.

41　p.127.

42　Intersex Society of North America. *How common is intersex?* Rohnert Park, CA: ISNA.

43　Jin, Z. W., Jin, Y., Li, X. W., Murakami, G., Rodríguez-Vázquez, J. F. and Wilting, J. (2016). Perineal raphe with special reference to its extension to the anus: A histological study using human fetuses. *Anatomy & Cell Biology*, 49(2), 116-124.

44　Emory Health Sciences (2014). Having a Y chromosome doesn't affect women's response to sexual images, brain study shows. *Science Daily*.

45　詳しくは：Rolker, C. (2016). I am and have been a hermaphrodite: Elena/Eleno de Céspedes and the Spanish Inquisition. Männlich-weiblich-zwischen.

46　無造作に使われることの多い言葉だが、現在ではインターセックスとLGBTのコミュニティから侮辱的な言葉だと受け止められている。

47　ここで取り上げた歴史上の人物は、今日、最も入手しやすい記録の例であり、ほとんどが西洋で存在していた人々であることは指摘しておくべきだろう。西洋の資料に記録されたこれらの人物が比較的認識されている理由には多くの要因が考えられるが、特に印欧文化圏でいち早く文字の使用が広まったことによるものといえる。

48　Kagan, R. L. and Dyer, A. (2004). *Inquisitorial Inquiries: Brief Lives of Secret Jews and Other Heretics.* Baltimore, MD: Johns Hopkins University Press. Cited by Rolker, C. (2016) at https://intersex.hypotheses.org/2720

49　出　典：Herdt, G. (1993). *Third Sex, Third Gender: Beyond Sexual Dimorphism in Culture and History.* New York: Zone Books. pp.213-239.

50　出典：Herdt (1993). pp.85-109.

51　Herdt (1993). p.92.

52 van der Meer, T. (1993). Sodomy and the Pursuit of the Third Sex in the Early Modern Period. 出典：Herdt, G. *Third Sex, Third Gender: Beyond Sexual Dimorphism in Culture and History.* New York: Zone Books. pp.137-212.

53 ツースピリットが存在するすべての文化では、この現象を表す独自の名称を持っている。

54 この観点は西洋の観察者の偏見の結果かもしれない。

55 出典：Herdt, G. (1993). *Third Sex, Third Gender: Beyond Sexual Dimorphism in Culture and History.* New York: Zone Books. pp.329-372.

56 しかし、文化の「共有」といっても、ジェンダー・リミナリティのすべてのケースが同一の源から借用されたり取り入れられているわけでもないし、必ずしも同一の伝統が起源となっているわけでもない。

57 Besnier, N. (1993). Polynesian gender liminality through time and space. In Herdt, G. *Third Sex, Third Gender: Beyond Sexual Dimorphism in Culture and History.* New York: Zone Books. pp.285-328.

58 リミナリティという学術用語のゆるい定義は、二つの異なる状態の間にあって、中間であることにより特徴づけられている状態である。

59 ポリネシア文化の中で、西洋と持続的に接触してきたすべての文化にもトランスの女性の存在や認識の可能性があるが、そのアイデンティティは必ずしもジェンダー・リミナル・アイデンティティと同じではない。

60 重要なのは、出生時に割り当てられたジェンダーと反対のジェンダーの社会的役割を行っていても、calalai と calabai のパーソナル・アイデンティティは、西洋のトランスの男性とトランスの女性とは異なっているということだ。より詳しい情報：Sharyn Graham Davies による書籍 *Challenging Gender Norms: Five Genders Among Bugis in Indonesia.*

61 Davies, S. G. (2002). Sex, gender, and priests in South Sulawesi, Indonesia. *International Institute for Asian Studies Newsletter, 29*, 27.

62 Lamb, K. (2015). Indonesia's transgender priests face uncertain future. *AlJazeera America.*

63 Valentine, V. (2015b). *Non-binary people's experiences in the UK.* Scottish Trans Alliance.

64 Gender Wiki – 'boi'.

65 Bachmann, C. L. and Gooch, B. (2017). *LGBT in Britain – Trans report.* Stonewall. p.13.

66 Bachmann, C. L. and Gooch, B. (2017). *LGBT in Britain – Trans report.* Stonewall. p.15.

67 バイセクシュアリティとセクシュアル・フルイディティのより深い議論：Michael Amherst. *Go the Way Your Blood Beats* (2018, Repeater Press).

68 James, S. E., Herman, J. L., Rankin, S., Keisling, M., Mottet, L. and Anafi, M. (2016). *The Report of the 2015 U.S. Transgender Survey.* Washington, DC: National Center for Transgender Equality. p.40.

69　Valentine, V. (2015b). *Non-binary people's experiences in the UK*. Scottish Trans Alliance.

70　Jeffreys, S. (1997). Transgender activism. *Journal of Lesbian Studies*, 1(3-4), 55-74.

71　ラディカル・フェミニズムのトランス包摂について：Williams, C. (2016). Radical inclusion: Recounting the trans inclusive history of radical feminism. *Transgender Studies Quarterly*, 3(1-2), 254-258.

72　たとえば Mijke van der Drift, Natasha Lall and Nat Raha's Radical Transfeminism Zine at https://radicaltransfeminismzine.tumblr.com

73　Bachmann, C. L. and Gooch, B. (2017). *LGBT in Britain – Trans report*. Stonewall. p.15.

74　Bachmann, C. L. and Gooch, B. (2017). *LGBT in Britain – Trans report*. Stonewall. p.15.

75　Segal, C. (2014). OkCupid expands gender and sexuality options. *PBS NewsHour*.

76　バイセクシュアリティのように複数のジェンダーに惹かれるが、必ずしもすべてのジェンダーに惹かれるわけではないと特徴づけられるセクシュアリティ。詳しくは：Eliana (2014). Definitions of bisexuality, pansexuality and polysexuality. Beyond the 'Talk'.

77　Valentine, V. (2015b). *Non-binary people's experiences in the UK*. Scottish Trans Alliance. pp.55-67.

78　Valentine, V. (2015a). *Including non-binary people: Guidance for service providers and employers*. Scottish Trans Alliance.

79　Valentine, V. (2015a). *Including non-binary people: Guidance for service providers and employers*. Scottish Trans Alliance. p.10.

80　Valentine, V. (2015b). *Non-binary people's experiences in the UK*. Scottish Trans Alliance. Beginning p.41.

81　Saner, E. (2014). RBS: the bank that likes to say Mx. *The Guardian*.

82　2015 STA guidance for service users and employers document (Valentine 2015a) の p.17 にジェンダー・ニュートラルな用語の役立つリストが掲載されている。

83　East Sussex County Council. (2014). Trans* inclusion schools toolkit. Mermaids UK.

84　Gender Identity Research and Education Society. (2010). Guidance on combating transphobic bullying in schools.

85　Gay, Lesbian & Straight Education Network (2017). How to support non-binary students. *GLSEN YouTube channel*.

86　Kibirige, H. (2018). *Creating a trans-inclusive school environment – response to Transgender Trend*. Stonewall.

87　「トランスセクシュアル」という言葉は今でも通常、臨床の文脈で使用されているが、多くのトランスとジェンダークィアのコミュニティでは時代遅れの言葉だと考えられている。詳しい理由については：GLAAD media reference guide: Glossary of terms – Transgender.

88　Berenbaum, S. A. and Beltz, A. M. (2016). How early hormones shape gender development. *Current Opinion in Behavioral Sciences,* 7, 53-60.; Ehrhardt, A. and Meyer-Bahlburg, H. F. (1981). Effects of prenatal sex hormones on gender-related behavior. *Science,* 211(4488), 1312-1318.

89　最 新 版：American Psychiatric Association. (2013). *Diagnostic and Statistical Manual of Mental Disorders,* 5th Edition. APA.（高橋三郎・大野裕監訳（2014）『DSM-5　精神疾患の診断・統計マニュアル』医学書院）

90　Tyrer, P. (2014). A comparison of DSM and ICD classifications of mental disorder. *Advances in Psychiatric Treatment,* 20(4), 280-285.

91　Rimes, K. A., Goodship, N., Ussher, G., Baker, D. and West, E. (2017). Non-binary and binary transgender youth: Comparison of mental health, self-harm, suicidality, substance use and victimization experiences. *International Journal of Transgenderism,* 18 September, 1-11.

92　Veale, J. F., Watson, R. J., Peter, T. and Saewyc, E. M. (2017). Mental health disparities among Canadian transgender youth. *Journal of Adolescent Health,* 60(1), 44-49.

93　Keuroghlian, A. S., Reisner, S. L., White, J. M. and Weiss, R. D. (2015). Substance use and treatment of substance use disorders in a community sample of transgender adults. *Drug and Alcohol Dependence,* 152, 139-146.

94　ある結果が統計的に有意であるためには、結果が偶然に生じた可能性（統計的仮説検定による）が、通常5％以下でなくてはならない。それが5％を超えた結果は棄却されるか、結論を出すための確固たる基礎として採択されない。

95　Elliott, I. (2016). *Poverty and Mental Health: A Review to Inform the Joseph Rowntree Foundation's Anti-Poverty Strategy.* London: Mental Health Foundation.

96　Meyer, I. H. (1995). Minority stress and mental health in gay men. *Journal of Health and Social Behavior,* 36(1), 38-56.

97　Lehavot, K. and Simoni, J. M. (2011). The impact of minority stress on mental health and substance use among sexual minority women. *Journal of Consulting and Clinical Psychology,* 79(2), 159-170.

98　Wong, C. F., Schrager, S. M., Holloway, I. W., Meyer, I. H. and Kipke, M. D. (2014). Minority stress experiences and psychological well-being: The impact of support from and connection to social networks within the Los Angeles House and Ball communities. *Prevention Science,* 15(1), 44-55.

99　Attitude Editors. Dexedrine: ADHD medication FAQ. *ADDitude.*

100　James, S. E., Herman, J. L., Rankin, S., Keisling, M., Mottet, L. and Anafi, M. (2016). *The Report of the 2015 U.S. Transgender Survey.* Washington, DC: National Center for Transgender Equality. p.103.

101　Connolly, M. D., Zervos, M. J., Barone, C. J., Johnson, C. C. and Joseph, C. L.

(2016). The mental health of transgender youth: Advances in understanding. *Journal of Adolescent Health*, 59(5), 489-495.; Clark, T., Lucassen, M., Bullen, P., Denny, S., Fleming, T., Robinson, E. and Rossen, F. (2014). The health and well-being of transgender high school students: Results from the New Zealand Adolescent Health Survey (Youth'12). *Journal of Adolescent Health*, 55(1), 93-99.; Olson, J., Schrager, S., Belzer, M., Simons, L. and Clark, L. (2015). Baseline physiologic and psychosocial characteristics of transgender youth seeking care for gender dysphoria. *Journal of Adolescent Health*, 57(4), 374-380.

102 Effrig, J. C., Bieschke, K. J. and Locke, B. D. (2011). Examining victimization and psychological distress in transgender college students. *Journal of College Counseling*, 14, 143-157.

103 Seelman, K.L. (2016). Transgender adults' access to college bathrooms and housing and the relationship to suicidality. *Journal of Homosexuality*, 63(10), 1378-1399.

104 軽い抑うつ状態と軽躁状態を短期間繰り返す、軽い気分障害。

105 Royal College of Psychiatrists. (2013). Good practice guidelines for the assessment and treatment of adults with gender dysphoria. *RCPsych*. p.19.

106 Spack, N. P., Edwards-Leeper, L. and Feldman, H. A. (2012). Children and adolescents with gender identity disorder referred to a pediatric medical center. *Pediatrics* 129(3), 418-425. 特記すべきは、ボストン・サービスで診療を受けたすべての若者は、カウンセリングも受けていたと報告されていることだ。さらに、著者らは、複数の研究を参考にして「カウンセリングを受けない人は行動や感情の問題がある率や精神疾患の診断を受ける率が高い」ことを示している（p.422）。

107 Drescher, J. (2015). Out of DSM: Depathologizing homosexuality. *Behavioral Sciences,* 5(4), 565-575.

108 Abby Jean. (2009). Ableist word profile: Hysterical. *Disabled Feminists*.; Smith, S. E. (2011). We're all mad here: Race, gender, and mental illness in pop culture. *Bitch Media*.; Smith, S. E. (2010). Psychiatrisation: A great way to silence troublesome women. *Meloukhia*.

109 出 典：Herdt, G. (1993). *Third Sex, Third Gender: Beyond Sexual Dimorphism in Culture and History.* New York: Zone Books. pp.213-239.

110 最新版は DSM-5。

111 *Psychology Today*. (2018). Paraphilias.「異常で極端な」の強調は引用者による。

112 より詳しい情報は、Madeline Wyndzen のウェブサイト All Mixed Up に掲載されている DSM-IV の 'Gender Identity Disorder' セクションを参照。

113 www.nhs.uk/conditions/gender-dysphoria

114 Jellestad, L. *et al.* (2018). Quality of life in transitioned trans persons: A retrospective cross-sectional cohort study. *BioMed Research International,* 2018(3), 1-10; Murad, M. H., Elamin, M. B., Garcia, M. Z., Mullan, R. J., Murad, A., Erwin, P. J. and Montori, V. M. (2010). Hormonal therapy and sex reassignment: A

systematic review and meta-analysis of quality of life and psychosocial outcomes. *Clinical Endocrinology*, 72, 214-231.; Drydakis, N. (2017). Trans employees, transitioning, and job satisfaction. *Journal of Vocational Behavior*, 98, 2017, 1-16.; Colizzi, M., Costa, R. and Todarello, O. (2014). Transsexual patients' psychiatric comorbidity and positive effect of cross-sex hormonal treatment on mental health: Results from a longitudinal study. Department of Medical Basic Sciences, Neuroscience and Sense Organs, University of Bari.; Newfield, E.; Hart, S., Dibble, S. and Kohler, L. (2006). Female-to-male transgender quality of life. *Quality of Life Research*, 15(9), 1447-1457.

115 Meyer, I. H. (2003). Prejudice, social stress, and mental health in lesbian, gay, and bisexual populations: Conceptual issues and research evidence. *Psychological Bulletin*, 129, 674-697.

116 Byne, W., Bradley, S. J., Coleman, E. *et al.* (2012). Report of the American Psychiatric Association task force on treatment of gender identity disorder. *Archives of Sexual Behavior*, 41, 759.

117 もちろん、これらの人すべてが特にトランスジェンダーと自認するわけではない。

118 GRP はトランスとジェンダークィアの患者の治療にあたる医師のためにスコットランド政府が作成したガイドライン。Scottish Government (2012) Gender Reassignment Protocol. http://www.sehd.scot.nhs.uk/mels/CEL2012_26.pdf

119 「性別再適合（gender realignment）」という言葉も時々耳にする。この言葉は、シスジェンダーの人が性別適合治療を指して使うことがあるものだが、トランスのコミュニティ内ではスタンダードな言葉として受け入れられてきたことがないし、不正確でもある。人のジェンダーは「再適合」されるものではない。

120 この章の終わりに GIC の探し方が詳しく述べられている。

121 Unger, C. A. (2016). Hormone therapy for transgender patients. *Translational Andrology and Urology*, 5(6), 877-884.

122 World Professional Association for Transgender Health. (2012). *Standards of Care*, 7th Version. p.1.

123 ノンバイナリーの何パーセントが医療的な移行を行ったり希望したりしているかについて、信頼できる統計はまだ存在しない。

124 スケールの2点の間で変動するアイデンティティ。第4章参照。

125 World Professional Association for Transgender Health. (2012). *Standards of Care*, 7th Version. p.64. 強調は引用者による。

126 この問題の詳細：O'Hara, M. E. (2015). 'Trans Broken Arm Syndrome' and the way our healthcare system fails trans people. *The Daily Dot.*: Payton, N. (2015). Feature: The dangers of trans broken arm syndrome. *Pink News.*

127 強調は引用者による。

128 Valentine, V. (2015b). *Non-binary people's experiences in the UK*. Scottish Trans Alliance. p.35.

129　かかりつけ医への最初のコンタクト（またはスコットランドの患者の場合は自己紹介書）から術後の継続的なホルモン治療までの、イギリスのスタンダードな治療経路のわかりやすいフローチャートが Scottish Gender Reassignment Protocol の p.2 で見られる。これは NHS スコットランドのウェブサイトからアクセスすることができる。この GRP は 2012 年に作成されたもので、たとえば「トランスセクシュアル」のような用語は、今では時代遅れだと考えられている。

130　政策や実践や機関はイギリスと他の国々では異なっていることが多く、特に私自身の初期の移行を述べた箇所ではそのいくつかを指摘したが、本書では意図的にイギリスの状況に焦点を当ててある。

131　World Professional Association for Transgender Health (2012). *Standards of Care*, 7th Version. p.57.

132　スコットランド、グラスゴーのサンディフォード・クリニックの場合。

133　通常アメリカ合衆国では、患者が性別違和を感じており性別適合治療を受ける資格があると判断した医師や精神科の専門家が紹介状を書く。私のセラピストが書いた紹介状を医師と分泌医に見せたが、医師は何もしてくれなかった。一方、分泌医は私の保険を受け入れて、ホルモン療法を始めてくれた。よくあることだが、もし私の保険が治療をカバーするのを拒否したら、自己負担となっていただろう。アメリカではほとんどが民間の保険会社でそれぞれスタンダードが異なっている。私自身も、保険会社の審査を待つ間、パートタイムの仕事で得た少ない収入から、100 ドル以上の治療費を数周期分、自己負担して払わなくてはならなかった。トランスジェンダーは最も貧しい人口の一つなので、多くの人にとって月々 100 ドルの支払いはひどく高額なのだ。

134　私がインタビューした X さんの推察によれば、ジェンダークィアの多くの人はかかりつけ医が紹介状を書いてくれないと思って自分で紹介書を書くことができる場合はそうすることがよくあるが、その場合は診察を受けられるクリニックの数が大変限られてしまうという。

135　私はアメリカのかかりつけ医によって処方されたホルモン処方箋を繰り返し使うことができたし（その処方箋を得ること自体も困難なプロセスであったが）、患者数が多く待ち時間も長いことを知っていたので、その紹介状を使うことはなかった。専門家に診てもらいたいとは思ったが、切実に必要としている人の予約を妨げることは私の良心が許さなかったのだ。

136　Thomson, R., Baker, J. and Arnot, J. (2018). *Health Care Needs Assessment of Gender Identity Services*. Scottish Public Health Network. ScotPHN. p.33.

137　p.90.

138　p.11.

139　NHS England. (2015). Recording and reporting referral to treatment (RTT) waiting times for consultant-led elective care: Frequently Asked Questions. p.13.

140　World Professional Association for Transgender Health. (2012). *Standards of Care,* 7th Version. p.34.

141　Royal College of Psychiatrists. (2013). *Good practice guidelines for the assessment and treatment of adults with gender dysphoria*. RCPsych. p.23.

142　Thomson, R., Baker, J. and Arnot, J. (2018). *Health Care Needs Assessment of Gender Identity Services*. Scottish Public Health Network. ScotPHN. p.80.

143　World Professional Association for Transgender Health (2012). *Standards of Care,* 7th Version. p.8.

144　Thomson, R., Baker, J. and Arnot, J. (2018). *Health Care Needs Assessment of Gender Identity Services*. Scottish Public Health Network. ScotPHN. p.79.

145　ATH Team (2015). *Non binary survey: Preliminary results*. Action for Trans Health. これらの結果は衝撃的だが、この調査のサンプルサイズがかなり小さかったことと、ネガティブな経験をした人の方がより調査に参加したいと考えたかもしれないことを、考慮するのが重要であろう。

146　Valentine, V. (2015c). *Non-binary people's experiences of using UK gender identity clinics*. Scottish Trans Alliance. p.8.

147　Valentine, V. (2015b). *Non-binary people's experiences in the UK*. Scottish Trans Alliance. p.42.

148　Titman, N. (2014). How many people in the United Kingdom are nonbinary? *Practical Androgyny*.

149　トランスのヘルスケアをめぐる誤解についてのより詳しい議論：Lambda Legal の 'Putting Transgender Health Care Myths on Trial' (by Cole Thaler) と題されたページを参照。

150　World Professional Association for Transgender Health. (2012). *Standards of Care,* 7th Version. pp.18, 19.

151　例：Pfafflin, F. (1993). Regrets After Sex Reassignment Surgery. *Journal of Psychology & Human Sexuality,* 5(4), 69-85.; Rehman, J., Lazer, S., Benet, A.E. *et al*. (1999) *Archives of Sexual Behavior,* 28(1), 71-89; Krege, S., Bex, A., Lümmen, G. and Rübben, H. (2001). Male-to-female transsexualism: A technique, results and long-term follow-up in 66 patients. *BJU International*, 88(4), 396-402.

152　The VICE の Amber Roberts による記事 'Dispelling the myths around trans people detransitioning' には、移行の逆戻りの様々な個人の理由が述べられている。

153　Vincent, B. (2018). *Transgender Health: A Practitioner's Guide to Binary and Non-Binary Trans Patient Care*. London: Jessica Kingsley Publishers.

154　Mayo Clinic Staff. (2017). Precocious puberty: Diagnosis and treatment. *Mayo Clinic*.

155　Center for Young Women's Health. (2016). Health Guides. Endometriosis: Hormonal treatment overview.

156 Kim, E. Y. (2015). Long-term effects of gonadotropin-releasing hormone analogs in girls with central precocious puberty. *Korean Journal of Pediatrics*, 58(1), 1-7.

157 Surrey, E. S. and Hornstein, M. D. (2002). Prolonged GnRH agonist and add-back therapy for symptomatic endometriosis: Long-term follow-up. *Obstetrics and Gynecology,* 99(5), 709-719.

158 Eade, D. M., Telfer, M. M. and Tollit, M. A. (2018). Implementing a single-session nurse-led assessment clinic into a gender service. *Transgender Health*, 3(1), 43-46.

159 インフォームド・コンセントの起源や意味や、そのモデルが使われた様々な文脈についてのより詳しい説明：Hall, D. E., Prochazka, A. V. and Fink, A. S. (2012). Informed consent for clinical treatment. *Canadian Medical Association Journal*, 184(5), 533-540.

160 http://lothiansexualhealth.scot.nhs.uk/Services/GIC/FrequentlyAskedQuestions/Pages/default.aspx

161 Thomson, R., Baker, J. and Arnot, J. (2018). *Health Care Needs Assessment of Gender Identity Services.* Scottish Public Health Network. ScotPHN. p.31.

162 Rimes, K. A., Goodship, N., Ussher, G., Baker, D. and West, E. (2017). Non-binary and binary transgender youth: Comparison of mental health, self-harm, suicidality, substance use and victimization experiences. *International Journal of Transgenderism,* 18 September, 1-11.

163 ジェンダークィアの人たちだけに限定した統計を得るのは比較的困難である。このセクションでは、ジェンダークィアとノンバイナリーの両方、そしてトランスの人全体の統計を使用している。文中ではそれぞれを区別して述べる。

164 Bachmann, C. L. and Gooch, B. (2017). *LGBT in Britain – Trans report.* Stonewall. p.27.

165 Bachmann, C. L. and Gooch, B. (2017). *LGBT in Britain – Trans report.* Stonewall. Beginning p.9.

166 Valentine, V. (2015b). *Non-binary people's experiences in the UK.* Scottish Trans Alliance. p.68.

167 Gender Recognition Act. (2004). c. 7, original print PDF, p.3.

168 Gender Recognition Act. (2004). c. 7, p.1.

169 Mordaunt, P. (2018). Reform of the Gender Recognition Act – Government Consultation. *Ministry for Women and Equalities.*

170 スコットランドにも似たコンサルティングがあるが、結果についてはまだ分析中である。

171 Equality Act. (2010). c. 15, Original print PDF, p.5. 強調は引用者による。

172 Titman, N. (2014). How many people in the United Kingdom are nonbinary? *Practical Androgyny.*

173 Office for National Statistics. (2009). Trans data position paper. *ONS.*

索　引

訳者あとがき

　本書の著者エリス・ヤングは言語学の知識を生かして、ノンバイナリーの単数人称代名詞theyをめぐる歴史や文法について懇切丁寧に説明をしています。また、性とジェンダーの違い、様々なジェンダー・アイデンティティ、そしてノンバイナリーとはどういうことなのか、ノンバイナリーの苦悩だけでなく、その自由さ、ジェンダーに縛られない解放感などについても述べています。イギリスの歌手サム・スミスが2019年9月にインスタグラムでノンバイナリーとしてカミングアウトした時のキャプションは、「私の代名詞はthey/themです」というものでした。その後も何人ものセレブリティがノンバイナリーとしてカミングアウトし、中には「自分がLGBTQ+のどこに当てはまるのかずっと悩み続けてきたけれど、やっとノンバイナリーに行きついた」と述べる人もいます。日本では歌手の宇多田ヒカルがノンバイナリーであると公表し、少しずつノンバイナリーが日本でも知られてきているように思います。

　私はアメリカに移住して40年ほどになりますが、こちらで結婚したとたん、ミセス○○と呼ばれるようになったことには、まったく馴染めませんでした。さらに理解に苦しんだのは、クリスマスカードや結婚式招待状のようなフォーマルレターが、「Mr. and Mrs. John Smith」のように夫と一緒げにされていることでした。そこには妻の名前は存在しません。ミセスという言葉にとても違和感がありましたが、そのうち既婚者、未婚者のどちらにも使える Ms. が導入されるようになりました。しかし、それとてまだバイナリーな概

念から抜け出ていたわけではありません。最近になって、やっと Mx. というジェンダーにとらわれない呼称が出現しました。Mx. は相手のジェンダーがわからない時に使うだけでなく、「勝手に相手のジェンダーを決めつけない」という宣言でもあるのです。Eメールのやり取りをしている人たちの中に、名前の後ろに he/his や she/her や they/them といった代名詞を書き入れる人も増えてきました。he/his や she/her と記すのは、ただ単に自分を男性だ、女性だと主張しているわけではありません。「だれもが自分の望む代名詞を使っていいんだ」と率先して示し、ジェンダーについてオープンな考えを持つアライ（味方／理解者）であることを表しているのです。

　職場のミーティングやオンライン会議での呼びかけも、「ヘイ、ガイズ」ではなく「ヘイ、エブリボディ」が一般的になり、幼稚園や小学校でも、「ボーイズ＆ガールズ！」ではなく、「フレンズ！」と子どもたちに声をかけるところが多くなっています。病院で赤ちゃんが誕生すると、女の子にはピンク色の帽子、男の子には青色の帽子が被せられますが、これを廃止、あるいはニュートラルな色や、レインボーカラーから親が選べるようにという動きもあります。生まれた時にジェンダーをあてがうのではなく、子どもが自分のアイデンティティを認識できるまで待とうという、ジェンダー・クリエイティブな子育てをしている人たちもいるのです。若者の間ではthey を使うことには、すでに何も抵抗がないように見受けられますが、まだ一般社会に浸透しているとはいえません。最近、目にした絵本に、とまどうおばあちゃんに孫が they の使い方を教えているというものがありました。こうして、少しずつ社会が変わっていくのでしょう。

　they の単数人称代名詞としての使用については、メリアム・ウェブスター辞典、オックスフォード辞典といった権威ある辞書に記載され、アメリカ心理学会発行の2020年第7版「APAスタイル」や、

「シカゴ・スタイル」のような学術論文やジャーナリズムの文章の基本になるスタイルガイドにもtheyの単数人称代名詞としての使い方が明確に記されて、その使用が公に認められるようになりました。

　さて、このあとがきを書いている今日、10月11日はカミングアウトデーです。全世界のLGBTQ₊コミュニティで様々なイベントが催されます。この日の朝、アメリカのバイデン大統領が声明を発表しました。「今日、私たちはナショナル・カミングアウトデーを祝います。誇りを持って自分の人生を生き、両手を広げ心を開いてコミュニティを作り、ありのままの自分でいることの強さを示すLGBTQ₊の人々の勇気を称える日です。今日、そして毎日、LGBTQ₊コミュニティのすべての人々は――カミングアウトしているかどうかにかかわらず――ありのままのあなたとして愛され、受け入れられていることを知ってほしいと思います」で始まる声明では、「すべてのアメリカ人が、自分が誰であるか、誰を愛しているかによって、恐怖やハラスメントや差別を受けることなく生活できるようにするために、私たちにはまだやるべきことがあります」と述べられています。バイデン大統領はLGBTQ₊の人たちにとって最大、最強のアライです。アメリカは政権交代のたびに、政策が左右に大きく揺れ動きますが、ジェンダー・アイデンティティに関する政策が、政策としてではなく、当たり前の常識になる日が近いことを祈っています。

2021年10月11日
　カリフォルニア州にて

上田　勢子

〈著者紹介〉

エリス・ヤング Eris Young

クィアでノンバイナリーのトランスジェンダー。作家で編集者。アメリカ、カリフォルニア州サンタアナ出身。現在イギリスのエディンバラ在住。エディンバラの前衛的なブックショップ「Lighthouse」のライター・イン・レジデンスの作家。2018年のクィア・ワーズ・プロジェクト・スコットランドでは、カースティ・ローガンの指導を受けた。2019年の「List Hot 100」の「books」部門に選ばれ、2020年にはスコットランド・ブック・トラスト・ニューライター・フィクション部門で受賞。エリスのフィクションやノンフィクションは、『DIVA』『Marbles』『Somewhere For Us』『Escape Pod』『Astral Waters』『Shoreline of Infinity』『Expanded Horizons』『The Selkie』などに掲載。Knight Errant Press のアンソロジー『F, M or Other』、フレイヤ・ベンソン編集の『Trans Love』アンソロジー（Jessica Kingsley Publishers）、Luna Press の『Uncanny Bodies』、Saboteur Award 受賞出版社 404Ink の『We Were Always Here』にも文章が掲載されている。2016年から2020年まで、ファンタジー雑誌『Æther/Ichor』のマネージング・エディターを務めた。

〈訳者紹介〉

上田 勢子 （うえだ・せいこ）

東京生まれ。慶應義塾大学文学部社会学科卒。1979年より米国カリフォルニア州在住。現在までに100冊以上の児童書と一般書の翻訳を手がける。主な訳書に『イラスト版 子どもの認知行動療法』シリーズ全10巻、『LGBTQってなに？』『見えない性的指向 アセクシュアルのすべて——誰にも性的魅力を感じない私たちについて』『第三の性「X」への道——男でも女でもない、ノンバイナリーとして生きる』『フェミニスト男子の育て方——ジェンダー、同意、共感について伝えよう』（以上、明石書店）、『わたしらしく、LGBTQ』全4巻、『教えて！哲学者たち——子どもとつくる哲学の教室』（以上、大月書店）、『レッド——あかくてあおいクレヨンのはなし』『4歳からの性教育の絵本 コウノトリがはこんだんじゃないよ！』『8歳からの性教育の絵本 とってもわくわく！するはなし』（以上、子どもの未来社）などがある。2人の息子が巣立った家に、現在は夫と1匹のネコと暮らしている。

ノンバイナリーがわかる本
──heでもsheでもない、theyたちのこと

2021年12月25日　初版第1刷発行
2024年2月4日　初版第4刷発行

著　者　　エリス・ヤング
訳　者　　上　田　勢　子
発行者　　大　江　道　雅
発行所　　株式会社　明石書店
〒101-0021　東京都千代田区外神田6-9-5
電　話　03（5818）1171
ＦＡＸ　03（5818）1174
振　替　00100-7-24505
https://www.akashi.co.jp/

装丁　　　　　　谷川　のりこ
印刷・製本　モリモト印刷株式会社

（定価はカバーに表示してあります）　　　　　ISBN978-4-7503-5327-2